天下為公

孙中山传

李菁 著

修订版

華文出版社
SINO-CULTURE PRESS

图书在版编目（CIP）数据

天下为公：孙中山传 / 李菁著.—北京：华文出版社，
2006.11（2019.8 再版）
ISBN 978-7-5075-2079-8

Ⅰ. ①天… Ⅱ. ①李… Ⅲ. ①孙中山（1866~1925）—传记
Ⅳ. ①K827=6

中国版本图书馆 CIP 数据核字（2006）第 131357 号

天下为公——孙中山传

著　　者：李　菁
策　　划：李　庆
责任编辑：刘超平
出版发行：华文出版社
地　　址：北京市西城区广安门外大街305号8区2号楼
邮政编码：100055
网　　址：http: //www. hwcbs. com. cn
投稿邮箱：hwcbs@126.com
电　　话：总编室010-58336210　责任编辑010-58336222
发行部010-58336267
经　　销：新华书店
印　　刷：北京明恒达印务有限公司
开　　本：787×1092　1 / 16
印　　张：22.5
字　　数：290 千字
插　　图：142 幅
版　　次：2016年 10 月第 3 版
印　　次：2019年 8 月第 8 次印刷
标准书号：ISBN 978-7-5075-2079-8
定　　价：39. 80 元

再版前言

2016年，海峡两岸同胞、全球所有华人将共同迎来辛亥革命105周年、孙中山先生诞辰150周年。为此，由中共中央统战部创办、中国出版集团公司主管的华文出版社，特地修订再版《天下为公——孙中山传》一书，奉献给海内外广大读者。

《天下为公——孙中山传》首版，是10年前华文出版社为纪念孙中山先生诞辰140周年而策划的重点选题。该选题承蒙中国社会科学院近代史所研究员、孙中山研究的著名学者杨天石教授，中共中央党校党史教研部副主任、著名党史专家谢春涛教授的关爱和指教。杨天石教授不仅推荐了最能胜任的作者——《三联生活周刊》主笔李菁，而且逐字逐句审定了全部书稿并亲自捉笔作序。首版出版之后，受到海内外读者的关注，好评如潮。新华社、人民日报海外版、光明日报、中国青年报、中国新闻出版报、中国图书商报以及解放军网、新浪网、搜狐网等多家新闻媒体对该书作了大量的报道。此后，该书荣获了“2007年新闻出版总署向全国青少年推荐百种优秀图书”、中央统战部“第六届统战系统出版社优秀图书奖”、中国书刊发行业协会“2007年度全行业优秀畅销品种”等奖项。新闻出版总署向全国青少年推荐的评语是：“作为近代中国的伟人之一，传主的生平和经历值得青少年进一步了解。与同类书相比，该书叙述相对简洁而完整，史实比较准确，又配有较多历史照片，比较适合中学生阅读。”

本次修订，作者注意吸纳近几年国内外孙中山研究的新的资料和成果，对内容、文字进行了全面的增补、订正，并新增了几十幅更为清晰的历史照片。我们的心愿，是努力使本书成为广大读者特别是青少年读者了解和宣传孙中山、了解中国近代史、进行爱国主义教育的最佳通俗读本。

本书编辑

2016年8月

一心一德抵艱難

孫文

序

foreword

杨天石

有的人，不仅其生前活动为社会和历史的发展作出了巨大贡献，而且在其去世后，仍保有着持久、强大的影响，人们会从他的遗产中汲取教益，获得力量，继续推动社会和历史向前。孙中山就是这样一位人物。

19世纪末叶，中国积弱积贫，孙中山最初喊出“振兴中华”的响亮口号。从那一时期起，无数中华儿女为之奋斗；在此后的若干世纪内，中华儿女也仍将继续为之奋斗。

孙中山思想的核心的部分是坚决的、完整的民主主义。在他的领导下，中国历史实现了从“帝国”到“民国”的转变，古老的中华大地升起了“共和国”的大旗。此后的历史虽然反复多变，但是，将我国建成具有高度民主水平的现代国家始终是中华儿女不变的奋斗目标。

孙中山不仅期望国家富强，人民民主，而且期望民生幸福。孙中山高于他的同时代战友的地方就在于，他在领导人民进行一般的民主革命的同时，还创造性地提出“民生”问题，要求建立一个新社会，人民普遍享有“文明之福祉”，达到“家给人足，无一夫不获其所”的境界。

孙中山是一位与时俱进的思想家。从提出“驱逐鞑虏”，到提出“中国境内各民族一律平等”；从提出“创立合众政府”，到提出国家政权应该“为一般平民所共有，非少数人所得而私”；从提出“平均地权”，到提出“耕者有其田”。处处体现出，孙中山能随着时代发展，不断更新、发展自己的思想。

孙中山又是一位大公无私的爱国者。他将自己的一生都献给了救国救民的伟大事业。民国初建，他将临时大总统的崇高地位让给袁世凯，固有“知人不明”之憾，但同时不也反映出他以天下为公，视个人权位如敝屣的博大胸怀吗？

孙中山还是一位勇敢无畏、不屈不挠的革命家。最初他只是一个人，然而，却毅然决然向清王朝这个庞然大物发起冲击。民国建立，是孙中山理想的成功，然而，失望与挫折接踵而来。孙中山一次又一次掀起革命斗争。在晚年，他更改组国民党，和中国共产党合作，重视和扶助工农力量，为推翻北洋军阀、统一中国的北伐战争打下胜利的基础。

孙中山为中国人民的革命事业鞠躬尽瘁，是中国人民的伟大儿子。其经历、事迹、精神、思想都将永远是中国人民的珍贵财富。在中华民族最终完成国家统一、实现伟大复兴的历史征程中，我们必须充分发挥这一珍贵财富的作用。一切中华儿女都有了解孙中山、学习孙中山、继承孙中山事业的义务和责任。

孙中山逝世以后，已经出版过许多关于他的著述，但是，李菁女士的这部作品，注意吸收学术界的已有成果，简明扼要，文字清新，图文并茂，相信出版以后，当必为广大读者所喜见喜阅。

2006年11月12日

杨天石，中国社会科学院学术委员会委员、近代研究所研究员、研究生院教授，《百年潮》杂志主编。

contents

目录

contents

目录

孙中山传 sunzhongshanzhuan

目录

contents

第一章 翠亨村的童年生活

孙家的新生命

1866年，已经222岁的大清王朝走过最荣耀、最辉煌的岁月，正蹒跚着迈进它的迟暮之年，这一年也是王朝传至它的第十位继承者——同治皇帝的第五个年头。年初，同治刚刚平定了太平天国康王汪海洋、偕王谭体元率领的太平军余部在粤东的反清斗争，勉强维持着王朝最后的威严。

这一年11月12日（农历十月初六），一个崭新的小生命在中国南部一个普通的小村庄翠亨村诞生。没有人会预料到，若干年后，他竟然成为中国最后一代王朝的掘墓人。

翠亨，是广东省香山县东部一个不足百户的小村子的名字，它有一个美丽的寓意：透明晶莹的碧玉。翠亨村在香山县东南，离澳门37公里，背山临海。村前有小溪流过，树木苍翠，风景优美。但是村里的土地多为沙质，居民主要种植水稻及杂粮，产量甚低，因此村民大多外出谋生。

香山是一个典型的移民社会，自秦至明，岭南经历了秦汉、两晋南北朝、两宋、明末四次大移民，中原先进的文化和技术得以融入岭南。特别是南宋末年以避战祸而南迁的移民，不少以香山为落脚点。他们耕海垦荒，整治滩涂，推广先进的农耕技术和手工艺，兴办学校，传播文化。经过多次人口迁徙和社会融合，香山形成了一个兼容并包、文化多元的社会文化体系。值得一提的是，附近海面淇澳岛的金星港，是一个交通枢纽，它不仅是一个良好的避风港，也是清政府允许外国轮船可以停泊的所在。由于对外交通便利，因此对于引起和提高香山县民航经商的兴趣，有着莫大的作用。正如孙中山后来给李鸿章的信中提到的那样：“乡之人多游贾于四方；通商之后，颇多富饶。”

时至此时，孙氏家族已在翠亨村居住近100年了。1813年，孙中山的祖父孙敬贤之长子孙达成出生，未及孙达成成年，家中田产已变卖干净，生活日渐困苦。为生计所迫，孙达成在16岁那年就到澳门去做鞋店学徒。3年辛苦的学徒生涯师满后，在澳门一家葡萄牙人开的鞋店做鞋匠，每月只有四元的薪水。这期间他还学过裁缝，在澳门一共待了16年。

在那个普遍早婚的年代，孙达成直到33岁才返回故里，与邻乡杨家18岁的女儿结婚。除了孙达成外，孙敬贤还有两个儿子孙学成、孙观成，他们都因生活贫苦而各自丢下妻子到海外谋生。孙学成1864年不幸在上海附近的洋面上遇难；孙观成1867年则死于加利福尼亚的淘金矿区。于是孙达成夫妇又承担起照料两个弟媳的责任，因此生活依然拮据。

孙中山之子孙科后来回忆自己的祖父母时说，孙达成面长颧高，

▼ 孙中山的家乡——广东省香山县翠亨村

▲ 孙中山的父亲孙达成

▲ 孙中山的母亲杨氏

眉毛浓长，双目炯炯，平素总是穿着粗布衣裳，留着长辫子，很有长者风度。他时常吸着草烟，坐在家门前那棵大榕树下，或一个人静静坐着，或向来聚堆聊天的邻里好友讲一些有趣的历史掌故和在澳门的见闻。夫人杨氏温雅端庄，眉清目秀，缠着一双小脚，为人善良宽厚。杨太夫人卒于1910年7月19日（农历六月十三），那一年正是辛亥革命的前夜，运筹革命大业的孙中山没有更多时间回香港安葬母亲，此后很多年，孙中山每提及此事，都流露出深深的不安。

孙达成与父亲孙敬贤有一点很相似：迷信风水。孙中山的姐姐孙妙茜回忆，孙达成终年养着一个来自嘉应州的风水先生。各祖先坟地，都是孙达成亲自挑选的。由于父子两代都醉心于风水，屡屡修建坟墓，花费很大，更加重了当时的家庭困境。

孙达成夫妇婚后第八年，即1854年生下长子，取名为眉，谱名德彰，字寿屏；1857年生长女金星，3岁夭折；1860年生次子德祐，5岁夭折；1863年生次女妙茜。

当第三个儿子在1866年降生人世时，按照族谱，孙达成夫妇为其取名“德明”，幼名帝象——据说是孙中山出生后其祖母请算卦先生算命，算卦先生说孙中山是“天子命”，于是孙家人为其取名“帝象”；稍长大后又取名“文”（为从事秘密活动，孙文曾化名中山樵、高野长雄、陈文、陈载之、中山二郎、吴仲、高达生、杜嘉诺、艾斯高野等。孙中山的名字在辛亥革命后逐渐被叫响，而日本仍习惯称其为“孙文”，海外则称孙逸仙Sun Yat-sen。公文、函电多自署孙文）；5年后，孙达成夫妇又迎来他们最后一个孩子——女儿秋绮。加上祖母黄氏，孙家一共7口人，使本来就不富裕的家庭处境更加艰难。由于家境贫困，孙眉在家乡只读了4年书，先是在离家10里之外的一个地方给人做长工，16岁那年，在亲友的资助下，孙眉跟随舅父杨文纳等人一起去檀香山。

2014年2月，笔者有一个去夏威夷采访的机会，工作之余的第一个念头，就是去茂宜岛踏访孙家兄弟当年生活的地方。

在茂宜岛（Maui），随处可以看见Maui no ka’oi，这是茂宜当地人一句骄傲的宣言：“茂宜是最棒的！”与商业开发过度成熟的瓦胡岛相比，处处充满野趣的茂宜岛更清丽自然。茂宜岛朴实的自然风光也使它成为美国名流明星最喜爱的私密度假胜地。

离开机场上了37号公路，向着茂宜岛的中部走去。城市很快被抛在身后，随之而来的是寥廓的天空、无垠的大海和漫山遍野的绿地。很快就到了中部的库拉，指着左手边起伏的山坡，导游告诉我们，被誉为“脱口秀皇后”的奥普拉·温弗瑞 (Oprah Winfrey)就在这里斥巨资购置了一大块土地，不但建了豪华别墅，而且计划在这里打造一个可持续发展的有机农场，届时将推出以她自己名字命名的有机绿色食品、纯天然香皂、洗发水等。2014年1月，第一夫人米歇尔和家人休假结束后，独自造访这里，和一帮好友度过50岁生日。

沿着开阔的高速公路继续向前，朝着我们的目的地库拉（Kula）行驶。内处茂宜岛腹地的库拉是茂宜的蔬菜园。库拉的火山土壤养分充足，此外这里较高的海拔也是农作物丰产的一个重要因素。19世纪后半叶，一些葡萄牙和中国移民在完成他们的甘蔗种植园合同之后迁往库拉，开始经营小型农场，因此形成了库拉今天的多元文化风貌。

在高速路旁，有一个小型纪念公园。公园是完全的中式风格，里面远近各矗立着一座雕像，他们就是曾经生活在此地的两位特殊的中国人——孙中山与其兄长孙眉。这个地点，即是当年孙眉经营的农场。

出生于1854年的孙眉是家中长子。因家境贫寒，孙眉只读了4年书便辍学做工。1871年，17岁的孙眉在亲友的资助下，赴檀香山打工。到达檀香山后，孙眉先是与同乡郑强一同在华侨菜园做工，每月工资15元，他每月省吃俭用，还寄回10元给家里。11个月后，孙眉转到夏威夷人设立的牧场做工。

看得出，孙眉是个很有经营头脑的人。1876年，夏威夷与美国订立互惠商约，美国人投资夏威夷蔗糖业者大增，一时间商业资本大量流入，蔗糖市场前景看好，劳工需求直线上升。孙眉不失时机地抓住这个千载难逢的商机，自告奋勇担起当局招募华工之责。而孙眉因经营农牧业成效显著也得到当地政府的青睐，获得了夏威夷政府“多招华人来檀香山大兴垦务”的特许状。孙眉于是在檀香山设立移民办事处。一方面为穷苦的南朗乡亲打开一条生路，另一方面开办孙阿眉商店，以服务日益增多的华工乡亲。

▲ 给孙中山事业极大帮助的孙眉

令人意想不到的是，经过多年的打拼，孙眉最终竟然有了“茂宜王”（King of Maui）之称。茂宜岛是夏威夷的第三大岛，孙眉在茂宜岛的牧场从山上一直延伸到海边。一个普通农民，孑然一身来到夏威夷，不太有可能在很短时间内买得起这么多土地，孙眉在檀香山的“经济奇迹”因此显得有些神秘。这也引起孙中山的孙女孙穗芳的好奇，她在《我的祖父孙中山》一书里提到：“我在夏威夷二十多年，了解这里的历史，根据当时的法律，外来人，尤其是没有资本的普通人，如果不和当地的‘公主’结婚，则不可能有这么多的土地。所以我猜测伯祖父（孙眉）一定在茂宜岛时，曾娶过当地的土著人为妻。”

带着这个假设，孙穗芳1985年、1986年和1991年先后5次去茂宜岛查访，结果证实了她的推测。“我不但找到了当年买伯祖父土地的那户人家的后代，而且也证实伯祖父的确在茂宜岛有一位夫人。”在孙眉去夏威夷的100多年后，孙穗芳从实地探访中发现，孙眉与当地人生的孩子叫Charles Awai，他的后代还一直生活在茂宜岛上。

翠亨村的“石头仔”与“洪秀全”

曾经偏居南部一角的香山县，如今发展成为商业成熟、市容整洁的中山市。在中山市东南方17公里左右，便是这个小城名气最大、也是市民们最骄傲的一个地点——孙中山故居。当年孙中山出生时的小村居如今已建成一座占地面积500平方米，融合中、西方建筑特点的两层砖木结构楼房。现在主体建筑是在原址迁移了几米后重修的，是1892年由孙中山的大哥孙眉出资、孙中山留学檀香山回国后主持修建的。在这座故居里，孙中山改组了国民党、达成第一次国共合作、完成《孙文学说》等著作。故居内陈列着孙中山先生使用过的指挥刀、军事地图、文房四宝等物品。

童年时代，像所有贫苦家孩子一样，孙中山很小就开始承担家庭的部分劳作，6岁时跟随姐姐妙茜上山砍柴草、去塘边捞水草喂猪。年龄再大一些，又下田插秧、除草、打禾、放牛，有时还跟随外祖父驾船出海捕鱼取蚝。每年，孙中山要替人牧牛几个月，换回牛主用牛给孙家犁翻二亩地的工价。

孙中山生前很少谈及童年，但宋庆龄后来曾生动地描写过他那时的生活状况："孙中山很穷，到15岁才有鞋穿。他住在多山的地区。在那里，小孩子赤足行路是件很苦的事。在他和他的兄弟没有成年以前，他的家住在一间茅屋里，几乎仅仅不致挨饿。他幼年……没有米饭吃，因为米饭太贵了。他主要的食物是白薯。"

这种环境，使孙中山对劳动人民的痛苦，有着深刻的了解和同情，从而对他后来革命思想的形成和发展有着十分重要的影响。日后他曾说："幼时的境遇刺激我，……我如果没出生在贫农家庭，我或许不会关心这个重大问题（注：指民生主义）"，"当我达到独自能够思考的时候，在我脑海中首先发生疑问的，就是我自己的境遇问题，亦即我是否将一辈子在此种境遇不可，以及怎样才能脱离这种境遇的问题。"孙中山一直认为，中国农民的生活不该长此这样困苦下去。中国的儿童应该有鞋穿，有米饭吃。由个人经历推演到对一个民族命运的思考，正是革命家应有的胸怀。

幼时的孙中山活泼好动。放风筝、踢毽子、跳田鸡、劈甘蔗等都是小孙中山喜欢玩的游戏。淘气的他还常常爬上参天高的大树取鸟蛋，用石头投掷小鸟，乡亲见他倔强好动，给他起了一个绰号叫"石头仔"。邻居有一个专营豆腐业者，被乡亲称为"豆腐秀"，他的两个儿子都比孙中山大，常常欺负小孙中山。有一次，孙中山忍无可忍，一直把那两个孩子撵到豆腐店里不说，还拿石头把人家的豆腐锅砸破。自知理亏的"豆腐秀"只是责备了自己的儿子，孙中山的母亲杨太夫人觉得"豆腐秀"生活艰苦，自愿赔偿损失。"豆腐秀"感激不尽，此后他的两个儿子再也不欺负别人了。

1875年，同治皇帝病故，醇亲王之子爱新觉罗·载湉继位，改年号光绪，东太后、西太后再度垂帘听政。这一年，9岁的孙中山进入村里的乡塾读书。每次从私塾放学回家，小孙中山一定帮助家里做农

幼小的光绪皇帝坐在马背上

活。他还喜欢泅水，“入水如蛙，村中儿童，皆不能及”。

村塾设于翠亨村冯氏宗祠，老师姓王。那时王先生给孩子们教授《三字经》《千字文》《古文评注》《幼学故事琼林》以及“四书”“五经”等。王先生教书严格，对读书勤奋、成绩突出的孙中山也格外喜欢。

有一天，正在村塾读书的孙中山看到一伙海盗光天化日之下入村抢劫一个从美国归来的华侨的住宅。全村人和师生们都四散逃跑，只有孙中山没有跑，一直站在那里冷静地看着这场野蛮的抢劫。被抢的华侨看着被洗劫一空的房子，绝望地哭诉：“我完了，许多年来我冒着生命危险远渡重洋，辛苦积攒的钱，现在全被强盗抢走了。如果我留在洋人的地方，那里还有政府和法律的保护，何至如此？回到自己的家园，反倒没有保护了……”

这位老华侨绝望的声音，在小孙中山心中激起了巨大的波澜。他陷入了沉思：“为什么中国没有洋人那样的法律？为什么这个华侨冒着生命危险挣到诚实的金钱，洋人允许他带回来的，在中国竟得不到法律保护？”

那时，翠亨村有一个参加过太平军的老农民叫冯爽观，早晚在孙家住屋前的榕树下乘凉，常常对孩子们讲太平天国反清的革命故事。孙中山每每听得出神，对洪秀全很是敬慕，有一次情不自禁地说："洪秀全灭了清就好了！"这位老兵见孙中山特别爱听这些故事，就对他说："你长大后也当洪秀全吧！"他还让孩子们称孙中山为"洪秀全"，孙中山也以"洪秀全第二"自诩。在和小朋友玩打仗游戏时，孙中山就扮演"洪秀全"，有的当"太平军"，有的当"清兵"，玩到傍晚时还不回家，于是家长们都猜测自己的孩子是不是跟"洪秀全"打仗玩了？可见，当时村里的大人们都知道小孙中山"洪秀全第二"的"大名"了。

缠足是中国延续了千百年的陋习，女子从七八岁开始缠起，脚趾骨被勒断，不让脚发育。妹妹孙秋绮自然也免不了这个痛苦。看到妹妹因缠足而一夜一夜辗转反侧，痛苦地呻吟着，孙中山看不下去，他对母亲说：妹妹实在太痛苦了，请不要再缠她的脚吧！他又抗议说，中国女子把两足毁伤实在是毫无道理。虽然他的抗争并没有替妹妹改变被缠足的命运，但妹妹孙秋绮生前每每回忆此事，都对哥哥充满了感激。

16岁去檀香山打拼的孙眉，经常在给家里的信中描述异域的风情，他在信中讲那里的美景，土地的肥沃，食物的丰富，让小小的孙中山产生了对外面世界的向往。

第二章

檀香山的少年时期

初出国门

1878年，孙中山12岁。这一年，闯荡檀香山数年的哥哥孙眉回到家乡。他这次回乡，一是应父母之命回乡与同乡姑娘谭氏结婚，二是准备招一批乡亲们前往檀香山。经过几年的打拼，孙眉经营的农牧业因成效显著而受到夏威夷政府的青睐。那时，夏威夷糖业生产发展迅速，急需大批劳力，因而在1878年6月回国前，孙眉取得了夏威夷政府的特许状："多招华人来檀香山大兴垦务。"他向乡亲们热情推介檀岛风土人情、社会习俗以及西洋文明的优点。鼓励大家去除顾虑，大胆出洋。 此时只有24岁的孙眉不但身怀巨资，而且阅历经验都很丰富，与在老家务农时已判若两人，这在翠亨村及附近引起不小的轰动。孙眉随即在家乡附近设立了移民事务所，与人合股接管一艘航海巨船，作为移民之用。

1881年，孙眉用他的"第一桶金"在茂宜岛开疆辟土。1885年是孙眉在夏威夷创业成就的顶峰时期，此时他已拥有一千英亩的牧场，数千头马、牛、猪，上万只鸡，全由雇工照料。不但如此，据夏威夷公证登记局的记录，此后孙眉还开展多种商业活动，不但积累了一定家产，而且还在当地社会成为一方领袖，享有极高的社会地位和声望，大家都尊称他为"茂宜王"（King of Maui）。

孙眉当年的库拉农场遗址，如今已是哈利阿克拉公司的地产。一望无际的牧场连接海天，可以想象这位"茂宜王"当年的气势。孙眉的故居早已不复存在，只有当年并列屋宇两端的大榕树，依然婆娑苍翠，似乎向后来人证明当年主人在这片土地所创造的辉煌。在农场里，孙眉修建的一些颇具规模的人工蓄水灌溉系统仍然依稀可见。而在这里的一些老华人之间，依然流传着孙眉的故事。

了解到这里的土地对中国人非常有历史意义，1989年，为纪念华人来到夏威夷200周年，哈利阿克拉公司向茂宜县政府捐出靠近37号公路旁边的一块土地，华人社团在此建起了SUNYATSEN PARK（孙逸仙公园），以纪念孙中山和他的故居。公园里矗立的孙中山铜像，其双眸凝望之处，正是当年倾家荡产支持共和革命的大哥孙眉的库拉牧场所在地。

当年，孙中山也想跟着哥哥一起去国外闯荡，但遭到父亲坚决反对。在孙达成看来，已有两个弟弟死在那里，自己的长子虽然暂时风风光光地回来，但也是为生活所迫、拿着生命去冒险，不能让小儿子再离开家。所以，孙中山只好失望地看着哥哥孙眉带着招来的100多人离去了。

第二年，孙眉的同事雇到一条约2000吨的英国铁壳汽船“格兰诺克”（S.S. Grannock）号，到澳门载运中国侨民。孙中山再次向父母提出去檀香山，再三恳求之下，父亲终于同意。这年5月2日，孙中山跟着母亲，先乘帆船到澳门，再由澳门搭乘英轮赴檀香山，从此踏上了他一生事业的起点。

13岁的孙中山远离家乡，首次奔赴异国。20多天的航程中，他常常独自伫立在甲板上，久久凝视着浩瀚无边的大海，第一次走出故土，外面世界的刺激，对孙中山后来从事政治活动也产生了很大影响。

1896年11月，他在给别人的一封信里还提及此行对自己的影响：

> 13岁随往夏威仁岛（注：当时译名），始见轮舟之奇、沧海之阔，自是有慕西学之心，穷天地之想。

三周的海上航行后，孙中山与母亲终于到达了檀香山，孙眉在码头上迎接他们，此时的孙中山还穿着长衫，头上盘着辫子，戴着红顶绸布瓜皮帽，是一个地地道道的、刚从蒙昧的中国一个被山谷包围的小村中走出来的少年。

这时的夏威夷还是一个君主制国家，叫夏威夷王国（Hawaiian Kingdom）。1894年7月4日，夏威夷共和国（The Republic of Hawaii）成立，瓦胡岛上的火奴鲁鲁为其首府。

对孙中山来说，檀香山的一切都充满了新鲜而奇异的色彩。虽然那时的火奴鲁鲁区域比现在小得多，并处于早期开发的原始状态，但依然建筑整齐、街道清洁，人们的生活井然有序。刚到这里的孙中山对邮政局印象很深：邮政局是一座有游廊和栏杆的西式建筑，有人告诉他，只要在信封上写上收信人的名字和地址，再贴上一张邮票，投进信箱里，这封信就可以跟着船被送到中国去，而不必等好长时间，直到找到回中国的侨民才能带回去。这可以说是孙中山对现代文明的初次体验。

然而，最打动少年孙中山的，是这里良好的社会秩序和法治，以及当地人对法律和制度的尊重。孙中山感慨地说：当地人生活状况是好的，为什么呢？因为那里有法律，正是翠亨村遭海盗劫掠者所说的中国所没有的法律。

到了檀香山不久，思家心切的杨夫人先返回了故土，孙中山则被安排在哥哥店中帮忙，孙眉也希望比他小12岁的弟弟能继承他海外的事业，协理店务，学习记账、珠算和当地楷奈楷人的方言。但过了一段时间后，孙中山对呆板的买卖生涯毫无兴趣，向哥哥提出上学的想法。孙眉是个极开明的人，虽然只在家乡读了四年私塾，仅粗通文义，但他对教育却很重视，两年前还曾资助过一位同乡少年进教会学校就读，对弟弟的请求欣然应允。

接受西式教育的孙中山

到达檀香山不久，孙中山进入火奴鲁鲁意奥拉尼学校（Iolani School）读书，入校时的名字还是“孙帝象”。意奥拉尼是夏威夷历史上最早的一所学校，是夏威夷群岛的国王卡米哈米哈四世（Kamehameha）1862年提议成立的。“意奥拉尼”在夏威夷语是“天空飞鸟”之意，寓意着国王希望学校能培养出出类拔萃的人才。

意奥拉尼学校仅仅在一年前才开始招收侨居檀香山的中国儿童入学，当时学校只有三名华侨学童，教师几乎全为英国人，学校收费也高于其他学校，每年学杂费要花上150美元，在当时是一笔很大的数

▼ 夏威夷意奥拉尼学校

目，孙中山在这所学校读了3年，连同生活费用自然是笔不小的开支，但爱弟心切的孙眉不吝资助。

孙中山入学时，课已开了两个星期，他完全不懂英文，老师先是让他坐在教室里看了10天，孙中山慢慢体会到英文的拼写方法，进步很快，很快就可以读英文课本和用英文写作文了；他对数学也很感兴趣，也由此开始逐步接触西方的自然科学、政治、经济、法律、社会和圣经等科目。

孙中山在课余时间爱好历史，还进修中文。但十几岁的孙中山，却常常因脑后拖着的那条长辫子而成了当地同学取乐的话题。有一次，几个同学使劲拽住他的长辫子，一边乐一边喊"牛尾巴""马尾巴"，孙中山不甘受辱，不顾自己比他们年龄小，凭借从小就下田劳动练就的结实体格，扑上去和三四个混血土著人打了起来，结果这几个人竟不是他的对手。即便如此，孙中山自己也对长辫子深恶痛绝，有一次放学回家，他拿起剪刀要剪掉辫子，结果被孙眉拦下。大哥训斥说："蓄发是我们祖宗传下来的，你剪掉如何对得起列祖列宗？"孙中山反问："外国人不蓄辫子，不是也很文明吗？"因为大哥的阻拦，他没有坚持到底。

后来一位同学又向他提及此事时，孙中山回答说："这种愚蠢的风俗是满洲人强加于我们的耻辱，必须等全体的中国人决心把它去掉，或者至少要有一个大多数，使全世界都知道才行；并且这发辫不过是中国所受许多耻辱中的一种，我们应该立即把许多耻辱全体去掉的。"这个回答，倒有点像成熟的政治思想家的风范。

新鲜的学科，灵活的教法，严明的校纪，所有这些都深刻地印在来自一个制度陈腐、风气循旧的东方古国的少年的脑海之中，使孙中山逐渐萌生了要变革祖国的念头。

1882年9月，孙中山因考了英文文法第二名而在毕业典礼上由夏威夷王卡米哈米哈亲自发给一本中国书籍作为奖品，这也是华侨的一个光荣。

与孙眉的冲突

普纳荷学校（Punahou School）就坐落在檀香山市中心。校园是开放式的，任何人都可以走进去参观。充盈着绿意的校园像一个花园。普纳荷学校是当地人的一大骄傲，因为很多名人都毕业于这所学校，包括最近几年颇为有名的高尔夫球手魏圣美。而最让学校骄傲的莫过于两位总统“校友”——孙中山与奥巴马。

在意奥拉尼学校毕业后，孙中山本打算继续求学，但孙眉在茂宜岛开垦土地，事业很有发展，急需弟弟做帮手，于是孙中山只好回到大哥的店铺帮忙。几个月后，他又按捺不住继续求学的心思，经孙眉同意，他再次去了火奴鲁鲁，进入美国人办的瓦胡学院（Oahu College, Honolulu）的大学预科班，这是当时夏威夷的最高学府，规模较大，学生近千人，校制为美式。

虽然学费不菲，但孙眉也一如既往地支持弟弟。不过进入瓦胡学院时，孙中山用的是“孙帝象”这个父母最初给取的名字，以至于在后来很长时间内，校方并不知道孙中山是他们学校的学生。“也是最近几年，我们才知道，孙帝象原来就是孙中山。”校方人员介绍说。瓦胡学院在1934年更名为普纳荷学校。而孙中山当年读书时的两层小楼至今仍在使用。“孙中山在这里读书时，普纳荷全校只有158个学生，他所在的班级共有32人，其中有3名中国人。”孙中山的同学中，包括当时的夏威夷王子Kuhio。据说学校至今还保留着他当时缴纳的55

美元学费的纪录。出生于火奴鲁鲁的现任美国总统奥巴马也在这里读过书，更让学校名气大振。由于与中山先生的历史渊源，普纳荷学校在推动与中国教育文化交流上走在全美学校的前列。它在美国最早开展中文教育，成立了中国研究中心，一直与中国保持密切联系。

孙中山原想在该院毕业后赴美留学做专门研究，但1883年7月，与长兄孙眉的一次冲突，使他在异乡的学业不得不画上了一个句号。

在从属于英国圣公会的意奥拉尼学校读书时，孙中山已在长期的潜移默化中被基督教影响，平日除了功课外，他都很虔诚地参加各种宗教的聚会和课程，星期日则要到附近的教堂做礼拜。那里的韦礼士主教及其夫人也对17岁的孙中山关照有加，圣经的课程都是韦主教亲自授课。

越来越受基督教感染的孙中山经常研究教义，与别人讨论教理时也滔滔不绝，学校的华人同学多已成为基督教徒，孙中山也想接受洗礼入教，但遭到长兄孙眉的强烈反对。在他看来，中国人不应受基督教影响。为此孙眉甚至因此而后悔把孙中山送到这所学校，经常责骂弟弟。

▲ 少年孙中山

这段时间又发生了一件小事，让孙眉更加坚定决心。孙眉经营的农牧场的职工生了病，经常到场内佛堂去祈祷。有一天，孙中山将孙眉挂在厅堂内的关帝画像扯下来，对职工们说：关云长只不过是三国时代的一个人物，死后怎能降福于人间，替人们消灾治病呢？生了病应该请医生治才是。孙眉对此很不满，加之有一个姓杨的牧场管账人经常在孙眉面前说孙中山“无君无父，扰乱场规，煽惑工人”，并以辞职相要挟，更让孙眉恼火不已。他的本意是将弟弟培养成经商方面的人才，但此时孙中山的种种言行让他觉得与自己的初衷相反；另外，他又怕家乡的父亲责怪他没有管好弟弟，他怒气未消，暗地里通报父亲，要把弟弟送回家，严加管教。

对于孙中山的宗教信仰，老革命家冯自由在他的《革命逸史》中有深刻的分析：“国父之信教，完全出于基督救世之宗旨。”“然其所信奉之教义，为进步的及革新的，与世俗之墨守旧章，思想陈腐者，迥然不同。”冯自由提到，他在日本及美洲与孙中山相处多年，见他除了借助基督教堂演讲革命外，很少进礼拜堂。冯自由也听过中西教士与孙中山讨论宗教问题，孙中山则旁征博引，经常列举新旧宗教历史及经典，分析得鞭辟入里，“殊非常人所矣”。

实际上，孙中山的确是借基督教“平等”“博爱”的精神，作为反封建的思想武器，把教堂当成了宣传反封建的讲坛；而孙中山后来建立的革命组织，也受到基督教会的组织方式的启发，他初期的革命活动，也曾获得基督教徒无私的帮助。

在檀香山，孙眉其实扮演了孙中山监护人的角色。所以虽然对中途辍学沮丧万分，但孙中山也不得不服从长兄安排。1883年7月，尚未满17周岁的孙中山就这样心有不甘地结束了自己第一次海外学生生涯，自檀香山启程回家乡。但这时候的他，再也不是几年前初出家门、以怯生生的目光好奇地打量着周围世界的那个乡村孩童了。

尤其值得一提的是，在檀香山接受的4年多的西方教育，已经在这个17岁少年的心灵深处，种下了日后为民族前途而斗争的种子。

孙中山在夏威夷的同窗钟工宇在1932年向《纽约太阳报》记者戴维斯介绍了这样的情况：“我们在课外常用方言交谈，……他告诉我，他想知道，何以英美政府和人民相处得这样好？……有一天晚上，他问我：为什么清皇帝自命天子，而我们是天子脚下的蚂蚁？这样对吗？我当时无法作答。”可以看出，虽然那时候的孙中山也并没有能力从深层次对自己所困惑的问题给出一个解答，但毫无疑问，他已敏感地意识到导致我们这个民族积弱积贫的一些弊端。

从13岁到17岁，也正是一个少年价值观与世界观形成的最关键时期。1914年5月7日，孙中山在广州岭南学堂讲演时提到这段经历，他这样描述：“忆吾幼年，从学私塾，仅识之无。不数年，得至檀香山，就傅西校，见其教法之善，远胜吾乡。故每于课暇，辄与周围同学诸人，相谈衷曲，而改良祖国，拯救同类之愿，于是乎生。当时所怀，一若必使我国人人皆免苦难，皆享福乐而后快。”这段经历，使孙中山从一个旧时的中国少年开始向以“天下命”为己任的新人转变。

普纳荷校园里有一棵酸子树，如今已长至两层楼高。果实的外壳似花生，但比花生大。剥开，里面漆黑黏黏的，其味酸中带丝甜意。当年孙中山就是坐在这棵树下，把酸子当零嘴吃。回国时，他将其种子带回乡，种在自家院前。如今种子已长成大树，叶密枝繁，仍守候在孙中山的故居旁。

天下為公

孙中山传

sunzhongshanzhuan

第三章

革命思想的悄然萌发

翠亨村的“反叛者”

在回乡途中的第一天，孙中山便遭遇了一件令他倍感痛心的事情。

孙中山先是从檀香山到香港，然后再改乘一艘中国沙船回到香山县金星港。当船进入中国海域后，船主特别提醒乘客，对上船来盘查收税的清政府官吏千万要毕恭毕敬，耐心等候，免得招惹麻烦。

▲ 孙中山17岁自檀香山返粤时留影

果然，船一靠岸，就上来了一批税吏。为了减少麻烦，乘客们纷纷将一些礼品送给他们。这些人走后，大家以为检查完了，都松了一口气，赶紧收拾行李准备登陆。岂料，没多久又来了第二批、第三批检查官，各自打着收厘金和查鸦片的旗号，大家不敢有丝毫怠慢，一次又一次打开行李任其检查。直到来了第四批以查火油为名来勒索的官吏，孙中山再也忍无可忍，质问对方，并准备到港口时向官厅控诉。恼怒的官员遂将沙船扣留下来，直到第二天早上船主向官吏们行了贿才被放行。

“中国在这些腐败万恶的官吏掌握中，你们还坐视不救吗？”在船中，愤慨的孙中山对同行乘客进行了宣讲，列举了贪官污吏欺压百姓的种种恶行，宣传中国政治必须改造的道理，“一个好的政府应该给予人们平等的权利和自由”，孙中山后来的人生中曾作过无数次讲演，算起来，这或许应该是他的第一次政治演讲吧。

回到阔别几年的家乡，但乡村中依然是一成不变的旧习俗及乡人的愚昧、迷信，还有腐败而凶残的地方官吏。孙中山对乡亲们说：“他们拿了你们的钱，你们没有受着出钱的益处。一个政府应该替人民管理种种事情，正像家长应该注意到家中每一个人一样。你们既然出了税，他们应该每年做一些事情，如像建造学校、桥梁、马路等，但是

▲ 清末，陕西南部汉江上的桥梁工地

他们只知道收税，一件事都没有做！你们出的钱到哪里去了？到皇帝那里去了！”

有一天，孙中山拿着一个铜钱问乡亲：“中国的元首是谁？”乡亲们不假思索地回答：“皇帝！”孙中山说：“可是，这皇帝是中国人吗？你们瞧这铜钱上的字，不是中国字，是满洲字，统治中国的，不是中国人，是满洲人！”这种新鲜的思想对那时的小乡村和那时的乡民来说无疑显得有些格格不入。这个时期的孙中山，已开始反思中国落后的根源；而因认识所限，他只是把“反清”作为反封建统治的具体目标。

孙中山努力把他在异域感受并学习到的先进思想和制度，在自己身边的环境中实施。这位从西洋回来的见识颇多、又热心于改造乡政的年轻人，很快赢得了老人们的信任和喜爱。当时翠亨村的主事者，每月有一次会议，出席者都是村中长老。孙中山这个少年也被邀出席，成了村中的“长老”。

与父亲及祖父沉溺于迷信不同，孙中山自始至终对此持强烈反对态度。他对那些敬者说：“木偶无知，信奉无益。”有一天，孙中山和好友陆皓东等一些伙伴，一起进了村里的北帝庙，见到神像被粉刷一新，有人提出要向神像跪拜，可是孙中山却走近神像，把“玄天上帝”的中指折断了，“你们看，我把北帝的手指折断了，可它仍然在笑，这样的神道，岂能保护我们乡民？”陆皓东又用小刀刮掉了一个女神脸上的一块油彩。

这些“大逆不道”之举立即在村里引起轩然大波，村民们都认为这些年轻人亵渎了菩萨，翠亨村马上就要被神惩罚。乡绅们找到孙、陆两家，兴师问罪。为了平息村民们的激愤，孙达成只好应允拿出十两银子修复神像，又命孙中山暂时离乡去香港，以免再惹是非，而陆皓东去了上海读书。后来孙中山在谈及此事时，认为当时自己血气方刚，虽目的在于激人省悟，但这种做法也的确欠妥。

香港与檀香山之间

1883年11月，孙中山进入香港基督教圣公会的拔萃书院（Diocesan Home）读书，继续研读英文。课余时，他跟随道济会堂长区凤墀补习国文。区凤墀能文善辩，曾在德国柏林大学教授汉语。他与孙中山一见如故，情同父子。

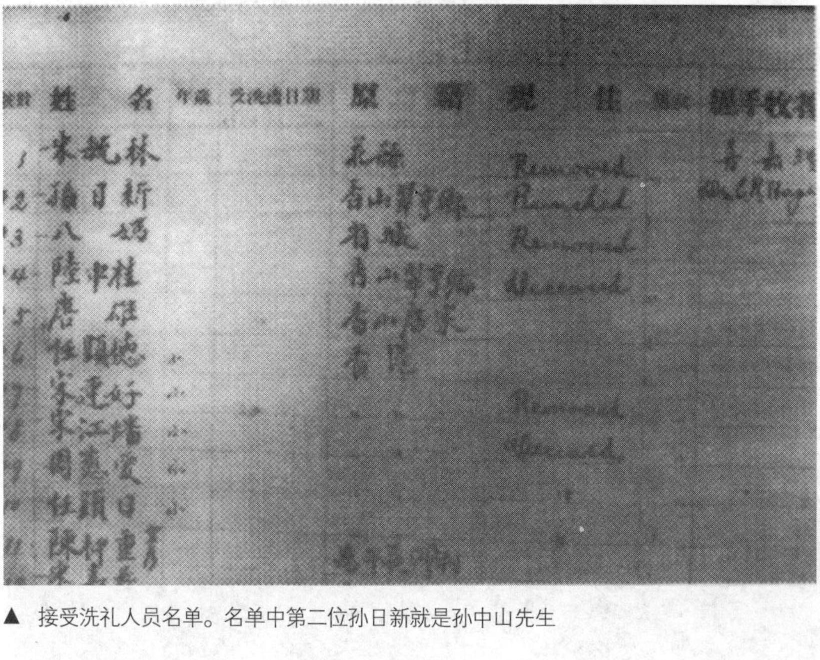

▲ 接受洗礼人员名单。名单中第二位孙日新就是孙中山先生

区凤墀还给孙中山介绍了一位美国牧师喜嘉理（Rev Hagar），当年年底，孙中山和上海转来香港的好友陆皓东在这位牧师主持下，在香港必列者士街纲纪慎会堂正式接受洗礼，入教时孙中山在受洗登记册上署名为“孙日新”，来自《大学》：“苟日新，日日新，又日新”。而区凤墀则为孙中山取了“逸仙”这个号，寓意“自由神”，在孙中山伦敦蒙难后，“孙逸仙”这个名字传遍了世界。

1884年4月，孙中山以“孙帝象”之名转学香港中央书院（The Central School）就读。中央书院建于1862年，是香港第一所由英国当局所办的官立中学，也是一所新式英语学校，校长、教员均来自英国著名大学，思想开放。孙中山在学校认真学习各类课程、攻读中外文书籍，也加深了对西方科学、社会以及政治制度的认识，尤其是对英国国会的发展、王权与人民的斗争的经过，西方共和国的组织、法国

▼ 孙中山的原配夫人卢慕贞（1867—1952）

大革命的故事以及19世纪欧洲的革命等都有深刻了解。勤学好问的孙中山被同学取了个“通天晓”的绰号。

一个月后的1884年5月26日（农历四月十三），18岁的孙中山回翠亨村与同县另一个村卢耀显之女卢慕贞结婚。卢耀显少年读书，壮年后经商为业。卢慕贞生于1867年7月30日，比孙中山小一岁，卒于1952年9月7日，享年86岁。

孙中山在家里住了三个月后，又回香港读书。此时，得到家书的孙眉，得知弟弟在家乡“亵渎神灵”以及在香港接受洗礼的情况，非常生气。孙眉给家里去了封信，佯称在檀香山的生意亏损，如今要扩充经营，要弟弟赴檀协助。11月，孙中山奉长兄之命，第二次赴檀香山。

在孙中山第一次回家乡时，孙眉特地将在檀香山财产的一部分给了弟弟，以此增添家族声望。兄弟两人这一次在茂宜岛的姑哈禄埠牧场见面后，深感“痛心疾首”的哥哥孙眉批评弟弟“任性妄为，贻家庭羞”。

1885年前后，也是孙眉去檀香山的第六年，他到达了创业的顶峰，不仅拥有1000多亩的牧场，还有数千头马、猪、牛，上万只鸡，全由雇工照顾。和绝大多数中国传统家庭一样，孙中山的父母以及长兄孙眉都希望孙中山这位孙家的二儿子走一条循规蹈矩、在大众看来“安分守己”的路。孙眉比弟弟大12岁，又很早就出洋闯荡，因此在“管教”弟弟的问题上，他感觉自己应该负更多的责任。深觉弟弟玷污孙家名誉的孙眉，要索回之前赠予的财产以示惩罚。出乎大哥意料之外，孙中山毫不迟疑地将那份财产归还给孙眉，并随同大哥到律师办事处办妥了退还手续，“财产不足以动我心”。

兄弟俩的矛盾一度继续激化。孙眉罚弟弟去锯木，还把他打了一顿；而少年气盛的孙中山也不示弱，跑到孙眉的书房里，把挂在墙上的关帝神像取下扔进厕所。虽然被哥哥留在店里帮做生意，但孙中山在侨民中继续谈论改变中国政治的话题；而学做生意也非他的本意，店里伙计也因孙中山被孙眉责打而看不起他。孙中山无法忍受这一切，几个月后，孙中山提出回香港继续上学，但孙眉拒绝给旅费。兄弟两人又吵了起来，孙中山一气之下，跑到火奴鲁鲁，一直很赏识他的美籍教师芙兰蒂文资助其300美元作为回国旅费。

1885年4月，孙中山结束了在檀香山5个月的第二次生活，搭乘轮船回国。这一来一去，成为孙中山一生革命事业的关键，放大来说，也是影响中国近代史的一个里程碑——历经曲折，孙中山终于清楚，实现自己对民族改良期望的最佳途径，是回到中国，改造中国，从事革命。临行前赠送《华盛顿传记》和《林肯演说集》两本书给孙中山的那位美国老师应该没有想到，若干年后，这位倔犟的学生在中国历史上，也成了与华盛顿、林肯一样伟大而影响深远的政治人物。

闻讯赶到火奴鲁鲁的孙眉挽留未果。待弟弟走后，孙眉又深悔自己对幼弟督责过严，为求补偿，他先后寄了巨款给父亲孙达成，留作孙中山继续求学的学费。

1885年8月，19岁的孙中山回到香港中央书院复学。两个月前，中法两国在天津签订了《中法会定安南条约》（即中法新约），标志着持续两年的中法战争结束，越南从此完全沦为法国的殖民地。此前，清朝70岁老将冯子材镇守广西边境、赢得镇南关大捷；而法军溃败，并导致内阁倒台，但清朝仍然主动议和，这件事给孙中山以极大刺激。他后来在其著作中，曾一再提到他决心革命，推翻满清，创建民国，实受这次中法战争的影响。

据孙中山在檀香山的同学钟工宇回忆，孙中山于1885年春离开檀香山回国前，已决心学医。这一决定，似乎是受檀香山杜南山牧师的影响。孙中山返程之前拜访杜南山时，见其书架上有医科书籍，问杜牧师原因。杜南山告诉他，自己仰慕范仲淹“不为良相、当为良医”的抱负。孙中山经过几天的思索，觉得范仲淹的话颇费斟酌，因为中国人读书，并不能马上从政；从政也未必即能为相。如果再来为医，恐未必能为良医。纵然努力为之，但为时已晚。他向杜牧师表示：将一面致力政治，同时致力医术，即借医术为入世的媒介。经由在檀香山结识的牧师喜嘉理介绍，1886年秋，20岁的孙中山进入广州博济医

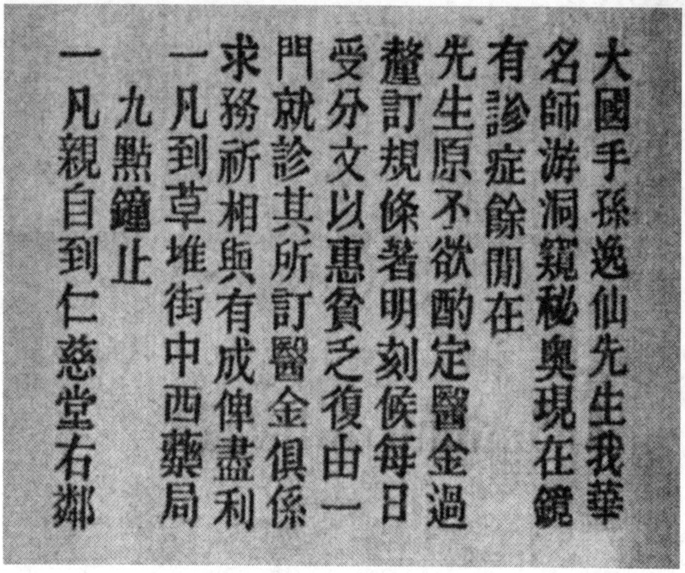

大國手孫逸仙先生我華
名師游洞竅秘奧現在鏡
有診症餘閒在
先生原不欲酌定醫金過
釐訂規條著明刻候每日
受分文以惠貧乏復由一
門就診其所訂醫金俱係
求務祈相與有成俾盡利
一凡到草堆街中西藥局
九點鐘止
一凡親自到仁慈堂右鄰

◀ 1892年，孙中山在澳门《镜海丛报》上刊登的行医广告

院附设的南华医科学校学医。这所医院创办于1835年，是亚洲最早的西医院，1855年开始招生习医。

“先生年少聪明过人，记忆力极强，无事不言不笑，有事则议论滔滔。九流三教，皆可共语；竹床瓦枕，安然就寝；珍馐藜藿，甘之如饴。”这是那时候的孙中山留给同学的印象。看得出，在很多方面，他已显出卓然超群的特质。

孙中山的宿舍里放了一套自己买的《二十四史》全集，有同学嘲笑他，这套书只是供摆设而已，孙中山起初也并未申辩什么。直到有一天，同学何允文随意拿出一本书问其某一内容，孙中山对答如流，连试数册，均如此，同学们大为叹服。

当时，学校的妇科只许外国男学生临床实习，而中国男学生被拒绝在外。孙中山径直找到校长嘉约翰建言：“学生毕业后行医救人，遇有产科病症也要诊治。为了使学生获得医学技术，将来能对病者负责，应当改变这种不合理的规定。”

这项建议很快被校方采纳。原来学校是男女合班上课，但男女生分开坐，中间挂着幔帐相隔，也是在孙中山的建议下，学校撤除了这道幔帐。

“反清四大寇”

这段时间，孙中山结识了两个志同道合的朋友，其中一位叫郑士良。郑士良少有大志，习武术，曾在德国教会办的礼贤学校就读，也信奉基督教，毕业后进入博济医院学习，他是接受孙中山救国思想宣传的第一人。孙中山对他评价颇高，称其“为人豪侠尚义，广交游，所结纳皆江湖之士，同学中无有类之者”。

尤列是孙中山在这个时期结交的另一个革命知己。尤列是广东顺德人，幼年受业于同乡名儒陆南朗。陆南朗是一个民族意识很强的人，每次谈及宋、明亡国痛史时，总是热泪盈眶，悲伤不已。尤列游历过许多地方，对清政府的昏庸腐败痛恨不已，反清意志更加坚定。尤列到博济医院访友时结识孙中山，两人一见如故，尤列日后成为孙中山领导革命的重要协助者之一。

在广州学医一年之后，听说香港开设了英文的医学校，孙中山便动了想到那里学医的念头。1887年9月，孙中山转入香港西医书院（The College of Medicine for Chinese, Hong Kong）。香港西医书院是曾留学英国的何启博士为纪念亡妻而创办，学院移植英国医科大学五年学制，英语教学。课程内容及编制，与英国医学院相同，课程体系也比较完备。孙中山在校期间成绩优异，因而得到教务长康德黎博士（Dr. James Cantlie）的器重，两人遂建立深厚情谊。日后孙中山投身革命，1896年在伦敦蒙难，也正是得到这位康德黎博士的全力救助方得以脱离险境。西医书院有四个名誉赞助人，其中一位是李鸿章，李鸿章当年还曾在信中称赞这所学校："将使知识由黑暗转为光明。"

1888年3月24日，孙达成病逝，孙眉已于数月前父亲病重时回老家侍奉。至此，兄弟两人言归于好。孙眉对弟弟依然爱护备至，凡其所需学费，都毫不犹豫地供给，使孙中山全神贯注于学业而无后顾之忧。

孙中山先后接受中西教育达20年之久，尤其他在青少年时代所受的西式教育，对他的一生都产生极为深远的影响；而孙中山无论在檀香山、香港及广州漫长而艰辛的求学历程中，一切费用开支，几乎

▼ 鼓吹革命的兴中会"四大寇"，前排左起：杨鹤龄、孙中山、孙少白、尤列

都是长兄孙眉负担。从这一点讲，孙眉，这位站在孙中山身后的人，功莫大焉。后来的事实证明，多年来，长兄孙眉一直是孙中山最坚定的支持力量。孙眉先后共拿出了70万美元支援革命，最终几乎倾家荡产，而辛亥革命后不到两年，他就去世了。

在香港学医期间，因政治环境比广州宽松，孙中山与陈少白、尤列、杨鹤龄，经常在杨鹤龄的商店里聚会，讨论政治问题，谴责清廷，颇有点业余政治家的浪漫色彩。局外人都不把他们当回事，半开玩笑地称为“四大寇”。孙中山的老朋友陆皓东和郑士良路过香港时，也时常参加这些聚会。

西医书院五年半的读书生活是孙中山生活较为稳定的时期。此时的孙中山表现出旺盛的求知欲望和多方面的兴趣。他把私人教师陈仲尧从广州带来帮他补习中文，还跟康德黎学打板球。当时达尔文的进化论在欧洲产生了广泛的影响。这崭新的思想无疑也使远在另一个世界的孙中山深受影响，他经常读《进化论》或《法国革命史》至深夜。1892年7月23日，孙中山在香港西医书院毕业。西医书院成绩簿显示，从创办到1913年并入香港大学停止招生为止，在统考的12门科目中，获得10门以上荣誉成绩的只有两位，孙中山即是其中之一，而综合成绩最优异的只有孙中山一人。

少年时期在夏威夷的经历，让孙中山萌发了一个最朴素的想法：让自己民族的同胞也过上和平、安乐的生活，而在香港的5年读书生涯，则使他对一些问题有了进一步的思考。但客观而言，那个时期的孙中山，对于目前中国的忧虑以及未来中国的前途，都只有朦胧甚至肤浅的想法。他仅仅主张推翻清政府，但诸如用什么方式推翻，以及要建立什么样的汉族政权等，尚未形成清晰的想法，而只是具有反满思想，期望恢复汉族政权。

“可知我之革命思想，完全得之香港也。”孙中山后来曾这样总结，这也是他在大学毕业之后，决定抛弃其“医人”生涯而从事“医国”事业的根本原因。

陈少白后来曾对宫崎寅藏提及孙中山在西医书院时的言论及其豪迈的性格：

> 我跟逸仙是同学，他常常以谔谔之辩提倡革命主义，由此我也有些心得。我俩终于誓为肝胆相照的同志。当时我所以佩服他，不是因为他的谔谔之辩，而是他的胆量。那时，他以自己的劳力，赚得学费以外的金钱；而以此金钱，请任何在他周围的人到饭馆去大吃山珍海味，高谈阔论，自以为快。花少了金钱，则不出校门一步，日夜用功，似完全与世无涉。因此而赢得大家的敬佩。

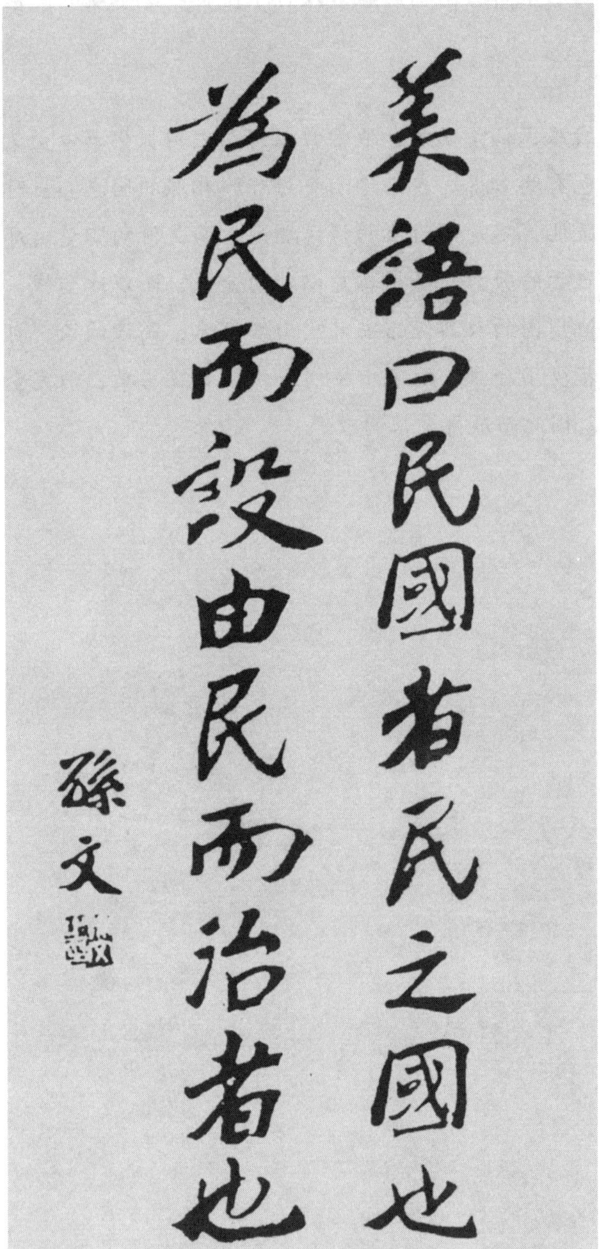
美語曰民國者民之國也
為民而設由民而治者也
孫文

第四章
走向民主革命之路

行医澳穗

孙中山在香港西医书院毕业后，教务长康德黎原本打算推荐自己喜欢的这位得意门生到李鸿章1881年在天津开办的西医学院任教，但因两广总督府办事手续烦琐而作罢。孙中山当时对未来职业的一个想法是开药房，但康德黎听说后，特地把孙中山找去，很诚恳地劝说："你不应该做这种事情，不能用你的名字去开药房，因为你是我们学校第一届毕业、又是最优秀的学生。在英国，医生的地位很高，按照英国的习惯，药房如同做买卖，是有失体面的。"受到恩师劝阻，孙中山只好改变初衷。1892年9月，应澳门镜湖中医院约请，孙中山去那里挂牌行医。镜湖医院是华侨办的中医医院，孙中山建议他们兼用西医，引进先进技术，实行中西医结合。这个意见被院方采纳，这也是我国创建中西医结合的开始。

从世俗的角度看，此时的孙中山过着充裕而自得其乐的小家庭生活。妻子卢慕贞这时也带着1岁多的儿子孙科从香山迁来澳门一起生活。为了开展医药事业，孙中山两次向镜湖中医院借了3168两白银；12月18日，孙中山在澳门大街仁慈堂附近开设中西药局，自己单独行医。

孙中山医术精湛，尤其擅长外科诊治和治疗肺病，服务态度认真，待人亲切。那时慕名前来求诊的病人非常多，遇上大的手术，康德黎老师还亲自从香港来澳门指导。有一次，孙中山为一位病人切除了一个鸡蛋大的结石，这在当时已是难度很大的手术了。

但孙中山在澳门的行医遇到了阻力。1893年春，在托葡籍友人向澳门当局申领行医牌照被拒绝后，孙中山被迫移居广州，开设了东西药局。孙中山的名声又很快在广州传开，来求医的人很多，甚至还有人称他为“活菩萨”。

“很奇怪，不满两三个月，声名鹊起，几乎没有一个人不耳闻其名，极端钦佩的。”陈少白回忆那时的孙中山，而孙中山本人在日后也提及“我此前卖药行医每年所得亦不止万余元”。但孙中山并不仅仅志在做一个“好医生”。在澳门的中西医局，就是一个时常有人来聚谈时政的场所。到了广东之后，借着医生职务，“出入衙署，一无阻碍”，他也结交了各种各样的人，为日后从事革命运动打下广泛的基础。

随着革命的舆论宣传有了相当的进展，孙中山认为革命组织实施革命行动的时机已经成熟。他向革命挚友陆皓东、尤列、陈少白等人提出成立革命机关，并定名为“兴汉会”。它的纲领是“驱除鞑虏，恢复中华”，这时距广州起义已不到两年。

▲ 澳门人民为纪念乐善好施的医生孙中山发行的纪念邮票

上书李鸿章遇挫

早在香港求学时，孙中山就显示出对“医国”的高度热情。1889—1890年，孙中山在给香山籍退职官吏郑藻如的《致郑藻如书》中，明确提出兴办农会以倡导农桑，立会设局以禁绝鸦片，创置学会、学校以普及教育等主张，并建议在香山实行后推广到其他地区。这是孙中山最早撰写并发表的议政书信，于1892年在澳门报纸上刊出后，使其成为进军媒体、发展政见的青年才俊。1892年，近代著名改良主义思想家郑观应在澳门编著《盛世危言》一书时，特地把孙中山撰写的《农功》一文加工润色后收入。

值得注意的是，在澳门已经成为医者的孙中山，“始知有一种政治运动，其宗旨在改造中国，故可名之为少年中国党。其党有见于中国之政体不合于时势之所需，故欲以和平之手段，渐进之方式请愿于朝廷，俾倡行新政。其最要者，则在改行立宪政体，以为专制及腐败政治之代。”

这时的孙中山，显然还寄希望于“和平之手段，渐进之方式”。他也很快付诸行动。

1894年初的某一天，在香港的陈少白突然接到药房的信，说：“孙先生失踪了，药房中开销很难，收入不敷，只剩十几块钱了。”接到信后，陈少白赶忙来到广州，去替孙中山维持店务。

◀ 清廷重臣李鸿章

16天后，孙中山才露面。原来，孙中山在农历春节前就回到翠亨村老家闭门拒客，埋头十多天，写出了《上李鸿章书》。孙中山上书李鸿章，并不是一时冲动之举，而是经过长期酝酿的结果。虽然孙中山本人后来没有直接回答过上书的动机，但仔细分析起来，有多重原因。

1888年，康有为以一介书生的身份，第一次上书光绪皇帝，请求改良政治以挽救世变。上书虽然受到保守官僚的阻挠而未能送到光绪皇帝手中，但是上书皇帝这一举动却吸引着很多关心国家命运的官员和士子，康有为名噪京师。这一形势，对孙中山上书李鸿章有一定的心理推动。

在清末腐朽官场中，任直隶总督、北洋大臣的李鸿章，正是清末最为位高权重者。身为洋务派首领的李鸿章相对来说比较开明，他打着了解西方、办理洋务、致力于中国富强的旗号，也使不少人将希望寄托在他身上。孙中山的老师康德黎甚至将李鸿章形容为“中国的俾斯麦”。孙中山自然认为他是推行改革方案的最合适人选。

前文已经提过，李鸿章是孙中山曾就读的香港西医书院的赞助人。当年孙中山毕业时，香港总督罗便臣曾托人找到李鸿章，期望能将孙中山安排在天津西医学院工作，而李鸿章当时也答复罗总督：可来京候缺，每人暂给月俸50元，并且也表示要授予孙中山和另一位优秀毕业生“钦命五品军牌”，这使孙中山在心里产生了对李鸿章一定的亲近感。李鸿章是革新派的代表，又是西医书院的名誉赞助人，于是与这所学校的毕业生之间，有了一重名义上的庇护与被庇护的关系。

孙中山从少年时代起就存在反满复汉思想，他常把清王朝看成是异族人的朝廷，因而主张恢复汉族人的朝廷。在这种思想指导下，他希望能在汉族高官中寻找改革推动者，而李鸿章就成了再合适不过的人选。

▲ 光绪（左）与载沣

著名历史学家金冲及认为，当时的孙中山还处于一种矛盾心态：一方面竭力鼓吹革命，也开始准备着手从事革命工作；但另一方面，思想上还有一些摇摆，还想尝试一下，通过清朝政府实行自上而下的改革，这条道路是不是还有可能行得通？

这正是孙中山上书李鸿章的心理背景。

孙中山送呈李鸿章的这封信，与他早期的文章风格是相同的。他最重要的论点，是认为西方富强之本，不尽在于船坚炮利，而在于“人能尽其才，地能尽其利，物能尽其用，货能畅其流”。按照孙中山的说法，这四件事，是西方成功的奠基石，乃当世生存所必需。如果清政府能采纳这些主张，“以中国之人民材力，而能步武泰西，参行新法，其时不过20年，必能驾欧洲之上”。在信的最后，孙中山还提出了一个非常具体的愿望：他表示希望得到李鸿章的支持去法国考察蚕桑新法，以便将来能帮助这个国家贫瘠地区的发展。

此时的孙中山，还对改良派抱有一定希望。为了能让自己的信送到李鸿章之手，他动用了所能用上的全部关系网络。孙中山在行医过程中，认识和熟悉不少地方官员。孙中山先找到已退休的澳门海防同知魏恒，魏恒非常赏识孙中山的学识和医道，欣然致书给自己的朋友盛宙怀——著名实业家盛宣怀的堂弟。

1894年3月，由陆皓东陪同，孙中山离开广东到达上海，持魏恒书函至上海，先如愿见到了盛宙怀，又找到《盛世危言》的编者、著名改良派人物郑观应。郑观应长期在盛宣怀手下办洋务，与盛宣怀关系非同一般。他又给盛宣怀写了一封热情洋溢的信，隆重推荐了自己这位“少年英俊”的小同乡。

在上海停留期间，孙中山在郑观应家里见到了中国近代史上另一位著名人物王韬。时任上海格致书院院长的王韬与孙中山一见如故。王韬1861年上书太平军，在官场中已是不受欢迎之人，但他还有很多官方的关系。帮助修改了那篇长文后，王韬提议说，自己有个朋友叫罗丰禄，是李鸿章的幕僚，可以通过罗见到李鸿章。

孙中山于是高高兴兴地与陆皓东向天津进发。他们寄住在法租界佛满楼客栈，然后带着郑观应、王韬等人写的介绍信，拜访直隶总督幕僚罗丰禄、徐秋畦等，表达想上书之意。罗、徐二人也表示愿意协助，他们向李鸿章作了汇报，并将“上书”一同呈上。但踌躇满志的

逼李鸿章签订《马关条约》的日本首相伊藤博文。1909年在中国哈尔滨被朝鲜爱国志士安重根击毙。

孙中山并没达到他期望的目标——李鸿章以“军务匆忙”为由，只留下一句话：“打仗完了以后再见吧。”

当时正在芦台督师练兵的李鸿章的确无暇于他事，因为中日战争的脚步已越来越近。1894年的东亚世界颇不平静：这年春天，清朝的保护国朝鲜爆发“东学党”起义，清政府应朝鲜要求派兵入朝协助镇压，日本却不请自来借机出兵朝鲜，6月21日，日军攻占朝鲜王宫，建立了傀儡政权，并强令伪政府“授权”日本驱逐清军。当日，日本发动丰岛海战，击沉中国运兵船。23日，日军进攻在朝鲜的清军叶志超部，清军退至平壤。8月1日（农历七月初一）清政府对日宣战，在中国近代史上影响深远的中日甲午战争终于爆发。

客观而言，忙于战争准备的李鸿章，对孙中山的婉拒并无多少可指摘之处。陈少白后来说，孙中山“听了这句话，知道没有办法，闷闷不乐地回到上海，……所有的希望完全成为泡影。所以到了这时候，孙先生的志向益发坚决，在檀香山就积极筹备兴中会，找人入会，一定要反抗满洲政府”。

数年之后，孙中山回忆他此次天津之行的观感：“当我在中日甲午战争爆发前夕正停留天津，那时曾亲眼看到有许多文武官员自全国各地赶来，向当时权倾一时的宰相李鸿章晋见；在蒙允晋见之前，无不需要馈赠巨额红包给他的僚属。”像李鸿章这样的维新中心人物尚且如此，其他满清官僚更可想而知。孙中山说，他原本“乃思向高级官员一试。迨试诸省政府，知其腐败尤甚于（县）官僚。最后至北京，则见满清政治之龌龊，更百倍于广州。”天津之行以后，孙中山再也没有回到医学上来。他深知改革之路不通，革命之心更加坚决。

创立兴中会

上书李鸿章失败，而清末腐朽的政治气息更令人压抑。

1894年9月，中日海军在黄海大战，致远、经远、超勇、扬威四舰沉没，管带邓世昌英勇战死。而在甲午战争已经开战的关键时刻，慈禧太后为了给自己过60岁大寿，竟然花掉219万两银子。孙中山最初的改良政府的期望，也渐渐消失；从此，孙中山就头也不回地作为中国民主革命派的鲜明的旗帜，立即开始了他的革命活动。

在郑观应的帮助下，10月初，孙中山重新出国到达檀香山。他这次去檀香山的目的很明确，是为了“拟向旧日亲友集资回国，实行反清复汉之义举”。

这次距他上次离开檀香山，已经有10年时间。孙中山在当地发动华侨捐助革命，应者寥寥，但孙中山没有任何灰心和退却。正像陈少白所说的：“孙先生那时候革命思想很厉害，碰上一个人就要说这些

◀ 六旬的慈禧

话，就是和一个做买卖的人，也会说到革命。”

在孙中山的积极推动下，1894年11月24日，在卑涉银行（Bishop Bank）经理何宽家里召开了成立大会，出席会议的有何宽、李昌、刘祥、钟宇、程蔚南、郑金、黄亮、许直臣、宋居仁等20余人。孙中山为会议主席，他提议将这个以反清为目的的组织定名为“兴中会”。兴中会会员必须填写《檀香山兴中会盟书》，然后宣誓。据《檀山华侨》描述，当那些入会者由孙中山带头，各以左手置于一本打开的圣经上，右手举向天时，一个受过较好教育的会员李昌便朗诵誓词：“联盟人×省×县人××，驱除鞑虏，恢复中华，创立合众政府。倘有贰心，神明鉴察！”在入会形式上，兴中会采取了基督教方式——将手放在《圣经》上起誓。

◀ 兴中会誓词

合众政府，指实行宪政的联邦共和制政府。1893年，美国海军陆战队登陆夏威夷，支援当地的美国人发动政变，迫使女王逊位，成立夏威夷共和国临时政府。孙中山再到檀香山之时，正是夏威夷共和国正式成立之后不久。他将“创立合众政府”列入兴中会誓词，显然受到美国民主观念和夏威夷政权变化的影响。

兴中会的主要成员，大多为银行家、商人等中小资产阶级。所以，檀香山兴中会是近代化的资产阶级革命小团体。值得注意的是，这个团体的成员，除了孙中山外，其余都是檀香山的华侨，实际上是个华侨革命团体。

兴中会的初期任务是宣传其宗旨，吸收新的会员，为革命募集捐款。虽然宣传工作很有成效，在不长的时间里，入会的总人数已达200多人，但募捐进行得并不理想。会员大多都不富裕，除了交纳5元的会费外，都没有能力实现章程中规定的“义捐”，一个多月来，所得款项仅1388元。虽然夏威夷华侨在提供资金上的反应令人失望，但是海外华侨社会中的一小部分在政治上被激发起来，这也是一个具有重大意义的新气象。

在此关头，此前一直对弟弟的革命活动有诸多阻拦的孙眉慷慨解囊。如果说早年在檀香山坚持革命的孙中山在兄长孙眉看来是“异端”的话，孙中山后来在香港西医书院的优异成绩以及在澳门、广州行医的口碑和影响，已使孙眉完全改变了先前的否定态度，转而支持弟弟从事革命。此刻，在弟弟遇到资金困难时，孙眉以极低的价格卖掉了一部分牲畜，并以当地华人首富的身份，带动了周围20多人出面捐助革命。

孙中山本想由檀香山继续横渡太平洋，赴美活动，但因宋耀如“函促”而归国。1894年春，孙中山北上投书路经上海时，与宋耀如相遇。两人志趣相投，一见如故。宋耀如对孙中山的反清爱国活动寄予高度热情的支持，特别是甲午战争爆发不久，“清兵腐败，高丽既失，旅（顺）、威（海）继陷，京、津亦岌岌可危，清廷之腐败尽露，人心愤激”。宋耀如认为，这是在国内开展反清斗争的良好机会，所以致函孙中山，劝其迅速回国。

孙中山与宋耀如的革命友情还衍生出另一段佳话——若干年后，孙中山娶宋耀如的次女宋庆龄为妻，这是后话。

1895年1月，孙中山从檀香山乘船回国。抵达香港后，他立即把当年志同道合的几位朋友，郑士良、陆皓东、陈少白、杨鹤龄、区凤墀等人组织起来，商议扩大兴中会组织，并伺机发动武装起义。在香港又有两位志同道合者——杨衢云、谢缵泰加入了他们的队伍。

杨衢云出生于香港，毕业于香港圣保罗书院，曾担任香港湾仔国家书院英文教员、招商局书记，后又任香港新沙宣洋行副经理，这些西方背景让他对当时中国政治的不满也日益加深。谢缵泰是广东人，出生于澳大利亚，在香港政府当职员。1892年他们在香港创办辅仁文社，这是个在研究社会和文学的幌子下讨论革命问题的组织。

孙中山与杨衢云志趣十分相投。杨衢云欣然表示愿意取消辅仁文社，一致加入兴中会。孙中山于是开始着手组织香港兴中会。1895年2月18日，香港中环士丹顿街13号挂出一块乾亨行招牌，以避警探耳目。3天后，香港兴中会在乾亨行召开成立大会。当时入会的有49人，入会誓词仍与檀香山入会成立时相同，采取的是举右手向天发誓的形式。

香港兴中会总会成立后，把檀香山兴中会所定章程修改为十条。这次修改中最重要的就是对清朝政府的残暴腐败正面地作了猛烈的抨击，指出当时国内“政治不修，纲纪败坏，朝廷则卖官鬻爵，公行贿赂，官府则剥民刮地，暴过虎狼，盗贼横行，饥馑交集，哀鸿遍野，民不聊生，呜呼惨矣”，把原来檀香山章程中一些温和的词句删去了。并且要求广大人民团结起来，参加救国行动。章程中写道：“无论中外各国人士，倘有益世，肯为中国尽力，皆得收入会中。”这种思想以后逐步发展，使兴中会能成为各种社会力量反对清政府的共同联盟。

▼ 兴中会成立旧址

香港兴中会的主要成员一部分是具有近代政治理念的新型知识分子，以孙中山、陈少白、陆皓东、杨衢云为代表；一部分是具有传统反满精神的会党分子，以郑士良、邓荫南、谢缵泰为代表。在以后的革命过程中，长时期起作用的主要是这两种社会力量。

密谋第一次武装起义

1894年下半年，孙中山就曾同陈少白商谈过准备起义之事。陈少白回忆，“孙中山在檀香山建立兴中会后，他就写封信给我，信上说：‘前次从香港到澳门去，在香山轮船栏杆旁所说的话，不要忘记。’究竟他所说的在轮船上讲的什么呢？就是讲到将有机会的时候，预备怎样造反。他信上还说，‘这件事可以做得到的，你预备，我就要来了。’”

广州是广东的省会和两广总督的驻地，是革命党人必然的目标。这里是他们的家乡，人地两熟。另一方面，因为与中央政府地理距离遥远，广东又有着长期反朝廷的传统。李鸿章的哥哥李瀚章在此地的5年统治期间，贪污腐化达到了臭名昭著的地步，最终被谭钟麟替换，但是民间对中央政府的不满一直在暗暗发酵。孙中山因此把第一次武装起义的地点放在了广州。香港兴中会成立后，他就开始全力以赴筹备广州起义。

3月13日，孙中山与杨衢云、黄咏商等人在香港开会，筹划广州起义。会议对未来的广州起义作了人事上的部署：孙中山驻广州专任军务，郑士良、陆皓东、邓萌南、陈少白等辅佐。黄咏商、谢缵泰辅佐杨衢云驻港专任接应及财务事务。

筹备会上，孙中山提议说："我等倡议革命，旨在倒清立国，迟早而已，必有成功日。当今世界各国都有国旗，以资国家的象征。举义在即，亦应预谋此事，以代满清之黄龙旗。"

孙中山知道陆皓东长于绘画，又在上海电报局谋生多年，见多识广，于是顺水推舟将此事托付给陆皓东。陆皓东经缜密构思，数度修改，终于将国旗之方式定稿，旗式为长方形，蓝底色，旗中一轮巨大白日，白日四周光芒四射，史称"两色旗"。孙中山很欣赏此旗图案，赞美说："青天白日，取义宏美，示光明正照自由平等之义。"兴中会干部会议一致通过：采用青天白日为国旗之方式，以取代满清之黄龙旗。这是"青天白日旗"在中国近代历史的第一次"亮相"。

如何袭取广州，是筹备期间的一个重点讨论问题。几经讨论，大家一致同意"分道攻城"：在约定日期，让各地民团会党，分别沿着顺德、香山、北江三路，会聚广州，同时起义。

李瀚章任广东总督时，为李鸿章召集了大量兵源，此刻战争结束，四分之三的士兵被遣散，这部分人成了社会不安定的重要因素。而这些被遣散的士兵返乡亦难，最主要的出路，即为加入当地会党——三合会。在广州起义的计划里，孙中山部署了约3000名三合会会员，包括从广东沿海招募的新兵，在香港集合，乘船于10月26日以突袭方式攻占广州。除了香港的突击队外，广东珠江流域还有各路支援纵队，他们基本上也是三合会会员，聚集广州，以伏击和牵制清廷军队。历史学家史扶邻后来说："有证据表明，许多普通士兵只是受雇而来，并不懂得革命的道理。然而那些领导者却有理由相信，一旦战斗开始并夺取首批目标后，内地的绿林和会党自发的起义就会马上爆发。"

为预谋中的起义争取外部支持，也是孙中山一直没有放弃的。香港方面主要由杨衢云等人负责，孙中山则主要做日本方面的工作。孙中山早在3月1日就前往日本驻香港领事馆拜访中川恒次郎领事。孙中山认为当前更重要的是缺乏武器，需要步枪25000支，手枪1000支，希望中川能够帮助筹措。可是中川对孙中山的计划充满了怀疑。他在给别人的信里评价说："其统领的才干、经历和人望等，皆很不够，而且各派间的联络也不通畅，因此即使举事的步骤和手段已经定下，其举事能否成功，尚有怀疑。"

一个月后，孙中山又到领事馆找中川数次。中川认为孙中山向他提及要在两广独立成立共和国，"只不过是空中楼阁而已"，日本方面因而一直没有明确表示支持。

广州起义流产

1895年，面对已衰败不堪的大清王朝，一些心存忧虑的中国人用各种方式试图来挽救。5月2日，康有为联合各省应试举人1300多人发动"公车上书"，要求"拒和""迁都""变法"，资产阶级改良派开始登上政治舞台。

另外，孙中山等人试图用另一种方式来改变这个国家的前途和命运。10月10日，兴中会的主要骨干孙中山、陈少白、郑士良、杨衢云、黄咏商、谢缵泰等七八人在香港集议，选举兴中会的主要领导人——总办，而且大家商定，这个总办就是起义成功后所成立的临时政府的大总统——这也从一个侧面表明西方共和制对这些革命者的吸引力。对于这一重要职位的人选，兴中会内部有两种不同的意见：陈

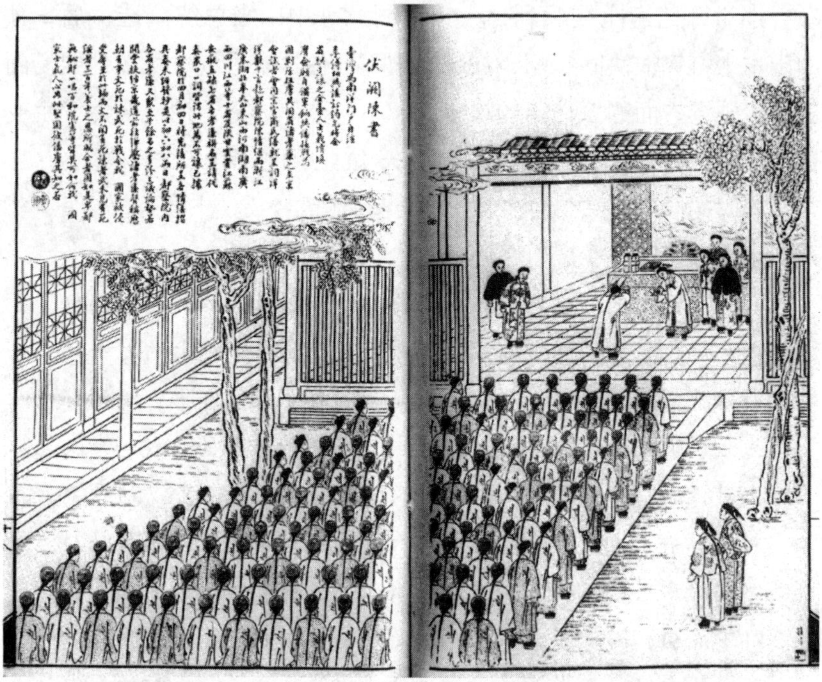

▲ 《点石斋画报·公车上书图》

少白、郑士良等人认为非孙中山莫属，而谢缵泰则拥戴杨衢云。

这种分歧不难理解。原香港辅仁文社的几个人加入兴中会后，虽在革命大方向上与孙中山等一致，但因派系不同而存在矛盾。尤其是辅仁文社创始人之一的谢缵泰，对孙中山印象一直不好，他曾这样描述他眼中的孙中山：

> 孙逸仙看来是一个轻率的莽汉，他会为建立“个人”的声望而不惜冒生命的危险。他提出的都是易招物议的事情，他认为自己没有干不了的事情，他认为自己没有干不了的——事事一帆风顺——“大炮”！

选举开始还比较顺利，大家都同意孙中山当总统。选举后，孙中山本来打算很快回广州，在起义前不准备再来香港，所以他要杨衢云负责香港方面的工作。杨也答应。不料事隔一日，情况突然发生变化：杨衢云突然提出要孙中山把总统一位让给他。

当时的情形，陈少白在《兴中会革命史要》是这样回忆的：

> 孙先生听到这几句话，觉得事情还没有开始，同志间就发生地位之争，非常痛心，精神上就受了一个很大的打击。所以就约了我同郑士良三个人，开一个会议。郑士良听到孙先生说明上面的事情，他就说："这是不能答应的，我一个人去对付他，我去杀他，非杀他不可。"当时我就说："这是不对的。杀了他，在香港就出了人命案件，我们还能起事吗？照我的意思，我们先去省城办事。办成功那就没有问题了；办不成功，随便什么人做总统是没有关系的。"孙先生就依照我的意思，在当天晚上，再开一次联席会议，出席的人中还有一个英国人和一个美国人（系化学师），是孙先生由檀香山约来的。在会议席上，孙先生就自己提出来，把总统的名义让给杨衢云。

无论如何，孙中山还是以革命利益为重，让出了"总统"职位，这也是他人生的第一次让位。其实从实力上看，孙中山也有他让位的考虑：杨衢云手握起义运动的经济大权，他的经费来源主要是黄咏商和余育之两人所捐，余与黄都是支持杨衢云的人；相比之下，孙中山等人所得甚少。这样广州起义的经费不得不依靠香港杨衢云方面。另外，杨衢云不但掌握经费，还负责起义的诸多工作，如征募部队、密购枪弹等。这也是孙中山不欲与杨起纠纷的原因。

杨衢云回香港后一直积极做起义准备工作，寻找敢死队队员。但就在起义前一天，出了意外。

得到“总统”名义的杨衢云在香港先组织了一个小分队，名为“总统卫队”，卫队成员与其他领队日常生活上的待遇一致，此举导致领队们心存不满，认为杨衢云有失公正——卫队配备的武器精良，而他们的配备有好有坏，于是要求更换，否则晚上不带士兵上船。此时，杨衢云已无时间满足这些领队的要求，于是急告广州方面，要求延期两天行动。

10月26日，预定的起义日到了，孙中山却接到香港方面无法按时前来的电报。陈少白回忆：

> ……到初九日（26日），天还没有亮，我就起来，马上跑到农学会，等了好久，并没有消息。绿林首领、军队首领、民团首领等都来讨口号等命令，而孙先生却还没有来。本来香港船在早晨六点就应该拢岸了，我们一直等到8点钟，才见孙先生行色匆匆地拿了一个电报来，一看是杨衢云打来的。电报上说：“货不能来。”我就同先生商量这事怎么办呢？我说：“凡事过了期，风声必然走漏，再要发动一定要失败的。我们还是把事情压下去，以后再说吧！”孙先生也以为然。一方面就把领来的钱，发给绿林中人，叫他们回去再听命令，同时马上打电报给杨衢云，叫他“货不要来，以待后命”。

原来的起义部署被完全打乱，缺乏香港方面的力量，冒险举兵起义，难以保证起义得到成功；孙中山只好采纳暂缓行动的建议，于是党员急起而消灭种种形迹，毁文籍、藏军械，以保存力量。同时，打电报给杨衢云，让他们暂时不要来广州。

其实在此之前，起义计划已遭到告发。而告发之人，正是起义领导人之一朱淇的哥哥朱湘。朱湘是位清末举人，任广州西关清平局书记。朱淇是兴中会骨干，为起义起草讨满檄文及安民布告，而起义前两天，碰巧被哥哥朱湘看到。他唯恐受到牵连，就假借朱淇名义向省河缉捕统带李家焯告密。李家焯得报后一面派人监视孙中山，一面向两广总督谭钟麟报告。岂料，谭钟麟并不相信著名医生孙逸仙会造反，反而哈哈大笑说，“孙乃狂士，好作大言，焉敢造反”，坚决不肯相信。惮于孙中山是位名医，又是基督徒，李家焯一时也不敢轻举妄动。

另一边，杨衢云在香港的筹备活动也已经暴露。10月27日，巡官斯坦顿获悉有人雇用约400名战士，乘“保安”号夜航进入广州。斯坦顿马上将情报电报给广州政府。清总督府接电报，立即组织1500多名清军进入广州城内，开始了大搜捕，广州城内的农学会、王家祠等起义的指挥机关都被清军查获。

10月28日凌晨，当“保安”号开抵省河时，清总督府已派兵在码头守候搜查。船上虽有起义军400多人，但分装在7大箱的枪支和子弹都被别的货物压在底下，无法取出来武装自己。邱四和朱贵全等40人被捕，后来的人因伪装及时，才躲过了抓捕。

这时的广州当局，一面提审被捕人员，一面继续搜捕起义者。在搜捕中陆皓东不幸被捕。陆皓东原本也可以逃脱搜捕，但他担心双门底机关的会中名册被搜去，将会累及许多会员受难，于是他不顾其他人劝阻，冒险前往。名册烧掉后，他也不幸被捕入狱。南海县令李徵庸遵照两广总督的命令，提讯陆皓东。当李叱令陆跪下时，陆挺立不动，并拒绝供出任何会员。11月7日，陆皓东、邱四、朱贵全3人英勇就义，程奎光受600军棍的酷刑，伤重而逝，程耀宸也病死在狱中。这5位是最早为中国革命献身的烈士，孙中山后来在自传里称陆皓东“为中国有史以来为共和革命牺牲者之第一人”。

孙中山见城内风头已紧，立即告陈少白及手下各人迅速离开广州，摆脱了盯梢的人后，他半夜敲开了早年在意奥拉尼学校时的同学家门。孙中山在这里听到了他最好的朋友和同学陆皓东不幸被捕的消息，不禁痛哭失声。躲藏了三天，等清军的搜捕和戒备有点松懈下来，便化装成一个商人，与尤列等人搭乘一艘小火轮离开广州，后辗

▲ 陆皓东烈士墓地

转到达香港。

1895年12月7日，清朝以重金悬赏通缉孙中山等17人，其中孙中山名列榜首，拿获他的赏格是花红银1000元。两广总督谭钟麟派人到香港要求引渡孙中山等人，香港当局判令孙中山、杨衢云和陈少白三人出境5年。此后，清政府还向亚洲、美洲、欧洲各国的清使馆发出电文通缉孙中山。

领导广州起义的时候，孙中山年仅29岁。广州起义虽然流产，但“由于先生这一次的起义，才觉醒了醉生梦死的中国同胞，这是伟大的国民工作之开始，中国民族恢复自由平等的起点，在革命史上应该占最重要光荣的一页”（胡汉民：《贯彻总理首次起义精神》）。也是自广州起义后，孙中山开始在人们的心目中成为“革命党”的代表和旗帜。

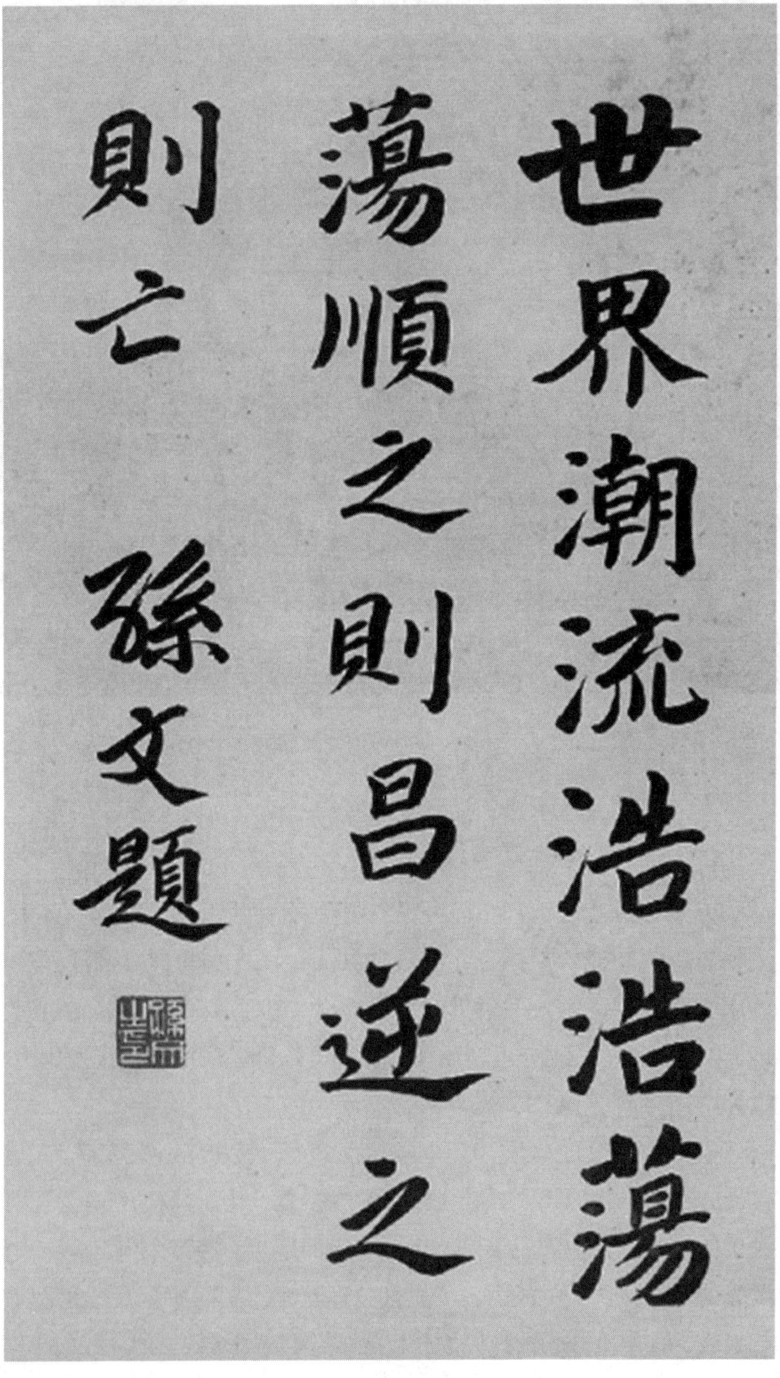
世界潮流浩浩蕩
蕩順之則昌逆之
則亡
孫文題

第五章

伦敦蒙难

流亡生涯被跟踪

1895年11月2日晚，孙中山与陈少白、郑士良等一起乘日本货轮“广岛丸”号起航离港，经多日颠簸航行，11月10日到达神户。到了那里，他们才知道自己已因广州事件而闻名遐迩了。

孙中山到达日本没几天，中日战争结束，两国复交，清政府驻日公使即将到任。外面风传：日本政府可能按照清政府的要求引渡革命党人。孙中山难以在日本待下去，原计划与陈少白一起去美国，但当时美国方面已下禁令，不准华人入境，美国领事也面告不宜冒险前去，孙中山说明自己是在檀香山出生，方获得护照。这时的孙中山已身无分文，只好向横滨兴中会的同志们借钱。冯镜如与弟弟冯紫珊拿出500元交给了孙中山，孙中山拿出100元给没有取得入美签证的陈少白，作为留在日本开展活动和日常的费用；由于郑士良名字不在清政府的通缉名单上，孙中山也给了他100元，派他以合法身份再回香港进行革命组织工作。其余部分作为孙中山赴美经费。孙中山剪去了辫子，穿上了西装，留起了胡须，有人说这时的孙中山像一个干净利索的法国人。

1896年1月，孙中山抵达檀香山。他立即前往茂宜岛看望孙眉，那时，孙母杨太夫人、孙妻卢慕贞与儿子孙科、刚出生不久的长女孙娫，已由陆皓东的侄子陆灿护送先期到达这里。孙中山对一家人心怀歉意，他向哥哥报告了广州起义失败经过，孙眉鼓励他说：“这不算一回事，还应继续干下去！”这使孙中山沉重之余又感到了一些慰藉。

孙眉又拿出一部分钱给弟弟，让他作革命活动的经费。孙中山拿到钱后，第一件事就是还在日本时冯氏兄弟借的那500元钱。冯紫珊在1920年写信给冯自由时提及此事，他说当时给这500元就是想作救国牺牲，但没想到孙中山后来又寄还回来，他由此感到孙中山是一个忠厚而有信义之人。

4月初春的一天，孙中山正走在路上，忽然看见有一辆马车迎面而来，他一眼看出车上坐着的正是当年的恩师康德黎夫妇。激动的孙中山一下子跳上了他的马车，老师却根本没认出改穿洋装的孙中山，差点把他当作歹徒。孙中山大笑起来，说：“我是孙逸仙。”康德黎大吃一惊，康氏夫妇是在回英国途中经过檀香山，离船上岸坐车游览风光的，没想到却在这里见到了他一直牵挂的中国学生。

两人相认后，康德黎感慨学生的遭遇，从个人角度，他劝孙中山继续钻研医术；但关于未来，孙中山自有自己的一番想法，他告诉老师，自己计划周游世界，争取华侨对中国革命的支持，首选是华侨最多的美国大陆，不久后即将去英国，与老师再相见。

6月18日，孙中山独自到达旧金山，在所遇到的华侨那里继续积极鼓吹反清革命。但他的革命宣传并没有得到积极响应，欢迎革命的，每埠不过数人或十余人而已，而且很多人认为孙中山“谋反”是大逆不道的行为，“视为蛇蝎”，甚至连筹措旅费也遭到了华商们的拒绝。一举一动受到监视的孙中山通过朋友的关系，察觉了自己的危险处境，在美国停留了3个月后，孙中山决计赴英。

1896年9月30日，乘白星轮船公司“麦竭斯底”号的孙中山，在利物浦上岸。

孙中山没有想到，远处已有一双眼睛暗中注视着自己，并悄悄记下他的所有行踪：坐二等舱、带了一件行李上岸，乘火车站的公共汽车，到利物浦密德兰车站（Midland Railway Station），坐下午2时50分的快车去伦敦，但是他没有赶上火车。等到下午4时45分他才上车，晚上9时50分到达伦敦的圣潘克拉斯（St. Pancras）车站。从行李房取出行李，雇了12616号马车到斯屈朗赫胥(Haxeux Hotel)旅馆，此时已是深夜12时。

其实，早在孙中山到达旧金山时，就已被清吏盯上了。几天前，清政府驻美公使杨儒已收到来自总理衙门的来函："粤东要犯孙中山谋乱发觉，潜逃赴美，希即确查密复。"杨儒立即密令驻旧金山总领事冯咏蘅查办。

然而，孙中山对清吏的跟踪一无所知。他在旧金山还曾摆姿势让人照相，而一张复制的照片因此被送到了公使馆手里。有所警觉的孙中山虽然在登船时用了"孙逸仙"的英文简写，但这也没有逃过清政府密探的眼睛。

清政府驻英公使龚照瑗很快接到杨儒密函，他一再与英国外交部交涉，要求代拿孙中山，但遭到英国外交部拒绝。明暗两条线路，清政府都没有放过，龚照瑗于是托人找到英国一家私人侦探社——斯赖特侦探社一路侦查孙中山的行踪。

到达伦敦的第二天一早，孙中山前往覃文省街与老师康德黎会面，老师认为他还是住离自家近的地方更为安全，于是孙中山搬到了一间私人开设的葛兰旅馆。刚来的一个星期，孙中山的生活很平静。除了每天去和康德黎会面，他像个平常的旅人，参观大英博物馆，游览摄政公园，也会停驻在商店玻璃窗前。西方文明中的普通生活使他对平等和民主产生了直观感受，大英帝国的古老文化和法治社会一样让他着迷。对于跟踪，他毫不知情。

10月4日，孙中山照常在康家聊天，康德黎提醒他还是应该注意防范，因为清驻英使馆离他居住的地方非常近，孙中山用开玩笑的口吻说："你要是愿意，倒可以进去拜访一下。"二人相视而笑。康的夫人严肃起来，说："不行啊！使馆的人见了你，立刻就会缉捕你送回国。"孙中山在伦敦又拜访了在香港西医书院读书时的另一位老师孟生。在与孟生的谈话中，孙中山曾问到清驻英使臣是谁，并问：“你认为我去使馆访问任何人是明智的吗？”孟生博士断然打消他的念头说：“慎勿行近中国使馆，致堕虎口。”孙中山也点头应允不去。

贸然闯馆遭不测

就在孙中山与康德黎、孟生谈话没过几天，1896年10月11日，他就被监禁在清朝驻英公使馆了，从而发生了轰动一时的“伦敦蒙难”。

孙中山究竟是如何进使馆被囚禁起来的呢？是被绑架、挟持、诱骗进去的，还是自己闯进去的呢？关于孙中山“伦敦蒙难”的经历，多年来历史学家也写了不少文章专门探讨，事情的真相也渐渐清晰。

孙中山被“诱骗”进清驻英使馆，是流传了数十年的一个说法，至今还被很多人作为信史引用，包括孙中山的孙女孙穗芳所著《我的祖父孙中山》一书，这种说法也源自孙中山当年自己提供的一个解释：

10月11日是个星期天，上午10时30分，我自葛兰旅店出来，准备和康德黎夫妇一同去教堂做礼拜，路上忽然遇到一个广东同乡用粤语和我交谈，这个人显得很进步的样子，两个人相谈融洽。这时，又过来一个中国人，两个人和我一起走，请我去寓所喝点茶坐坐，好叙一下乡谊。于是这两个人“或推予，或挽予”，推推拉拉走到一个住所前，刚一进门，大门就被关上了，看见大厅里坐的人穿着清朝的官衣，顿时明白是被骗进了清政府驻英使馆。

然而伦敦蒙难的真相，是孙中山自己冒险闯进了使馆，从而遭到一直求之而不得的清官员们的囚禁的。

一心鼓吹革命的孙中山曾经在清廷驻美使馆宣讲过革命，但是使馆人表面赞成孙中山的想法，实际上却想从香港富商那里捞取好处，根本不关心革命。不过孙中山对于驻英使馆并没有畏惧，他想尝试。另外，孙中山一直不知道自己被跟踪的事情，还以为在伦敦并没有认识化名“陈文”并且已剪掉辫子的自己。孙中山还认真研究了中英外交关系的

◀ 1896年10月11日，孙中山被清政府驻英公使馆诱捕，密囚于此

有关文件，认为“钦差（指清驻英公使龚照瑗）在英无办犯之权，中国与英国又无交犯之约”，这些或许都增加了他闯使馆的勇气。

在被抓前一天，孙中山已经闯过一次使馆。

10月10日上午，孙中山路过清使馆的门口，遇到专学造炮的留学生宋芝田，向他询问是否有广东人在使馆，宋回答“有”。孙中山请他引见，于是进入了使馆内，见到了广东“老乡”四等翻译官邓廷铿，孙中山在海外“遇同乡分外惬意”。

邓廷铿是广东人，孙中山在广州行医时曾与他有过一面之缘，但双方都不知道对方的姓名，所以两人在使馆见到时格外亲热。不幸的是，孙中山一个不小心的动作还是暴露了自己的身份——告别之前，孙中山拿出金表看时间，邓也抓住孙中山的胳膊观赏金表，一眼看到了上面露出了“sun”的英文刻字。他立即恍然大悟，站在自己对面的竟然就是清廷重金悬赏的对象，但他不动声色，稳住了孙中山。

孙中山心满意足地告辞后，使馆内已是如临大敌，一片忙乱。邓立刻把自己的大发现告诉了驻英公使龚照瑗的侄子龚心湛，继而龚照瑗大使与马格里等几位参赞商量，商议的结果是第二天采取行动。

清使馆早已得知孙文的动向，却不曾料想他会自动送上门来。10月11日上午，按约定时间，孙中山又兴冲冲地进了使馆。他并不知道，这时使馆已做好捉拿他的准备。吃过午饭，邓廷铿请孙登楼，参观使馆的会客厅、签押室和卧室等，假装无意间碰到了参赞马格里。邓廷铿邀请孙中山参观自己的房间，邓、马二人一起引着孙中山继续上楼。马格里先进了预备好的空房，做开门待客状，而邓廷铿则守在门外。待孙中山一进房门，外面立即加了锁。马格里开口说，你并不姓陈，你的金表内刻着“孙文”二字，你一定是孙文，“现奉钦差之谕将你扣留”。马格里告诉孙中山，他必须待在这个房间，“不作犯人看待，只不许出门，如要看书均可取来”。这时，马格里出来，邓廷铿又进去问：你是孙文，号逸仙，再号帝象，字载之否？“孙俶头不答，唯云：‘可准我回客栈然后再来或与人同去否？’邓答：皆不能准”。

对于孙中山当时贸然前往清使馆的行为，很多史学家认为过于草率，不应是他的作为。然而当时的孙中山远没有深思熟虑的习惯，革命的情势错综复杂，往往掺杂着机会主义和盲目乐观的情绪。虽然孙中山当年在脱险后所写的《伦敦蒙难记》里形容自己被诱骗、劫持到清驻英使馆，但这些说辞在晚年时被他自己几次在戴季陶、胡汉民、陈少白等多人面前推翻，他说这种被劫持的说法，是为了表示清使馆侵犯英国主权和制造舆论效果。

主要负责此事的是中国使馆的参赞马格里。马格里是苏格兰军医，他在1862年加入中国军队，而且像戈登一样，和太平军作过战。后来，他作为李鸿章的门客，在金陵机器局担任过要职，1877年，他在伦敦担任外交职务。早在孙中山到来之前，马格里就曾询问过英国外交部，可否将孙中山引渡，遭到了拒绝。所以孙中山被抓捕后，他们意识到，在英国擅自抓捕会造成自身处境的艰难。此时，使馆接到国内发电：“慎密办理，不可为英所知。”驻英公使龚照瑗已致电总理衙门，汇报计划专雇船运这一“要犯”回广东，需要7000镑，马格里出面办此事，他以要运一个“疯子”回国为掩护，开始和轮船公司商量。

已陷入绝境的孙中山开始苦苦思索逃离虎口之策。第二天一早，英国仆人柯尔进来生火炉、送洗脸水，孙中山请求他捎一张纸条出去。但柯尔反应冷淡。孙中山把纸条塞进他手里说：“如果你不能带出去，就请把它从窗口丢出去。”但对孙中山充满排斥与戒心的柯尔却把纸条交给了马格里。

孙中山一次又一次地寻找机会，但都没有成功：他把裹着硬币的纸条投到窗户外面，希望能被路人发现。但那张纸不巧碰到了绳子上，又落回了孙中山自己的窗口外，他又央求两位英仆中的另一位帮助拾回来。但那位仆人捡到后直接交给了马格里。结果，马格里不仅派人把房子周围的纸条都捡了个干净，而且当天就命人将窗户安上螺钉，让它不再能自由关闭，还没收了他写信用的东西。

此时的孙中山不免心生沮丧，自感“堕落于穷谷中”。但他还是没有放弃自救的努力。他仍然觉得柯尔是可以争取的，他把这个人看作是使馆里最薄弱的一环。10月15日，他再一次向柯尔求救。为了能让柯尔理解他的处境，孙中山表明自己基督徒的身份，说自己是中国皇帝要杀的基督徒，想要改革社会。他给了柯尔20镑现金，并许诺如果柯尔能给康德黎捎信去的话，以后再给他1000镑。

尽管不懂孙中山所说的革命道理，但柯尔内心还是有所触动。犹豫着是否该帮这位中国人时，他将事情告诉了使馆的女管家霍维夫人。霍维夫人毫不犹豫地说：如果我是你，我一定会去帮助的。她鼓励柯尔帮这个革命者送信，并且秘密行事。这对柯尔下决心营救孙中山起了很大的推动作用。

这时，国内清政府总理衙门已回复龚照瑗，让他立即用商船把孙中山押运回国，“七千镑不足惜”，又叮嘱，在上船时应给孙中山加镣铐，“管解亦须加慎”。

康德黎与孟生的大营救

1896年10月15日，葛兰旅馆的主人见孙中山几日未归，心中颇为疑惑，就跑去问康德黎。康德黎也很焦急，不知道究竟发生了什么。17日夜里11时30分，康德黎家门铃急促地响了起来，推门出去却未见到人，只见到从门底下塞进来的一封信。康德黎打开一看，上面写着：

> 君有友某自前礼拜日来，被禁于中国使馆中。使馆拟递解回国，处以死刑。吾友遭此，情实堪怜，设非急起营救，恐将无及。某于此书虽不敢具名，然所言均属实情。君友之名，某知其为Lin Yin Sen。

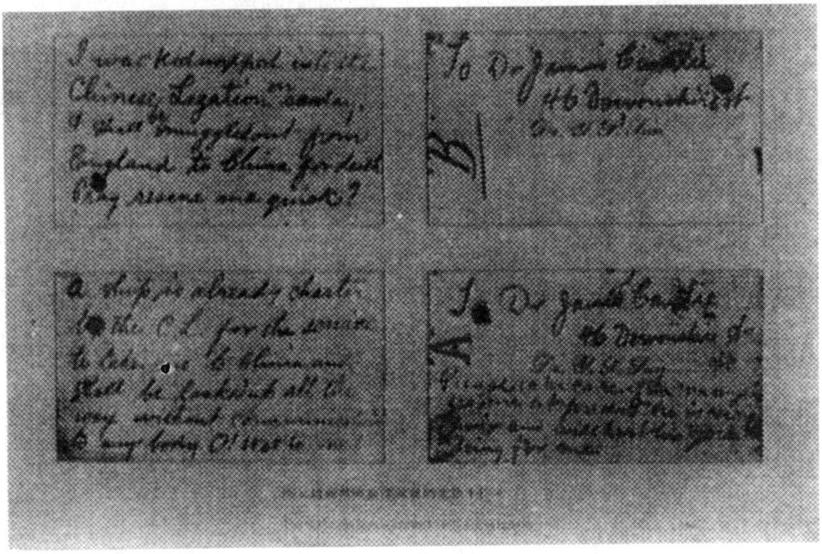
I was kidnapped into the Chinese Legation on Sunday, & shall be smuggled out from England to China for death. Pray rescue me quick?

To Dr. James Cantlie
46 Devonshire St.

B

A ship is already charter by the C.L. for the service to take me to China and shall be locked up all the way without communication to anybody. O! Woe to me!

A

To Dr. James Cantlie
46 Devonshire St.

▲ 孙中山写给康德黎的求救信

原来，这封未署名的信是好心的霍维夫人送来的。已经6天没见孙文的康德黎，知道事情紧迫，必须立即营救。他第一个想到的人，竟然就是马格里。康德黎并不知道马格里就是抓捕孙中山的主谋，还以为同是英国人，马格里可能会提供一些帮助。康德黎于是连夜前往马格里家求救，不停地按门铃，但始终不见有人出来。康德黎只好又去分区警署及苏格兰场报案，直至凌晨1时。警方认为此事荒唐，且无权过问使馆的事，拒绝插手。

10月18日一早，柯尔像往常一样来到孙中山房间为他添煤时，用手指了指煤篓。看到这个动作，孙中山立时心头狂跳，明白柯尔在向他暗示着什么。他走过去拿出里面的纸条，上面写着："我为你送信，但监守极严，你会在钥匙孔中受到监视，所以最好伏在床上写。"抓住了救命稻草的孙中山立刻面壁，赶紧开始写起来。

中午来收煤灰的柯尔，顺便带走了孙中山的求救纸条和两张名片。柯尔将信反折在袖口里，带出使馆，一路向康家走去。此时，康德黎还在为孙中山的命运焦头烂额地四处求救。他先找到一个朋友，希望他通过税务司向中国公使说明：私捕人犯，必引起国际干涉，应该放人。但朋友对此策不以为然，拒绝帮忙。康德黎只好又找孟生博士商量。

找康德黎未果的柯尔直接又找到孟生家，柯尔一进门就出示了孙中山手书的名片，上面写：被禁于清使馆，即将被绑送上船回中国。企盼赶速救援，否则不及矣。两位看了信，更加确定孙中山的处境危险，两人的第一反应还是想求救于马格里，柯尔却插嘴说出了重要情报：马格里天天到中国使馆去，幽禁孙中山的主谋就是他，而且他出主意说孙中山是疯汉，即将要押回国。这使康、孟大为惊愕，两个人决定先各自写几句话交给柯尔，让孙中山稍稍安心。

傍晚时分，柯尔又回使馆，将康、孟所给的两张名片藏在煤篓子里带进孙中山的房间。孙中山紧紧盯着柯尔的一举一动，明白煤篓子是希望所在。柯尔走后，他立即在篓子里找到了名片。

送走了柯尔，康德黎和孟生再一次来到苏格兰场警署，请警察出面干涉，以彰人道。警长不耐烦地说："你昨天半夜12时30分来过了，今天又跑来，我们办不了那么快。"

两个人无奈地走出警署，边走边商量，决定跑到外交部一试。当天正好是星期天不办公，值日的人虽然很有礼貌，但对两人之说法又疑信参半，只答应第二天去告诉上司。时间紧迫，康德黎怕清使馆当天晚上实行偷运孙中山的计划，他让孟生去使馆提出警告，告诉他们孙中山被拘禁的事情已经泄露，让他们有所顾忌，不敢贸然押解登船。

孟生又立即赶到使馆，一位会英语的华人出来接见，此人正是邓廷铿。孟说："我想见一见孙逸仙。"邓说："我们这里没有此人。"孟又说："现在英国外交部已经知道了这件事，而且苏格兰场警署正在派人调查。"邓廷铿不仅态度坚决而且非常从容，完全看不出慌乱的神色，他一脸坦然地告诉孟生"绝无此事"，和孙中山相交不深的孟生甚至都有些动摇了。

但重重阻力丝毫没有动摇康德黎全力解救学生的决心。康德黎决定到《泰晤士报》报馆，只要报纸宣布，必然引起公论，他将孙中山的遭遇向记者口述了一遍。可是《泰晤士报》认为对此事应该持审慎态度，所以它们并没有立刻刊登出这个重大的独家消息。

从报馆出来已是夜里11时30分。正在心如火灼时，白天寻而未见的侦探找到康德黎，两个人一起来到了清使馆。此时已是凌晨12时30分，使馆却灯火通明，人影憧憧。由于孟生白天来盘问，使馆被惊动了，他们决定20日送孙中山回国。

在此之前，康德黎还想到了另外一个对策。他决定去请一个私人侦探监视使馆，如果发现有人在往外偷偷运人，就发警报。巧的是，康德黎找的也是当初受雇于清政府监视孙中山的那家侦探社——斯赖特侦探社。康德黎让侦探把车停在一个屋檐下，躲在车里。月光下，可以清楚观察到使馆人员出入，如果孙中山被押出，侦探会立刻跟踪。安排好这一切，精疲力竭的康德黎于深夜2时回到家中。可是后来的调查显示，恰恰就在这一天，斯赖特侦探社向马格里透露："博士又下达了营救当事人的新指示。"这样，这些马格里雇来跟踪孙中山的侦探，又接受了康德黎的委托来监视使馆和保护孙中山，同时他们又收马格里的钱监视康德黎。

19日一早，康德黎又雇了一名侦探守候在使馆门口，自己则连夜将事情的始末写成信函，上交给外交部和警方各部门，孙中山如何与自己相识，来英、被诱、营救原委完全清楚。这时康德黎与孟生的联合努力终于把英国的官僚机器发动起来：外交部、内政部和苏格兰场警署已经开始注意起清使馆了。英国警方也向格来轮船公司调查，确认了清使馆用7000镑雇用了一艘2000吨的轮船，准备将孙中山解运回国，才相信事情属实，于是乔福斯探长正式接管此案。

收到信函的英国外交部也不敢马虎，特别派人到首相兼外相沙士伯雷处请示，首相在下午6时30分作出了肯定答复。于是警方派出6名侦探在使馆外监视，他们人手一张孙中山的西装照片，分3班24小时监视清使馆。一切就绪，晚上10时，泰晤士河上已经被警方布置好，对所有开往中国的船只进行监视。在此期间，首相沙士伯雷给中国公使写了一份措辞强烈的照会，要求立即释放孙中山。英国政府的强硬措施和效率，成了孙中山最终获救的最强有力的支持。

▲ 康德黎向英国警署报案时提交给警探供其辨认孙中山的照片

这几天，清使馆内的官员日子也不好过。他们已意识到，英方已知道所有消息，但他们还是不甘心就这样放掉一个朝廷“要犯”。他们雇用斯赖特侦探社加紧调查康德黎，马格里继续和轮船公司商讨计划。

孙中山的命运得到更大范围的关注，源于10月22日。这一天，《地球报》派记者来见康德黎，首先以“革命家在伦敦被诱捕”为题目，披露了孙中山的遭遇。当天晚报将访问刊出号外，引起了英国上下极大关注。一夜之间，来自中国的革命者孙中山被囚禁成了轰动一时的案件，由于公众大都站在同情孙中山的立场，英国外交部的态度也强硬起来。

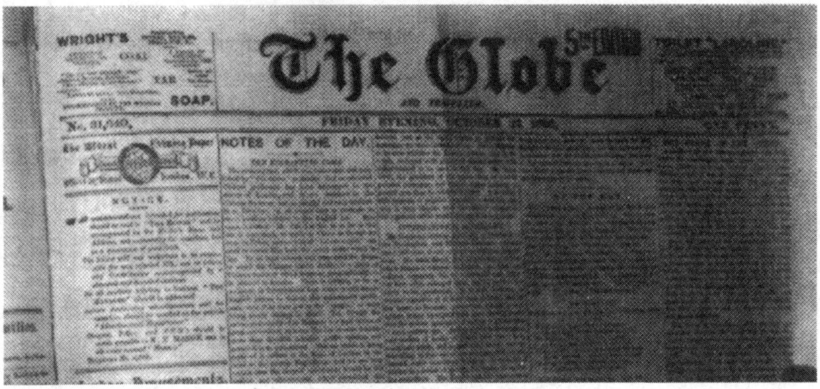

▲ 英国《地球报》首先刊登了孙中山被绑架的消息

重获自由

《地球报》刊发新闻后，孙中山的命运成了全英国关心的话题。伦敦各报记者纷纷出动，前往康德黎家、孙中山的住处、马格里家要求采访，还有记者直接到清使馆门口，要求采访孙中山本人，给清使馆造成了极大的压力。躲避在火车站米兰特大旅店的马格里被记者找了出来，在追问下被迫承认“这个人确实在使馆内”。连伦敦马路上的报馆广告牌也全部用引人注目的大字体发布这个中国革命者的消息，令全城轰动，不断有群众去围堵清使馆，并伴有“释放革命家”的口号。孙中山在馆内接到柯尔带来的消息，英国政府采取了行动，加上舆论干涉的威力让自己性命无虞，这才感到了安慰和放松。

这一天，康德黎到高等法院申请人权保护令。尽管法官因为这个法令不能用于外国使馆拒绝了请求，但是法院将请求转给了首相，希望采取外交途径解决。外交部次长山德森以首相名义向龚照瑗发出措辞强硬的照会，要求立即释放孙中山。

10月23日下午1时30分，马格里到英国外交部交涉释放孙中山的事宜，要求英国政府保证禁止孙中山到香港从事颠覆活动。外交部次长山德森同意将放人的最后期限延至4时。

下午4时30分，两个看守人员打开了幽禁孙中山房间的门，对孙中山说：马格里在楼下等你。同时让他穿好衣服戴上帽子。孙中山整理好衣服就随看守走下楼去。

当看到等候在门外的康德黎时，孙中山一下子心头一舒。除了康德黎外，还有英国外交部派的人和乔福斯探长等，这时马格里当着众人的面把从孙中山身上搜走的东西一一归还，并摆出姿态说："我现在把他交给你们，主要是为了本使馆的特别主权和外交权利不受损。"随即转过身来对孙中山说：你现在自由了！

清驻英大使龚照瑗电报总理衙门："孙犯已在馆扣留十三日，有党犯在馆旁巡逻，馆中人出入，亦必尾随，日夜无间，竟无法送出。外间亦有风声，船行亦不敢送，只得将购定之船退去。与外部商允，如孙犯回香港，则必由港督严查，并请具文以饬港督照办。因将孙释放，仍派人密跟。"

这一天，清使馆成了人们注视的焦点。孙中山等刚出门，人们就包围过来，特别是记者纷纷拥上来，要求发表谈话。乔福斯探长见此情景，特意安排孙中山乘四轮马车由使馆后门离开，直奔苏格兰场警署。有些记者竟然攀爬马车，要求采访。

5时，孙中山与康德黎一路前往苏格兰场，被一批记者乘车尾随，赶上后，为了满足记者们的急切愿望，孙中山在某酒店接受了采访，一记者在文章中，还补充说"孙逸仙的英语讲得非常好，尽管带有明显的外国腔"。

晚上7时左右，孙中山终于和康德黎回到了康的住处。此后的两个礼拜，孙中山和康德黎一直忙于应对络绎不绝的记者，"几于唇敝舌焦。"舆论的强大支持让孙中山终身对西方的新闻体制充满热情。获释的第二天，孙中山就致函伦敦各报的主笔，对英国政府和报界的帮助和同情表达谢意。他在信中写道：

> 最近几天中所发生的实际行动，使我对英国宽大的公德心和英国人民崇尚的正义，确信无疑。我对立宪政府和文明国民的认识和感受，更加坚定。这一切促使我更积极地投身于，我那可爱而受压迫的祖国的进步、教育和文明事业。

他在接受《每日新闻》记者采访时特别说明：和旧式的“白莲教”不同，“我们的运动是新的，限于受过教育的中国人，他们大部分在国外”。除了英国的报刊，美国、澳大利亚、香港、日本、新加坡等地多家报纸和上海的《万国公报》《时务报》都转载刊发了有关的报道和评论。“孙逸仙”成为与封建暴政作坚决斗争的英雄，一下子便成为社会舆论和公众注目的对象。不少英国人致函道贺或前来拜访，甚至用实际行动来表示对他的同情与支持。孙中山在伦敦接待一大批仰慕的访问者，其中一个叫摩根的英国士兵，十分同情中国革命，表示愿意参加今后的中国革命。1899年，他来到香港，参加1900年的惠州起义。

清政府仍然在策划引渡孙中山，但是孙中山却静下心来，申请了大英博物馆半年的读者证，从12月5日起，孙中山逐日来这里读书，并开始撰写《伦敦蒙难记》。康德黎继续资助孙中山，给他50英镑。《伦敦蒙难记》的英文本于1897年1月21日在英国布里斯特尔出版社出版，它使“孙逸仙”名扬四海，这本书后来被翻译成多国文字。据康德黎夫人日记称，这本书是在康德黎的帮助下完成的。孙中山也在书里坦承：“顾予于英文著述非所长，……而遣词达意尤得吾友匡助之力为多，使非然者，予万不敢贸然以著作自鸣也。”孙中山也一直没有忘记柯尔这位救命恩人。经康德黎介绍，孙中山在伦敦多次演说，将捐来的几百英镑送给柯尔。他在欧洲居住了两年，一面博览群书，一面考察政治风俗，和在朝在野的各方面人士会晤。孙中山的“三民主义”思想雏形正是这个时期的产物。

第六章

为革命事业奔走海外

转往日本筹划革命

伦敦蒙难后孙中山名噪一时，成为一位知名的革命首领。在英国的考察和潜心研究，使孙中山对革命的认识迈上了一个新台阶，其改造中国的思想也渐趋系统化。

摆在孙中山面前的迫切任务，是寻找和争取支持他事业的合作力量。孙中山拯救和改造中国的思想是很清晰的，但在实际中如何着手，又与他的愿望之间存在着一定差距。缺乏坚固的组织和稳定的力量作为后盾这一问题一直困扰着他，而中国面临的严重危机和迫切拯救中国的愿望又催促着他。

在伦敦逗留了几个月后，由于伦敦的华侨很少，也没有中国留学生，孙中山决定前往日本，因为那里与中国相近，消息灵通，便于筹划未来的革命。

1897年7月1日，孙中山乘“努美丁”号轮船离开英国，经一个多月的漂泊，抵达横滨。横滨华侨多，当时，旅日华侨约5200多人，横滨有3252人，占总数的60%以上。

孙中山重返日本，也引起了日本政府对这位反清人物的关注。日本外务省派了三个人——平山周、可儿长一和宫崎寅藏秘密前往中国，调查反清秘密会党。平山周是日本福冈人，早年与宫崎寅藏同学于东洋英和学校。1897年，经日本众议院议员、进步党常务委员犬养毅斡旋，接受日本外务省的秘密资助，赴华南调查秘密结社情况，同

时寻访孙中山行踪。他从英文报纸获悉孙已从欧洲东返，立即回国。而宫崎寅藏是出身于日本熊本县的下级武士，年轻时曾向父亲学习过剑道刀法。后入东京专门学校，接触自由民权运动，开始关注亚洲革命运动，立意帮助中国革命，并皈依基督教。而在调查了解中，宫崎寅藏对孙中山渐渐产生了兴趣。9月初，回到横滨不久的宫崎就迫不及待地立即前往陈少白住处拜访这位革命者，孙中山充满激情的谈吐，一下子将宫崎征服。

宫崎在他后来写的《三十三年之落花梦》中回忆了许多孙中山当时的言论，他毫不掩饰自己对孙中山的仰慕之情：

> 彼何其简而能尽乎，言贯理义之精，语夹风霜之气，若不胜如焰之热情，燃而向上；又不胜如花之辩舌，灿以发舒，此实自然之音乐也，革命之律侣也，此真布鲁东、巴枯宁之流亚也。余首肯，余心折，余私自忏悔。彼其胸中，见数万甲兵；彼其度量，可容卿百辈。……孙君者，可谓东亚之珍宝也。我岛国民，所谓侠，所谓武士道，大和魂者，皆不足当一笑！呜呼！不愧死，亦当羞死！

这次见面之后，宫崎就下定了追随孙中山的决心。

实际上，日本政府对于孙中山的态度，也是颇为踌躇的。明治维新之后日本兴起的一股热潮是研究亚洲，研究中国。1897年，日本成立东亚会与同文会。东亚会由陆实、三宅雄二郎、犬养毅等29人组成，以研究时局为目的，主张邀请正在中国鼓吹变法的康有为、梁启超入会。同文会则以启发中国人、匡救东亚时局为宗旨。1898年底，东亚会与同文会合并，成为东亚同文会。该会的不少成员后来都到中国活动，联系维新、革命两派人士。

宫崎寅藏在与孙中山会面的第二天就赶赴东京，向日本政要犬养毅报告。犬养非常兴奋，说：“这是份大礼物，怎能不会他一面？”当即命宫崎到外务省向小村寿太郎次长汇报，要求他接见孙中山。但当时日本政府正设法缓和中日关系，借以减轻清政府联俄外交造成的压力，小村因此拒绝会见孙中山。

9月27日，平山周等从横滨陪孙中山到东京拜访犬养毅。“从犬养的家中辞出之后，我们请孙文住在数寄屋桥旁的对鹤馆内。”平山周后来回忆，在登记姓名时，孙中山并不想以真名示人，平山周思索片刻，想到经过日比谷公园附近中山忠能侯爵官邸，遂以“中山”两字登记。而孙则顺手拿笔在中山字下面写了个“樵”字。孙向平山解释说，这个意思表明自己是“中国的山樵”。自此，孙中山即以“中山樵”的假名来往于东京、横滨之间。从此，“中山”之名便渐渐被外界叫起来。

孙中山与犬养的会晤，为他重新筹划和启动中国革命提供了一个机会。犬养是日本政坛的一位实力派，代表日本自由民权主义的政治力量。他熟悉中国传统文化，主张亚洲各国联合对抗欧美列强。在犬养毅等人的努力下，孙中山被允许留居日本。从此，孙中山便开始进行一系列活动。

孙中山选择日本作为盟友，原因很多。学者桑兵认为，第一，日本是亚洲唯一走上富强之路的国家。第二，明治维新的成功，带动了亚洲各民族的独立解放运动。“日本废除不平等条约的那一天，就是我们全亚洲民族复兴的一天”，“就是亚洲复兴的起点”，特别是日俄战后，亚洲不能抵抗欧洲，东方不能战胜西方的神话被打破，“亚洲全部的民族便惊天喜地，发生一个极大的希望”。第三，日本与中国是一衣带水的邻邦，又有着悠久的历史文化联系。第四，尽管日本政府对孙中山时冷时热，朝野各方在交往中又怀抱不同目的，承诺多兑现少，条件多实惠少，孙中山毕竟从日本得到过不少便利和支持；这对被迫流亡海外，备尝艰辛，四处碰壁的孙中山当然会留下深刻印象。

▲ 流亡海外的孙中山，为避免清廷驻海外人员的注意，剪发改装，并化名“中山樵”，“中山”之名即由此而来

联手康有为的数次努力

1897年11月，德国派军舰强占胶州湾。次年1月，康有为赶赴北京，第五次上书光绪帝，要求光绪帝将“国事付国会议行”，“尽革旧俗，一意维新”。这道奏章，为工部尚书淞溎所阻，但却受到给事中高燮曾的重视，上疏推荐，要求光绪帝召见康有为——按照清朝制度，非四品以上官，不能召见。

光绪帝也感到形势危急。1898年1月16日，光绪帝向翁同龢、奕䜣征询“变法”意见；次日，光绪帝连发三道上谕，要求提高办事效率，同时要求各省督抚推荐人才，裁汰绿营，开办制造局。1月24日，光绪帝命王公大臣在总理衙门接见康有为。李鸿章、翁同龢、荣禄一同参加。时任总署大臣兼督办军务大臣荣禄对康有为说：“祖宗之法不能变。”康有为回答：“祖宗之法，以治祖宗之地也，今祖宗之地不能守，何有于祖宗之法乎？即如此地为外交之署，亦非祖宗之法所有也。因时制宜，诚非得已。”他声称“日本维新，仿效西法，法制甚备，与我相近，最易仿摹”。

1月29日，康有为以“外衅危迫，分割荐至，急宜及时发愤，大誓臣工，开制度、新政局、革旧图新，以存国祚”为题，第六次上书，要求光绪帝仿照日本明治维新的办法。奏折被耽误了一个多月后才呈到光绪那里，光绪帝看后，非常满意，命王公大臣们“妥议具奏”，但没有下文。

3月12日，康有为第七次上书光绪皇帝，论述“体制”与“变法”关系。他建议光绪皇帝效仿俄国的彼得大帝，“以君权变法”。5月28日，恭亲王奕䜣病逝。他的病逝客观上也为变法运动扫清了一些障碍。

1898年6月11日，光绪帝下诏变法。但短命的维新很快遭到扑杀。9月21日，农历八月初六，慈禧太后发动政变，囚禁光绪皇帝，大肆捕杀谭嗣同等维新派人士，标志着“百日维新”的失败。“戊戌变法”是近代以来中国首次有意识地进行制度变革、适应现代化挑战的尝试。但这次自上而下的改革却以流血的悲剧收场，不但使中国的现代化进程严重受挫，也给中国社会的发展、最终也给清王朝的统治者本身带来巨大损失。

▲ 戊戌变法的政治领袖光绪皇帝、思想领袖康有为

在日本政界一些最有权势的人物——伊藤博文、大限重信和犬养毅的策划部署下，康有为和梁启超都被接到日本。梁启超先在日本使馆安排下，由平山周陪同，在天津从日本商船登上日本军舰。康有为则在英国军舰保护下避居香港。当时英国公使馆中文秘书戈颁陪同的康有为，这是英国人最直接也是最长时间接触康有为，结果戈颁对康

有为的印象并不好："（康有为）真是一个可怜的人，一个狂热的人和空想家。我想，光绪皇帝大概和他相像。"

日本政府经过一番权衡考量，决定接纳康有为。曾给予孙中山巨大帮助的宫崎寅藏，这一次又专程到香港，陪同康有为及弟子7人逃亡日本。10月20日，康有为与先期到达的梁启超在东京会合，其生活费由日本政府提供（后改由进步党供给）。康、梁初到日本时，还希望能尽力挽救光绪皇帝。康有为游说日本人士，"不惜一臂之力，助皇帝复位"。但日本政客只是表示同情，不愿意在实际上有所行动。

孙中山很早就有了结交康有为的念头。两人同属广东人，最初都对现实社会抱着热切的改良愿望。康有为当时在广州讲学，喜欢读西方译本，经常在他的"万木草堂"推荐学生读《民约论》《法国革命史》《美国独立史》以及《万国公法》等，并以华盛顿为理想人物。而那时，孙中山也在挂牌行医，得知康有为有志于西学而想与他结交，遂托人转达此意，岂料康有为的回答是："孙某如欲订交，宜先具门生帖拜师乃可。"孙中山认为康有为太过妄自尊大，就此作罢。

▲ 慈禧（中）与隆裕（右一）、瑾妃（左一）等合影

1895年，孙中山与维新派有了最初的实质性接触。据冯自由在《中华民国开国前革命史》记载，“中山、衢云、少白在香港澳门间，尝与康广仁、何易一、陈千秋商略革命”，后来孙中山在广州倡导设立农学会，也曾试图请康有为及其徒弟陈千秋等加入，但遭到康有为及其弟子的拒绝。

广州起义失败后，兴中会从两条线试图与康、梁一派建立联系。1896年2月，兴中会成员谢缵泰在香港与康有为的幼弟康广仁结识，当时，两人还畅谈两派联合救国之必要。10月，谢缵泰又与康有为约见，讨论中国政局，同意在维新工作中联合与合作，由康有为拟定维新计划大纲。

次年3月和9月，谢缵泰与康广仁两度会谈，建议召集两派领导层开会，实行“对王朝和千百万民众都有好处的‘和平’革命”。关于合作对象，康广仁表示：像孙逸仙那样的一些人使我惊骇，他们要毁坏一切。我们不能同这样的轻率鲁莽的人联合。杨衢云是个好人，我想见见他。

但不久前，康有为已因“公车上书”事件而声名大振，仍寄希望于清廷内部自上而下的改革，深恐与孙中山等“革命党”公然来往而招致疑忌。

到1898年夏秋间，得到光绪皇帝青睐的康有为正沉浸在他的“帝师”荣耀中，因为担心与革命党的任何关系都有可能成为保守势力攻击的“炮弹”，所以处处小心。当时，宫崎寅藏经人介绍认识了康派的人，“康先生当时在北京，已为王佐之臣，声望震于四海，因此其党羽的气势也为之大张。但是，孙党以及其他一部分人士，却把他们看作是变节分子，非常憎恶他们的行为，把他们看作是放弃了共和主义、投降异族帝王的变节分子。因而，互相对抗，彼此倾轧，已达极点。”康广仁虽然想和杨衢云见面，但随着其作为“戊戌六君子”之一的牺牲，他和谢缵泰所主导的这一条联合之路就彻底失去了可能性。

此次变法失败，康、梁流亡，让孙中山再一次看到了联手的希望。

其实，孙派与康派虽然采取不同的救国道路，但他们有着合作的共同基础——无论孙中山还是康有为，都把日本的明治维新作为效仿榜样，而且双方都在寻求日本支持。孙中山一直希望能与康有为等改良派形成一股联合起来的力量，日本方面出于自己的利益考虑，也希望康、孙能形成合作。

听说康、梁两人抵达日本，孙中山马上通过宫崎寅藏向康有为表达欲赴东京拜访的意愿，但被康有为拒绝。此后，犬养毅又亲自出面，邀请孙中山、陈少白与康有为、梁启超4人一起到他的早稻田寓所会谈，碍于情面，康有为只好派梁启超去谈。

当天，孙中山、陈少白和梁启超按约会晤，一直谈到天亮，梁启超答应回去同康有为商量，再来答复。但等了两天，梁启超仍无音讯，孙中山于是派陈少白和平山周前往康有为住所。这一次，陈少白同时见到了康、梁二人，陈少白向康有为“痛言清政府种种腐败，非推翻改造无以救中国，请康改弦易辙，共同实行革命大业”。而康有为则还对光绪皇帝不放弃最后的希望：“今上圣明，必有复辟一日。余受恩深重，无论如何不能忘记，唯有鞠躬尽瘁，力谋起兵勤王，脱其禁锢瀛台之厄，其他非余所知……”双方辩论3小时，康有为仍坚持其立场。

虽流亡海外，但康有为仍一心想恢复光绪皇帝的统治。自负心很强的康有为，以为能说服日本外相出兵牵制顽固派，挽回其势力。而孙中山则被清廷视为不共戴天的仇敌，康有为后来也说：“我是钦差大臣，他（指孙中山）是著名钦犯，不便与见。”

陈少白此次到康有为住处拜访时，还见到另外一个身份相对特殊的人——王照。王照原来是清廷礼部主事，忠于光绪皇帝。这一次他也在日本人的帮助下逃到日本，因为栖寄无门，只好委身于康、梁之门下。可是王照明显与康有为关系不好。就在陈少白与康有为谈话期间，王照突然强烈抗议康有为对他的态度不好，抱怨被剥夺了自由说话的权利。康有为大怒，命令身边人把他拉出去，然后对别人解释说：“王照已经疯了。”陈少白注意到了这个细节，他示意平山周留心照看那位康有为不喜欢的客人，找出王照对康有为不满的原因。几天后，趁康有为等人不加防备之机，平山周偷偷把王照带到犬养毅的住所，在那里，王照揭发说，康有为声称自己持有的“衣带诏”其实是假的——在此之前，康有为声称光绪皇帝给他“衣带诏”，命他起兵，把皇帝从慈禧软禁下解救出来。这个消息泄露之后，康有为知道陈少白在此当中起了作用，于是把革命派看成是他不共戴天的敌人，双方的分歧越来越大。康有为也拒绝把所谓的“衣带诏”拿给东京的任何人看，声称他在逃离北京时不得不把它烧掉了。

康有为与王照的冲突，使得日本政府对康有为的态度也在悄悄发生改变。1898年11月，日本大隈内阁瓦解，山县有朋组阁。不久，传闻伊藤博文访华时，李鸿章提到日方保护清朝流亡者，新政府不希望在外交上与清朝产生纠纷，因此改变了大隈重信内阁对康礼待有加的策略。

▲ 康有为

在香港时，还发生过这样一段插曲：康有为由何东做翻译，接受英文报纸《德臣报》（China Mail）采访时，对慈禧大加攻击，称她只是一个妃子，光绪已认识到慈禧不是他真正的母亲；康有为还称光绪已给他密诏，让他去英国求救，恢复光绪的权力。康有为此举无疑是欠考虑的。历史学家茅海建对此评价说：“尽管康有为自以为是地认为，他在利用媒体向英国政府求救，但似乎没有想到光绪还在北京，正在慈禧的掌控中。他的这些内容并不属实的谈话，将会对光绪非常不利，恰恰向慈禧证明了光绪仇恨慈禧太后，且不惜利用英国以能让慈禧下台。”湖广总督张之洞从中国报纸上看到翻译过来的

▲ 戊戌变法时的梁启超

康的谈话后，极为震怒，他与日本驻上海代理总领事联络，要求日本驱逐康有为。

而另一方面，日本方面也看出，在中国国内，只有极少数人想拥护皇帝继续改革，不可能以国内保皇党的力量来恢复帝位。他们还看出，康有为东山再起的希望，实在微乎其微。

此后，“不但日本政府把康当作累赘，民间志士对康的同情也日趋淡薄”，康有为觉察到这种冷淡，最终不得已前往欧美。

1899年3月22日，康有为得到日本方面9000元资助，被礼送出境，赴加拿大。

康有为的离去使梁启超成为康梁派前线的领军人物，也为孙中山争取与梁启超合作提供了一个契机。较之于老师康有为，梁启超对于孙中山的联合提议，并不持强烈的排斥态度。另外，梁启超在此前报刊上发表的一些言论，也表明在对待清政府的态度上，他与康有为是有区别的。梁启超曾说，主张“有血的破坏”，并且以“破坏主义者”“革命家”自居。梁启超对孙中山了解较多而成见较少。早在1895年，他就函告汪康年：“孙某非哥中人，度略通西学，愤嫉时变之流，其徒皆粤人之商于南洋、亚美、及前之出洋学生，他省甚少。……盍访之，然弟度其人无能为也。”

梁启超流亡日本后，他的维新同志徐勤、麦孟华、汤觉顿以及时务学堂学生蔡锷等人随后相继到达。当时的日本，正处于明治维新之后。梁启超亲眼见到了一个国家的兴起，“如呼吸凌晨之晓风，脑清身爽”。他为自己取名吉田晋，以示对于日本维新思想家吉田松阴的景仰。

一段时间，梁启超等与杨衢云、尤列、陈少白等来往密切，孙、梁合作的消息，也盛传于东京、横滨间。

5月，孙中山赴东京拜访梁启超而不遇。一个月后，两人终于走到一起，商谈双方联合事宜。梁启超此时曾致函孙中山，语气相当客气有礼。随着两人接触次数的增多，孙中山与梁启超的一些见解也日益接近。在此期间，兴中会不少人与康梁派的梁子刚、韩文举等人也频繁接触，寻求合作成为当时最为首要的任务。

1899年秋，是孙中山与梁启超往来最为密切的时期，两人甚至还谈到合作后的组织形式，拟推孙为会长、梁为副会长。梁启超还与同门学友韩文举、欧榘甲、梁炳光、麦仲华等共12人在日本镰仓江之岛的金龟楼结盟。这批人中，欧榘甲带头倡言革命，认为革命之义已经行于五洲，革命之效已经普及四海，是“去野蛮而进文明”的必经之路。孙、梁的“亲密接触”在各自的阵营里都遇到持强烈反对意见的人，尤其是康梁派里的徐勤等人，认为梁启超已渐渐掉进别人的圈套里，密报正在香港准备前往新加坡的康有为，康有为大怒，立即勒令梁启超赶赴檀香山参加保皇运动，不许拖延。

出发前，梁启超找到孙中山，表态仍要合作到底。1899年年底，梁启超带着孙中山的介绍信抵达檀香山。梁启超最初的想法是将“共和”与“勤王”二者统一起来。梁启超到达檀香山后，会晤了兴中会李昌、何宽、郑金、钟木贤等人，并前往茂宜岛拜访孙眉，孙眉甚至让其儿子阿昌执弟子礼，随梁到日本留学。兴中会同志均把梁视为同路人，热情相助。

1899年（光绪二十五年），慈禧太后召开王公会议，诏立自己的外甥、端郡王载漪的儿子溥儁为大阿哥，准备接替光绪皇帝，这也被看成是宣布被软禁的光绪皇帝死刑的一个行动。消息传出，中外哗然。康有为致函大限重信及进步党领袖犬养毅，要求二人向日本政府请兵，讨伐慈禧，同时催促唐才常、毕永年等人在国内动作。1900年1

月，康有为经香港抵达新加坡，在香港、澳门设立保皇会总局，作为办事机构。

梁启超不是不想推翻满洲贵族，也不是不赞成共和，但他所担心的是革命会造成外敌入侵，社会动乱，他想找一条比较稳妥的道路。一时间，这种“名为保皇，实则革命”的说法吸引了不少当地华侨，原兴中会成员几乎全部被拉入保皇会。在他激烈的言辞下，“改良”和“革命”的界线变得有些模糊不清了。孙中山苦心经营的檀香山和横滨兴中会先后为康梁利用，被夺去大部分力量，这对孙中山再次开始寻找革命力量，无疑是不小的打击。

康有为在戊戌政变后，受到清廷的通缉。1898年11月，慈禧太后接受御史杨崇伊的建议，派刘学询、庆宽二人以考察商务为名赴日，企图结好日本政府，伺机逮杀康、梁。1899年7月，刘学询在宗方小太郎的安排下与孙中山密谈，以后又多次见面。刘学询问孙中山的“革命宗旨究如何”，孙答：“我之革命宗旨始终在兴起中国。”刘称：“若政治革命，可以协力；种族革命，恐其事甚难。天下事当先为其易而后图其难。”谈话中，孙中山也向刘学询表达了对康有为的种种不满，指责其目的在于自私自利，敛钱肥己。当时，康有为已离开日本，刘学询要求孙中山刺杀梁启超以“立功”。他表示，将向朝廷保荐孙中山，招抚孙手下的人马，保证孙氏必得大权，创成大事。

据著名历史学家杨天石的研究，1898年9月，刘学询回国后，通过庆亲王奕劻将谈话记录《与孙文问答》呈报慈禧太后，表示愿以身家性命保孙中山归国。据奕劻称：慈禧太后读后指示说：“今联日已妥，新政待举，正需孙文回国效用。他人尚优容不暇，自己何独不能吸引之！”她肯定刘学询所陈意见“甚是”。11月，慈禧太后任命李鸿章为商务大臣，前往通商各埠考察，面谕称：康有为到香港，受到英员保护，应设法交涉捉拿。此后，李鸿章即通过刘学询，企图通过孙中山诱捕康有为。30日，刘学询致电李鸿章，提出用诱、掳，活捉为上，毙命为次的方针，声称为防止康有为“外窜”，将待孙来商量截断康的逃往“南洋之路”。30日，李鸿章复电指示，“能生获尤妙”。他对于孙中山处迟无回音表示怀疑，问刘：“孙无信来，何也？”12月19日，慈禧太后改任李鸿章署理两广总督，将刘学询交李鸿章差遣委用，目的仍在于利用刘学询招抚孙中山，以孙制康。

1900年1月24日，杨衢云辞去兴中会会长职务；次日，陈少白在香港创办《中国报》，其中日报成为革命党人最早创办的报纸。该报声称，其创刊目的在于“大声疾呼，发聋振聩，俾中国之人尽知中国之可兴，而闻鸡起舞，奋发有为也”。香港逐渐成为革命党人的重要活动与宣传基地。

新到广东履任的李鸿章担心孙、康联合，乘机举事，便命刘学询致电孙中山，劝孙回国，声称“此时回来最合时机”；之后，李鸿章又通过清廷驻日公使向孙中山转达：“值此国家危难之时，愿与孙氏会晤，共计匡救天下之策，务请来粤一行。”除此之外，李鸿章还派遣特使到东京催促。孙中山一时也摸不清李鸿章底细，但他也希望能利用这个形势，借助李、刘二人达成自己的目标，所以他回答称：“拟先派代表赴广东，然后考虑亲自返粤问题。”

6月8日，孙中山与杨衢云、宫崎寅藏、平山周等人坐日轮“烟打士”号赴港。行前，他与人密谈称，此行的最终目的是：“和支那南部的人民一道努力，从支那帝国中划出一部分，建立一个新的共和国”。航行途中，宫崎建议联合康有为，共同协力办事，得到一致同意。6月17日，孙中山一行抵达香港海面，他担心被诱捕，于是宫崎、内田等人换乘李鸿章派来迎接的军舰，代表孙中山去广州和李鸿章的代表刘学询谈判。

密谈中，宫崎要求清廷特赦孙中山，保障其生命安全；同时贷款十万两。刘称：贵方的意见将马上报告总督。明日即可在香港面交五万两，其余部分容后送上。在随后举行的宴会上，传来李鸿章的答复：将奏请太后，特赦孙中山。次日，原舰将宫崎等送回香港，刘学询之子交来三万元港币。宫崎等即转赴新加坡，等待自西贡来此的孙中山，并企图劝说流寓当地的康有为与孙合作，促进各派之间的牵手。当时惠州起义已经准备就绪，孙中山认为劝康有为改变主张很难，因此不抱乐观态度，宫崎坚持要去。但康门弟子徐勤疑心宫崎奉有李鸿章刺康的密令，急电康有为防范。虽然当年宫崎曾护送康有为避难日本，但康有为得知后拒绝见面。宫崎一面等孙中山前来商定下一步方案，一面写信给康有为驳斥“刺客”之说。7月6日，警察来到宫崎住所，将宫崎与同行的清藤幸七郎逮捕。

孙中山闻讯后立即赶往新加坡，着手营救宫崎。在孙中山的努力以及日本领事馆的干预下，英国殖民当局释放了宫崎、清藤二人，但以“妨碍治安罪”下令将二人驱逐出境5年。救出宫崎等人，孙中山对英国官员表示：“我已放弃与康有为协力商讨当前局势的想法。”所谓“新加坡刺康案”后孙中山、宫崎等与康有为的关系完全破裂。

对康有为和孙中山的人物性格，历史学家李剑农在《中国近百年政治史》中有着精辟的分析。他说：“出身务农家族的孙中山在十一二岁便表现一种自然活泼的思想，不以做洪秀全第二为污辱。孙幼年所受是西式教育，以科学为基础，对于西方文化的观感是直接的，所以他的思想不涉于玄想。初闻其议论的人仿佛觉得谬妄胆大，然实际很切于事情；出身读书人家的康有为在成童时，便套入理学圈子里去，口口声声要做圣人。康所受教育，是东方的旧式教育，以玄学为基础，对于西方文化的感受是间接的，

▲ 1900年的慈禧太后

所以他的思想，总免不了玄杳空洞。初听，觉得新颖，但实际上终不能脱去旧圈套。”

从1895年到1900年，是孙中山革命事业的最艰难时期。孙中山在自传里这样形容这个时期：

> 此五年之间，实为革命进行最艰难困苦之时代也。盖余既遭失败，则国内之根据，个人之事业，活动之地位，与夫十余年来所建立之革命基础，皆完全消失；而海外之鼓吹，又毫无效果。适于其时有保皇党发生，为虎作伥，其反对革命，反对共和，比之清廷为尤甚。当此之时，黑暗无似，希望几绝。

英国传教士李提摩太在1900年途经日本去美国时，特地拜访了在横滨的孙中山，发现“他已经下定决心倡导革命，没有任何商量的余地”。

策动李鸿章独立

1900年是中国近代史上极为重要的一年，八国联军攻破北京，大肆劫掠。义和团运动失败和《辛丑条约》签订后，中国为这场灾难赔付本息约九万万两。清朝政府也处于极度混乱状态。1900年的大动荡，促进了中国反帝爱国的民族主义思潮的兴起。一些新型知识分子终于从对清朝的幻想破灭中醒来，他们寄希望于一个新政权的诞生，而不是像康、梁保皇派那样，仍企望来自清政府内部的自发改良。

孙中山致力于改造中国，一直依靠华侨和会党，他们也因此成为兴中会的主要力量。孙中山在日本站稳脚跟后，自1898年开始，与陈少白、郑士良、杨衢云等革命骨干直接参加联络会党工作。其中陈少白在香港加入三合会，并被龙头封为“白扇”（即军师），从而加强了革命党与广东会党的关系。

10月，在陈少白、毕永年、宫崎寅藏的策划下，香港召集兴中会、哥老会、三合会首领，商议联合组成大团体兴汉会。会上，毕永年提出公推孙中山为兴汉会总会长，与会者均表示赞同，以兴中会的“驱除鞑虏，恢复中华，创立合众政府”为纲领，歃血为盟。由此，孙中山及其革命党人经过两年的努力，寻找到可以联合的力量——会党，革命声势渐振，革命运动真正在国内展开。

此时国内政治形势变得十分复杂，各派政治力量都趁机活动。

▼ 1900年，被八国联军中美国第六骑兵队俘虏的义和团拳民

▲ 1901年9月7日，清政府因战败求和，派全权代表庆亲王奕劻（前右一）和李鸿章（前右二）与英、美、德、日等11国代表在北京签订了《辛丑条约》

当时，香港英国当局正在策动两广总督李鸿章据两广而独立。香港议政局议员何启与孙中山和李鸿章都有联系，也得到香港总督的信任。他向陈少白建议：兴中会可通过香港总督卜力（Henry Arthur Blake）的力量，劝说两广总督李鸿章独立，与孙中山合作。

对孙中山来说，在日本经过两年多的努力，已争取到一些势力的支持；另一方面，与广东、长江流域的会党力量进行了联合，也有一定的革命基础。此时，若能再联合到清朝的重臣李鸿章，对革命来说，必定是一个难得的历史机遇。但孙中山并不相信李鸿章会有如此的魄力，只是抱着不妨一试的态度。

孙中山为了争取李鸿章通过和平途径实现“两广独立”，从流亡地三次冒险返国活动，甚至公然承诺新建的“暂时政府”主政，“或称总统，或称帝王”，决奉李鸿章幕僚刘学询当之并裁定。可是李鸿章并没有像孙中山期望的那样搞什么“两广独立”。7月8日，八国联军正进逼北京之时，李鸿章又被清政府调任做直隶总督兼北洋大臣，在广东一直观望局势的李鸿章决定北上赴任，合作之事也即将流产。港督卜力获悉后，电告英驻广州副领事，劝李鸿章重新考虑他的决定。

7月16日，李鸿章乘招商局的“安平”号离开广州经港，得到港督的隆重接见。期间，卜力再一次向李鸿章表示，眼下是两广脱离清廷独立的好机会；他推荐孙中山为顾问，李鸿章为主权者。但此提议遭到李鸿章拒绝，仅表示“视时局趋势徐徐解决”。又表示慈禧太后“无疑是中国最有能力的统治者”。不仅如此，李鸿章反而要求港督防止颠覆分子利用香港作基地。卜力知趣，未再提及孙李会晤之事。

这一天，孙中山、宫崎寅藏等人乘“佐渡丸”轮抵达香港，香港警察重申孙中山不得登陆，策动李鸿章独立之事因此告终。一年后的11月，李鸿章病逝，结束了他备受争议的一生。

▼ 载沣与香港总督在香港

▼ 1901年，18岁的载沣（中）以“头等专使大臣”名义离京赴德，为克林德被杀事致歉，图为载沣一行经香港时留影

惠州起义

争取李鸿章合作的努力已经失败。1900年7月18日，孙中山在香港海面的“佐渡丸”轮上召开会议，继续讨论武装起义之事。

在初试广州起义的5年后，中国革命的时机更趋成熟。甲午海战之后，从1894年起，中国政府被迫把关税、厘金和盐税的一部分收入抵押给外国银行家，先是为了偿还战争费用，后来是对日赔偿。1898年，连续7次的借款，使中国的外债几乎等于中央政府年收入的三倍。与此同时，德国1897年攫取胶州，引起了世界列强对租界和租借地的激烈争夺，这成了列强瓜分中国的先声。孙中山当时对局势的分析是：八国联军不久可能就会攻陷北京，中国人有亡国之危，不要对李鸿章抱任何幻想，要不失时机地举兵进行第二次武装起义。

武装起义必须有金钱和军火的支持，可是此前一直支持孙中山革命的日本方面此时有所变化。一些人认为孙中山起事，“乃无谋之举”，不论对东亚还是对日本都不利，公开在报纸上大唱反调。缺乏日本力量的支持，尤其是饷械和军事骨干的支援，对于力量单薄的孙中山来说是不可能的。

9月25日，孙中山化名“吴仲”乘船赴台，希望能争取新任台湾总督儿玉源太郎的支持。儿玉源太郎派人向孙中山表示，如果在国内举兵起义，他一定设法援助。

正当孙中山在台湾进行准备工作时，惠州形势却骤然有变。

选择惠州作为第二次武装起义的地点，与郑士良有很大关系。郑士良经营的根据地，在惠州归善县三洲田。这里海拔1000多尺，群山环绕，地势险要，可守可攻。1900年初，郑士良就集合了600多名义军，洋枪300支，指挥部设在马栏头村的一间油房里。为了保密，邻乡的农民进了山塞之后，一律不许出山。

因起义等待时间太长，粮食告缺，郑士良留下80人驻守，遣散其余民众等待时机。此时已有风声逐渐外泄，说三洲田有乱党“数万人”，准备揭竿而起，引起清政府广东当局的注意。

10月初，两广总督德寿开始了对三洲田起义军的围剿。鉴于起义军占有险要的地形，并且得到农民的同情，德寿并没有长驱直入，而是徐缓地进行包围。另外，水师提督何长清率领几千士兵从虎门指挥部出发，于10月3日占领深圳，这里离三洲田西南仅30公里左右。

由于清兵逼近，郑士良急电在台湾的孙中山，要求紧急运送军火。此时，孙中山并未筹备好，复电暂时解散；但是郑士良这边已是箭在弦上不得不发之势，他又电孙中山说，如果能够把军火送到广东沿岸，他就能够坚持下来。此时，水师提督何长清的200人先头部队已离三洲田只有10公里左右，郑士良仍在等待孙中山的答复。可是他的副将黄福并不知道孙中山有关撤退的命令，10月8日夜，黄福率80人组成的冲锋队突袭清军的先头部队，打死了40多人，俘虏30多人，缴获了他们的枪支和几箱子弹。受到突然袭击的清军不知起义军兵力底细，仓皇溃逃。

▲ 兴中会骨干成员郑士良

第二次革命武装起义由此打响，早已跃跃欲试的革命党和反清会党深受鼓舞，郑士良几次率军大败清军，所向披靡。沿海有两万多农民参加起义军，郑士良在白沙整编队伍，准备攻入厦门，接受由台湾运来的人员和武装。

惠州起义的突然爆发实在出乎孙中山意料之外。孙中山一面与台湾总督儿玉接洽，请他协助；一面立即电饬宫崎寅藏与菲律宾独立军领袖彭西商谈借军火一事。一年前，孙中山曾帮助彭西在日本购买军火，但第一批武器在驶往菲律宾途中遭遇大风，在宁波附近触礁沉没；此后，彭西又筹资请日本人中村弥六代购军火，孙中山希望在此紧急关头能借用这批武器以支援惠州起义。不料，宫崎来电告知：这笔专用于菲律宾军火的款项已被日本代理人鲸吞，他们所得到的武器全是废铁，不能武装起义军。

10月19日，伊藤博文组成新内阁，新政府令台湾不许支援中国革命。如此一来，不但借武器的希望落空，回内地领导革命的计划也被破坏。孙中山立即通知香港同志：“情势突生变化，外援难期，即至厦门，亦恐徒劳。军中之事，由司令官自决行止。”

孙中山派的山田良政10月22日到达起义军营地传达了命令。郑士良立即召集各将领会议，大部分义军解散，郑士良率领千余人撤回三洲田山寨据守。这1000多人分水陆两路撤退，郑士良带领的陆路一部遭遇清军主力何长清，革命士气已低落，加之途中粮饷不继，被清军打败，起义军被迫解散。郑士良和黄福等人先后避往香港。而山田良政在送信返回时，由于路不熟，被清军逮捕后遇害。1912年，孙中山在日本为山田良政立了一座纪念碑，称其为“外国义士为中国共和牺牲者第一人”。

惠州起义当中，还出现了另外一位可歌可泣的英雄人物——史坚如。史坚如出生于一个官僚家庭，是明末抗清殉国的民族英雄史可法的后裔。他自幼目睹民族危机，接触西方的科学知识，逐渐产生了新思想。1899年11月，他到香港结识了陈少白和杨衢云，经陈、杨介绍，加入了兴中会。不久，在东京会晤孙中山，得到孙中山的信任和赞赏，很快便奉命回国，联络长江一带的会党。

1900年6月，当孙中山命令郑士良入惠州筹备发动起义时，史坚如则受命赴广州，“组织起事及暗杀机关，以资策应”。因“屡谋响应，皆不得当”，史坚如决定用暗杀清朝两广总督、广东巡抚德寿以乱敌来响应。

惠州起义后，德寿的总督府也加强了戒备，他本人也深藏不出。史坚如以他人的名义，租下了德寿后花园附近的一处宅子，然后组织人挖地道至德寿住处地下，然后将用变卖家产所得的3000元钱购买的200磅炸药置于地道内。10月27日凌晨，史坚如点燃了导火线，可是什么都没发生。史坚如独自回去查看，发现问题出在潮湿的导火线上。忙碌了一夜之后，史坚如又把导火线重新接好。他并没有按计划前往澳门或香港，而是决定留下来等待炸药爆炸。炸药爆炸了，炸死了6人，但是目标德寿仅仅从床上震掉下来。10月29日，在去香港途中史坚如被捕。南海县令裴景福见他出身官宦家庭，先是以甜言蜜语，“优礼相待”，但史坚如坚持说这完全是他一个人干的。裴景福恼羞成怒，用以酷刑甚至用火烫烙，拔掉他的手足指甲，企图迫使他供出革命党内情。但他“唯怒目不答，傲睨自若”。11月9日，在广州天宇码头被斩首，年仅21岁。辛亥革命胜利后，孙中山先生亲自募捐为他修建纪念碑。表彰他是继陆皓东之后，“为共和殉难之第二健将”，“浩气英风，实足为后死者模范”。并追封为上将军。

孙中山对惠州起兵的准备，虽时间较长，一直寻找合作力量，但饷械准备并不充分，导致惠州方向筹备的义军长时间的等待，最终被迫自动起义，造成孙中山的计划与惠州义军的行动在衔接上的“失误”，惠州起义仅存17天。之后，清政府也进行了疯狂的报复。1901年，在香港的杨衢云被暗杀，郑士良也在与朋友吃饭时突然病倒身亡。由于失去三个最忠实可靠的信徒——史坚如、杨衢云和郑士良，孙中山所抱的恢复香港—广州地区活动的一切希望都破灭了。

1900年11月10日，台湾总督下驱逐令，孙中山由基隆乘“横滨丸”起航赴日本。兴中会接连损失了几位领导者，其活动一时趋于沉寂。尽管遇到挫折，他的革命信念从来没有被动摇过。1901年，孙中山在日本横滨与美国《展望》（The Outlook）杂志记者林奇的谈话中说：“凡是了解中国朝廷，了解包围和影响皇帝的那些人物的，谁都应当知道，清朝政府没有能力去有效地实行中国所需要的激烈改革。”他准备发动一次有如三十年前日本所发生的革命，改变中国的面貌。孙中山曾信心十足地说：“日本人用了三十年才办到的事情，我们最多用十五年就能办到。”然而，经过“发动革命易，约束民众难”等犹豫与考虑之后，孙中山毅然决然地走上革命的道路，以武装斗争等方式救治着积贫积弱的国家和灾难深重的民族。

保皇还是革命

1903年9月下旬，孙中山从日本到檀香山，这是他时隔7年之后再次到达檀香山，这里的形势已发生了很大变化。自从梁启超到达檀香山以后，他宣扬的“保皇与革命原属同流”，使很多人都受到迷惑，大部分兴中会会员都转向保皇党。此时，檀香山的华侨有25000余人，仅学生就有1600余人，可是兴中会的成员已减少到10人，几乎被摧垮，而且不敢活动。不仅如此，许多人还出巨资，赞助出版保皇党的机关报《新中国报》，这份报纸大肆鼓吹保皇，攻击反清革命。

现在，一个和从前不同的革命者孙中山回来了。看到这种情况，他决定再一次征服这个群岛，向梁启超的宣传才能以及他作为西方政治理论独一无二的解释者的身份发起挑战。在檀香山逗留期间，孙中山在群众大会上向成千名华侨发表演讲，阐明他的革命和共和目标。数千名华侨头一次发现了孙中山的演讲才能。孙中山也引起了西方记者的注意，他们在第二天的报纸上就刊登了孙中山演讲的消息。美国作家夏曼（Lyon Sharman）在《孙逸仙传》里写道："英文报纸的记者被那位穿着一身亚麻布衣服、剪短了头发的演讲者的洋化了的外貌吸引住了；他的听众都穿着中式服装，留着长辫。在这些新闻记者看来，孙中山不像个狂热者，而是一个给人以深刻印象的演说家，他用有力的手势来强调他说的话。"夏曼把孙中山描绘成一个"天生领袖"，当他谴责清政府、说到要竭力效法美国的共和制和选举总统时，听众都为之欣喜若狂。

当时，康有为的弟子陈仪侃在檀香山任《新中国报》主笔，知道孙中山到来，便化名写文章，对"革命党"及其孙中山本人进行攻击。

尽管孙中山和他的同志们都感到受到了极大污辱，但他们没有条件开展一场报纸上的论战。孙中山于是建议把他的亲属和程蔚南办的一家老式的中文商业性报纸《隆记报》改为《檀山新报》，他本人也亲自做主笔，写了《驳保皇报》一文，和《新中国报》展开论战。这也是孙中山生平第一次利用报纸攻击他的政敌，解释自己的政纲要点。

此时的民心也在微妙地发生变化。1900年汉口密谋的失败，此后又没有任何勤王的起义，这些都削弱了华侨对梁启超的信任。与此相反，孙中山轰动一时的惠州起义的尝试和史坚如的奇袭广州衙门，都让华侨对革命的支持态度更为明确。

1902年春，康有为发表《与同学诸子梁启超等论印度亡国由于各省自立书》《答南北美洲诸华商论中国只可行立宪不可行革命书》，指责梁启超言论中的"革命"方面；同年，郁愤成疾的康有为写信痛骂梁启超等"背义"，声称要自此决绝，"分告天下"。梁启超无奈，连发两电，表示"悔改""痛改"。曾经摇摆的梁启超又重新回到了保皇的队伍里。

在东京时，孙、梁二人之间已多有不和。1902年3月，章炳麟到东京，发现孙、梁之间存在矛盾。章炳麟认为，中国的希望在孙、梁，便婉转地劝说孙中山，“无相构怨”，然而效果不大。

此时，孙中山与梁启超的关系也再难修复。重返檀香山的孙中山发觉当地华侨已在保皇会的掌握之下，便愤而发表《敬告同乡书》，宣称“革命、保皇二事，决分两途，如黑白之不能混淆，如东西之不能易位”。1903年12月17日，孙中山在《复某友人书》中指斥梁启超：“康尚有坦白处，梁甚狡诈，彼见风潮已动，亦满口革命，故旧金山之保皇党俨然革命党”“今日之计，必先破其戾谬”。他认为梁启超“以一人而持二说”乃是“首鼠两端”，“其所言革命属真，则保皇之说必伪；而其所言保皇属真，则革命之说亦伪矣”。

“保皇党”以人心趋向革命，恐大势将去，为挽回颓势，便在《新中国报》撰写《敬告保皇会同志书》，大肆攻击“革命党”，向“革命党”发起挑战。1903年12月下旬，孙中山发表《驳保皇报》，痛斥“保皇党”所言似是而非。“保皇党”空言爱国，却不知道自己所爱的国家是清帝国还是中华国。

孙中山把反击要点放在反君主专制主义上，这一点无疑是颇为有效的。他把共和制同种族问题联系起来，假如汉人没有资格成为共和国的公民，那么满人又为何有资格当皇帝？这是孙中山与康、梁势力进行了三四年论战的主要问题之一。孙中山亲自主持舆论宣传，使保皇党的势力渐渐弱了下去。两派也已势同水火，一家报纸也提及，“康同璧女士（注：康有为之女）及欧某至各埠游说运动，务以拒绝革命党为事。而孙逸仙医生亦遍游各埠，意在解散保皇会，并欲筹饷50万金云”。孙中山与保皇党的冲突之激烈可见一斑。

清朝国力进一步的衰退以及清政府一系列丧权辱国的行为，让国人对这个已腐朽的政权彻底丧失了信心。孙中山的革命志向，也越来越被理解甚至认可。如果说孙中山与康、梁几年前的交锋还未能占到绝对优势的话，这一次孙中山已慢慢将局势扳了过来，终于完全占了上风。

重返檀香山，改造美洲洪门

在檀香山与保皇党论战取得了胜利后，孙中山深感“非将此毒铲除，断不能做事”，于是决定再去美国本土扫除保皇党的影响，同时募集经费，以准备在国内再度大举起义。临行前，孙中山抽空去茂宜岛看望了母亲、哥哥与妻子儿女，与分别7年的家人团聚。此时，孙眉

▲ 孙中山（后右四）于第一次广州起义失败后抵檀香山，孙母杨太夫人、卢夫人（后右三）与子女等自国内避难抵檀。与兄孙眉（后左四）一家合影

的境况已大不如前，当他知道弟弟不久要去美国本土时，只能提供少量的资助，并把家里收藏的一支龙涎香送给孙中山，以备应急之需。

此前，孙中山的舅舅杨文纳建议，北美系保皇会发源地，“倘不与洪门人士合作，势难与之抗衡”，力劝孙中山在檀香山申请加入洪门。孙中山采纳了这一建议，由洪门叔父钟水养介绍，1904年1月11日在檀香山正埠国安会馆宣誓加入洪门，并被封为“洪棍”（洪门称“元帅”为“洪棍”），据传当时加入洪门的会员名册，现仍保存在檀香山。为了进入美国开展活动方便，1904年3月9日，孙中山在其兄孙眉、母舅杨文纳帮助下，申领了一份檀香山出生证。13日，在向法官宣誓后领到美国岛属居民所持之护照。加入洪门、入美国籍，事实上都是孙中山为了从事革命工作的需要。他日后并不认为自己是美国人，民国以后还否认洪门与革命的关系，更不许洪门立案。

1904年3月31日，孙中山携带着檀香山出生证和大哥赠送的那支龙涎香，搭乘“高丽”号轮船前往美国大陆。4月6日到达旧金山。但孙中山一上岸便被美国海关以手续不符等为由扣留。

孙中山在檀香山的时候，已经沉重打击了保皇党。他们因而担心，孙中山一旦抵达美国，会给那里的同党带来更大的麻烦。旧金山保皇党接到通知后，马上报告清廷驻当地的领事何拓。何拓立即照会美国海关当局：以保全清、美两国邦交，请禁止将于某日抵埠的中国乱党孙某入境。当海关查知孙中山所持的是檀香山出生证，表示按照法律难以禁止的时候，他们又极力说明孙中山是广东香山县人，所持护照，必是伪造。这样，孙中山便被困在码头上的木屋里，等待处理。

小木屋很简陋，与外界完全隔绝，一天，孙中山无意间从他人那里借到一份侨报《中西日报》，见上面写有“总经理伍盘照”的字样，猛然回忆起1895年自己从香港逃离的时候，基督教教友杨襄甫、左斗山两人，曾特地写信给旧金山《中西日报》总经理伍盘照，请他念同教的友谊，对孙中山予以照顾。但那次孙中山却先到了日本横滨，再转檀香山，信没有用上，仍留在皮箱里。

想到这里，孙中山立刻根据报上所写地址写了一个便条，让一位西洋小报童送到《中西日报》社，外面写“伍盘照博士启”。伍盘照拆信一看，上写：“现有十万火急要事待商，请即来木屋相见勿延。”伍盘照马上按信封英文地址赶到木屋去，孙中山将自己处境如实相告。那时，伍盘照还兼任清廷驻旧金山领事署顾问，何拓领事经常向他请教对外事务。伍盘照一方面正告何拓领事：孙中山系革命党，不能指为乱贼，请勿激起众怒；另一方面，又去拜访旧金山致公堂大佬黄三德、英文书记唐琼昌。

旧金山致公堂是美洲各埠洪门分堂的总部。黄三德、唐琼昌两人热心革命，尤其敬佩孙中山的革命精神。他们得知孙中山入境受阻的事，大为愤怒，马上找律师，并交5000元保证金，使孙中山得以外出听候判决。3个星期后，孙中山获释。

孙中山终于能在美洲大陆活动了。其兴奋之情不言而喻。他索性甩开各种顾忌，公开从事革命活动。

当年侨居美国、后来成为国民政府外交部长的王宠惠有一段回忆，最能说明孙中山在美国从事革命宣传的情况：

> 孙逸仙是一个具有感染魔力而且口齿流利的演说家。他能使听众聚精会神地在一次讲演会里连续听足好几个钟头。听众的人数或多至几百人几千人臧寥寥可数。他在夜深人静时，精神焕发地和少数革命同志，在煤油灯下，在小小的洗衣作坊后面的房间里，对他们畅谈中国军事上的失败情况，以及外交上丧失权益的屈辱，因而阐发他的使中国人民自己起来治理国家大政的方略。他随时都是风尘仆仆，穿着破烂地出现在人们面前，但为了革命运动事业，他却是热心诚挚，永不灰心丧气。

天下為公

孙中山传

sunzhongshanzhuan

第七章

成立中国同盟会

同盟的欧洲序曲

1904年12月14日，孙中山离开纽约赴伦敦。

这一次美国大陆之行，孙中山收获颇丰，不仅在气势上压倒了保皇党，民众对于孙中山本人以及他所从事的革命事业，也逐渐有了深刻认识。

到1905年，孙中山开始革命活动恰恰10年。在这10年中，孙中山颠沛流离，矢志不渝地为革命奔走，而中国的国内形势也开始悄悄生变。这10年里，清政府不是越来越开明、宽容，反而越来越愚昧、专制。所以同情革命党的人也越来越多。孙中山曾于1900年秋发动惠州起义，起义虽然失败，但却在国内外产生重大影响。孙中山明显感到民心大变：5年前的起义失败后，“举国舆论莫不目予辈为乱臣贼子、大逆不道，咒诅谩骂之声，不绝于耳”，甚至亲人都将他视为洪水猛兽；而此时“则鲜闻一般人之恶声相加，而有识之士，且多为吾人扼腕叹惜，恨其事之不成矣。前后相较，差若天渊”。

在这10年间，社会矛盾更加尖锐，一支革命的重要力量：现代知识分子群体开始形成。随着国内新式教育迅速发展，出国留学盛极一时，与中国传统文人迥异的现代知识分子人数骤增。他们深受新思潮影响激荡，成为革命派的重要力量。

1905年4月，《革命军》的作者邹容病逝狱中，这本有“号角一声惊梦醒”之誉的革命书籍总共出了20版，达100多万册，包括胡适和蒋介石等都是他的读者，邹容之死引发了又一轮思想狂潮；1905年12月，

革命党人陈天华跳海自尽，他的革命檄文《警世钟》《猛回头》亦再引万人传颂，甚至被“奉为至宝”。另一方面，卢梭、伏尔泰、华盛顿等西方民主思想家、政治家悉数被介绍进来，革命思潮，汹涌而来。

这个时期，记录孙中山坚忍不拔从事革命历程的书籍已相继出版，如《伦敦蒙难记》、章士钊编译的《孙逸仙》,也在焦急地思索与寻找国家出路的有志之士当中引起震荡。有些年轻人读了孙中山的传记后，被深深感染并激励着，甚至有人“几欲破浪走海外，以从之，不能得；则如醉如痴，甚至发狂”，许多官费派往海外的留学生也想借机“往西洋觅孙逸仙”。人心所向，孙中山已在民众心中确立了他的革命领袖地位。

▲ 《革命军》的作者邹容

当时，一些在英、法、德、比等国留学的学生也经常给他们仰慕的革命者孙中山写信，孙中山也萌发了去欧洲一见的想法，但苦于没有经费。旧金山《大同日报》主笔刘成禹写信将这一情况告诉了欧洲留学生，对方立即凑足旅费，电汇孙中山，邀请他来欧洲大陆，孙中山顺利成行。

▲ 蹈海自尽的陈天华，因写下《警世钟》与《猛回头》，而掀起革命风潮

那时的孙中山的名望仍然比不上他的对手——就在孙中山离开美国不久，康有为穿着紫色袍褂来到美国。在华盛顿，他获得西奥多·罗斯福总统的接见。在费

列得尔菲亚市，穿着漂亮蓝色军服的保皇会两个连的候补士官生，手持黄龙大旗和美国星条旗做他的随从护卫。租雇的军乐队为他开路，沿途保皇党徒大放鞭炮，夹道欢迎。

但是，历史毕竟是前进的。正如一位历史学家所说："谁敢预言幸福命运和美好的未来竟不照顾这位素受尊重、穿着丝袍的学者；相反，却降落到最易受人轻视，穿着西装，把三民主义放在口袋里，无声无息地悄悄溜到欧洲的孙逸仙的身上呢？"

1905年春，孙中山从英国渡海到比利时。在那里，他成为中国留学生们寻觅已久的英雄人物。中国留学生朱中和回忆说："我辈至今群龙无首……正可乘机觅孙逸仙。"很显然，孙中山征服了欧洲留学生。之前他们更信任读书人出身的康有为与梁启超，而康梁将孙描述为目不识丁。结果留学生们发现，"这是一个有才华的人。穿着跟欧洲人一样，而且对西方最新的政治潮流是熟悉的"。

孙中山在那里与留学生着重讨论了革命的方略和依靠的对象。朱和中等留学生根据自己在国内活动的体会，坚持认为革命不能撇开知识分子，主张以"更换新军脑筋，开通士子知识"。他指出，策反新军为革命提供了最好的机会；孙中山则认为"秀才不能造反，军队不能革命"，应借会党力量为可靠。双方各执己见，辩论了三天三夜之久，最后达成谅解，"定为双方并进"。

讨论会结束，留学生盛筵招待孙中山。香槟酒过数巡之后，大家根据孙中山提议，畅谈建国要义，各抒己见，气氛热烈。夜深了，孙中山提议成立革命团体，得到响应。孙中山于是亲拟一份誓词：

具愿书人×××当天发誓：驱除鞑虏，恢复中华，创立民国，平均地权。矢信矢忠，有始有卒。倘有食言，任众处罚。天运 年 月 日

某某押（指印）

主盟人：孙文

由朱和中开始，依次亲笔立据。誓毕，孙中山与在场十余人一一握手，欣然曰："为君道喜，君已非清朝人矣。"并将亲手誓文交贺子才等收执。当孙中山亲手写完誓词之后，他身边的留学生们大吃一惊，在此之前，他们一直相信康、梁所说的孙中山目不识丁的宣传。现在看来他是一位有才华的人。之后，孙中山把联络暗号告诉30多位加盟者：

问：君从何处来？

答：从南方来。

问：向何处去？

答：向北方去。

问：贵友为谁？

答：陆皓东、史坚如。

这也表明在孙中山的内心深处，一直铭记着那些最早付出生命的革命者。比利时留学生的革命团体一经成立，孙中山又到德国、法国去开展工作，在留欧学生中发展了一支有组织的革命力量，"革命党人之声势为之一振"。

孙中山在法国期间，还有一段插曲。在巴黎，一天，孙中山午餐归来，忽然发觉皮包被割破，加盟者的誓书和重要文件被一窃而空。孙中山怀疑留学生全体背叛，又急又气，马上电告比、德加盟者，责问："若有悔心，曷不明言？纵欲收回盟据，亦应好说，何须用此卑劣手段？"

比利时留学生马上派遣胡秉柯赴巴黎。当时孙中山已迁往别处，胡秉柯千方百计才与孙中山会面。当时孙中山甚怒："我早知读书人不能革命，不敌会党。"这句话倒表明孙中山一直存在的对依赖知识分子发动革命的怀疑，而失窃事件使他刚刚建立起来的欲在知识分子当中发展革命力量的想法有所动摇。

胡秉柯耐心地向他解释："比京全体同人得知这件事，即公推我前来向先生表明态度：比京全体同人中，无一人参与盗窃盟据的事，也无一人有后悔之心。"正在谈论间，孙中山收到了柏林加盟者的信件："叛党只此四人，全体未叛。"

原来，因众意难违而加盟的留德学生王发科、王相楚，三分钟热度过后，冷却下来一想，又心生悔意。两人匆匆跑到巴黎，与也是刚刚入盟的汤芗铭、向国华密商。受二王影响，汤、向二人也打了退堂鼓。他们决计由汤芗铭、向国华出面"邀请"孙中山外出午餐；王发科、王相楚则乘机潜入孙中山的房间，割破他的皮包，拿走了所有欧洲革命成员的盟据和一封法国政府致安南总督的介绍信。两人如获至宝，马上呈交清驻法使馆，当作将"功"赎罪的明证。

有趣的是，驻法公使孙宝琦没有忘却驻伦敦公使龚照瑗上次的教训。他不愿意给自己惹麻烦，训斥了他们一顿，把介绍信的内容密电清廷以后，又派人把原件送还孙中山。胡秉柯后来去拜访了孙宝琦，这位驻法公使还问他有没有收到原件，又劝他好好念书，不要去搞政治运动。

孙中山感到此次欧洲之行的主要目标已经达到了。临行前，他劝在欧洲的留学生们完成学业，取得清政府的官职。这样等到革命爆发以后，就能使他们居于领导群众的更好的地位。如果需要他们，他会给他们拍电报。6月11日，孙中山离开马赛登上"东京"号轮船，向日本进发。

筹备中国同盟会

20世纪初，一些国内革命团体的领导人因反对清政府而流亡日本，日本便成了中国革命党人最集中的地方；加之许多青年学生在日本留学，他们成为新型的知识分子，而且已经找到政治活动的目标。在许许多多的革命小团体中，影响比较大的有华兴会、科学补习所和光复会等。可是他们大都比较分散，就组织形式和活动方式而言，这些团体基本上都没有脱离旧式会党性质，而且有浓厚的地域色彩，因而使革命派的力量大受影响。他们正在积蓄力量，正在等待着一个强有力的人物来组织他们，向清王朝发动最后的冲击。

1905年7月19日，孙中山抵达日本横滨。几天后，他立即赶到东京。当时，留日学生荟萃东京，革命热情高涨。黄兴、宋教仁两人更是朝气勃勃，劲头十足。

孙中山是由宫崎寅藏介绍与黄兴结识的。对于其过程，宫崎后来有很详细的回忆：

孙逸仙由欧洲回到日本后，来我家里访问。对孙询问有无杰出人物之事，我说："仅仅两三年间，留日学生猛增，有一个叫黄兴的，是个非常的人物。"孙说："那我们就去看看他。"我说："我到他那里去把他请来吧。"孙说："不要那么麻烦了。"于是，我们两人就一起到神乐坂附近

◀ 孙中山的亲密战友黄兴

黄兴的寓所访问。和我同住过的末永节，那时和黄兴同住在一起。

到达黄寓时，我要孙逸仙在门口等一等，我推开格子门喊了一声："黄先生！"末永节和黄兴一起探出头来，看到孙逸仙站在外面，说："啊！孙先生！"黄兴想到有许多学生在屋里，立即做手势，示意孙先生不要进去；我也会意了，随即出门去等待。顷刻，黄兴、末永节、张继三个人出来了，将我们带到中国餐馆凤乐园。寒暄过后，彼此不拘礼节，有一见如故之感。

孙中山与黄兴这一谈就是两个多小时，却没怎么沾桌上的酒和饭菜，直到最后两人才举杯祝贺。

这无疑是一次历史性会面。孙、黄两人在组织"革命大同盟"一事上达成基本共识后，7月28日，孙中山在《二十世纪之支那》杂志社与宋教仁、陈天华等华兴会骨干会晤。孙中山重点强调了革命力量联合的重要性，他说：

> 中国现在不必忧各国之瓜分，但忧自己之内讧。此一省欲起事，彼一省亦欲起事，不相联络，各自号召，终必成秦末二十余国之争，元末朱(元璋)、陈(友谅)、张(士诚)、明(玉珍)之乱。此时各国乘而干涉之，则中国必亡无疑矣！故现今之主义，总以互相联络为要！方今两广之间，民气强悍，会党充斥，与清政府为难者，已十余年，而清军不能平之，此其破坏之能力已有余矣！人遇到其间人才太少，无一稍可有为之人主持之……若现在有数十百人者，出而联络之，主张之，……一旦发难，立文明之政府，天下事从此定矣！

像是百川归大海一般，湖北、四川、广东以及其他各省的留学生，也先后拜会孙中山，拥护他组织统一的革命团体的主张。这期间，他陆续结识了宋教仁、张继、李书城、田桐、何天炯、汪精卫等人。这样，由孙中山提议组织的统一革命团体，已不是兴中会、华兴会、日知会、光复会等团体的平等联合，而是组成了一个新的革命团体。这个新团体实际上已接受了孙中山的主张和领导，所以事实上是兴中会的扩大。

1905年7月30日下午，由孙中山、黄兴邀约，各省有志于革命的留学生和旅日华侨70多人，在内田良平住所集会，共同讨论创建新的革命团体的事。这是中国革命者一次史无前例的聚会。兴中会、华兴会、光复会、科学补习所以及其他团体的成员和个人，除甘肃省没有留日学生之外，全国内地17个省都有代表到会。

孙中山首先在会上作了一小时的演讲，之后便被公推为会议主席。

结成全国性的革命大团体已是大势所趋。《论语》说："名不正则言不顺，言不顺则事不成。"对于这个革命大团体的名称，有人提议"对满同志会"，但孙中山解释说："满清政府腐败，我辈所以革命。即令满人同情于我，亦可许其人党。革命党宗旨，不专在排满，当与废除专制创造共和并行不悖。"这一想法马上得到大家的一致认同。这就

▲ 1905年，剪去辫子的华兴会成员在日本合影。前排左一为黄兴，左三为胡瑛，左四为宋教仁，后排右一为刘揆一

将同盟会从狭隘的目光中解放出来，提高了它的思想和革命水平。

显然经过深思熟虑的孙中山提议命名“中国革命同盟会”。黄兴建议，出于党员行动有利考虑，将“革命”二字删去；一番讨论过后，“中国同盟会”的名称最终确定下来。

讨论到中国同盟会的宗旨，又是一番争论。

孙中山首先提议：“中国同盟会应以‘驱除鞑虏，恢复中华，创立民国，平均地权’为宗旨。”

有些人赞成孙中山的提议；有些人却表示，宗旨的前三句好理解，可以接受；后一句不适当，建议删去。顿时议论纷纷，莫衷一是。

孙中山首次提出“平均地权”这一纲领，是在1903年7—8月份于东京青山所创办的革命军事学校学生之入学誓词；而他对于“平均地权”最早的说明文献，则是1903年12月17日在檀香山有一长函，答复

一位同志所询关于社会主义问题。其中写道：

弟所主张，在于平均地权，此为吾国今日可以切实施行之事。近来欧美已有试行之者；然彼国势已为积重难返，其地主之权直与国家相埒，未易一蹴改革。若吾国既未以机器施于地，作生财之力，尚恃人功，而不尽操于业主之手。故贫富之悬隔，不似欧美之富者可敌国，贫者贫无立锥，则我之措施当较彼为易也。夫欧美演此悬绝之惨境，他日必有大冲突，以图适剂于平。……则欧美今日之不平均，他时必有大冲突，以趋剂于平增，可断言也。然则今日吾国言改革，何故不为贫富不均计，而留此一重罪案，以待他日更衍惨境乎？此固仁者所不忍出也。

中国同盟会成立时，孙中山用了一个多小时，为他的“平均地权”理论做了解释。孙中山从世界各国社会革命的历史及趋势讲起，认为现代文明国家最难解决的就是社会问题，它和种族、政治两大问题一样重要。中国虽工商业尚不发达，由此导致的社会纠纷不多，但也应该未雨绸缪，防微杜渐。孙中山说：“平均地权即解决社会问题之第一步方法，吾党为世界最新之革命党，应高瞻远瞩，不当专向种族、政治两大问题，必须并将来最大困难之社会问题亦连带解决之，庶可建设一世界最良善富强之国家。”

即便仍然有部分人士对“平均地权”的必要性表示不理解，或者不大赞成，但孙中山的理想、激情和理论，还是使大会通过了他提出的“四纲”。黄兴随即提议“请赞成者书立誓约”。于是由孙中山即席起草了盟书，黄兴、陈天华略加润色后，制定了一份誓词。

从湖南到来的曹亚伯率先站起，边走边说：“大家主张革命，才来这里；如果不主张革命，何必来呢！”他走到桌旁，执笔蘸满墨水，爽朗说道：“我凭良心签名。”说罢，写上“曹亚伯”三个大字。盟书被孙中山交由黄兴保管，然后大家再进入另一个小房间，由孙中山授以同志相见之握手暗号及秘密口号：

问：何处人？
答：汉人。
问：何物？
答：中国物。
问：何事？
答：天下事。

面对眼前这么多的生力军，孙中山兴奋地与新会员一一握手，祝贺“君等已非清朝人矣”。说完，突然“轰”的一声巨响，大伙大吃一惊，上前一看：原来是厅后面一块木板倒塌。孙中山马上幽默地宣告：“此乃颠覆清之预兆，值得诸君高兴啊！”最后，会员推举黄兴、宋教仁、陈天华、马君武、汪精卫等八人起草同盟会章程，准备召开成立大会。8月7日，孙中山亲到何香凝住所，介绍何入会，为之主盟。何香凝遂成为中国同盟会的第一位女盟员。

亲手建立革命党

为了向孙中山表示敬意，日本留学生们决定安排一次盛大的学生集会。虽说正值暑假期间，许多留学生已经他游或者回国，可是1905

年8月13日下午，到会的竟有1300多人，而最初警方只允许300人，后来又追加到900人。能容纳千人的会场富士见楼届时爆满，后来者仍然络绎不绝，门外拥挤不通。警察下令封门，诸人在外不得入，在外吵着要进。不得已，警察又开门让一些人进场。室内台阶上下，厅内外，都坐满了人。有女学生十余人，结队而来，到了看大门紧闭，警察把守，不甘心愤愤而去。

▲ 华兴会创始人之一宋教仁

身穿洁白西装的孙中山，由宫崎寅藏陪同，从容步入会场。刹那间，会场内外，掌声雷动。人们抬起脚后跟，双眼直追着孙中山。站在后面的人，被前面的遮住了视线，挤得更是厉害。当孙中山走上了主席台，整个会场却立时鸦雀无声，显出一种庄严肃穆的宁静。

宋教仁致了欢迎词，热烈掌声过后，孙中山开始了为时4个小时的演讲，题目是《中国应建立共和国》。

孙中山把取得社会进步作为他演讲的主题，并论述它在中国如何实现。他说，自己游历了现代世界，但古时的所谓文明的中心，如希腊、罗马、埃及等现在已不可复睹了。他已认识到变化是生活的法则。一些国家的变化变得早一些，像英国、美国和法国，另一些国家变得晚一些，像日本和俄国。

孙中山的革命事业，在当时最主要的障碍，还是保皇派的论调在人们头脑里的影响。这一点，孙中山比谁都更清楚。他话锋一转，对准保皇派：

有说欧美共和的政治，我们中国此时尚不能合用的。他们说由野蛮而专制，由专制而立宪，由立宪而共和，这是天然的顺序，不可躁进的；我们中国的改革最宜于君主立宪，万不能共和。殊不知此说大谬。我们中国的前途如修铁路，然此时若修铁路，还是用最初发明的汽车，还是用近日改良最便利的汽车，这个道理虽是妇孺亦能懂得。所以君主立宪之不合用于中国，不待智者而后决。

孙中山最后以慷慨激昂的口吻宣告：“所以我们决不能说我们同胞不能共和，如说不能，是不知世界的进步，不知世界的真文明，不知享这共和幸福的蠢动物了。”“现在中国要由我们四万万国民兴起。今天我们是最先兴起一日，从今后要用尽我们的力量，提起这件改革的事情来。我们放下精神说要中国兴，中国断断乎没有不兴的道理。”

孙中山在这次大会的全部演讲内容，被留学生陈天华记录下来，后来刊于东京《民报》第一号（1905年11月）。陈天华感慨地说：“孙君所言，骤听似为人人能言者，特人言之而不行，孙君则行之而后言，此其所以异也。况孙君于十余年之前，民智蒙昧之世，已能见及此而实行之，得不谓为世间之豪杰乎？夫豪杰之见地，亦惟先于常人一著耳。”

孙中山在东京的首次公开露面，便深深抓住了年轻的中国人的情绪。很多人也被他的品格所吸引。留日学生程家柽在随后的演说中，难以抑制对孙中山由衷的赞美之情说：

法国不仅有一拿破仑，美国不仅有一华盛顿。先有无数的拿破仑、华盛顿，而此有名之拿破仑、华盛顿，乃始能奏其功，故今日吾国不可专倚赖孙君一人。人人志孙君之志，为孙先生之为。中国庶克有济。

美国学者史扶邻后来总结说：“他的乐观主义，他的诉诸基本的

▲ 1905年，孙中山被推举为中国同盟会总理

民族感情和他的反对不彻底的温和的解决办法，在青年中引起了共鸣。”“孙中山在学生的心目中是一个胜利的象征。”也有人指出：“早期孙中山作为浪漫的民族主义者和政治家，他巨大的政治魅力，并不在于他的理念的严谨和逻辑力量，恰恰相反，而在于他的热忱、激情、愿望投射和想象力支撑的那种政治憧憬和乐观预言的力量。”

这次东京留学生欢迎大会实为同盟会成立前的一次群众性动员誓师大会。这次大会使更多的爱国志士了解并熟悉孙中山的革命思想，会议形成的热烈气氛与以前遭遇的不解以及反对形成强烈对比。对此，宫崎寅藏也感慨万千：“昔年孙君来此，表同情者仅余等数辈耳！中国人则避之唯恐不及。今见诸君寄同情于孙君如此，实堪为中国庆慰！”

火山爆发似的革命激情是压抑不住的。经过20多天的筹备工作，8月20日，中国同盟会成立大会在东京赤坂区日本友人阪本金弥的住宅内举行，共300多人参加大会。

会议由孙中山主持，黄兴宣读同盟会章程，主要内容有：“本会定名为中国同盟会，设本部于东京，设支部于各地。”规定：“本会以驱除鞑虏、恢复中华、创立民国、平均地权为宗旨。”“本会设总理一人，由全体会员投票公举”等——可惜的是当时通过的同盟会章程，这份非常珍贵的历史资料已遗失，现在所能见到的是第二年5月16日改定的《中国同盟会总章》24条，是陈少白保存的油印件。

黄兴首先倡议：“公推孙先生为本党总理，不必经选举手续。”众人举手赞成。这正是人心所向，众望所归。

这时，39岁的孙中山一定感慨万千。1894年深秋，年仅28岁、可说一无所有的孙中山与二十几位同龄人在远离中国的美国檀香山成立“兴中会”，提出“驱除鞑虏，恢复中华，创立合众政府”的纲领。当时，这只被少数闻者认为是几个少不更事的年轻人的“痴人说梦”，没有几人认真看待。谁会想到1905年，在他的倡导下，各种革命力量汇成了中国第一个近代意义的政党——中国同盟会呢？

章士钊在《孙逸仙》一书的序言中声称：“孙逸仙者，近今谈革命者之始祖，实行革命者之北辰，此有耳目者所同认。……则谈兴中国者，不可脱离孙逸仙三字。”《警钟日报》则干脆说，“第一之孙起，当有无量之孙以应之”，“有孙逸仙而中国始可为”。

时势造英雄。孙中山，在革命风浪中历练出来了。这位伟大人物，赢得了人们的敬佩和信赖。

若干年后忆及此，孙中山也感慨万千：“自革命同盟会成立之后，予之希望则为之开一新纪元。盖前此虽身当百难之冲，为举世所非笑唾骂，一败再败，而犹冒险猛进者，仍未敢望革命排满事业能及吾身而成者也；其所以百折不回者，不过欲有以振起既死之人心，昭苏将尽之国魂，期有继我而起者成之耳。及乙巳之秋，集合全国之英俊而成立革命同盟会于东京之日，吾始信革命大业可及身而成矣。”孙中山，这个曾经被认为“不过广州湾之一海贼”的中年人，已被全国各地的革命志士公认为革命领袖了。

值得注意的是，中国同盟会成员主体，从1905年至1907年间加入的会员来看，留学生和学生占了90%以上，说明孙中山的革命理念已赢得了知识分子的认同，而后者也成为改变中国历史的动力。孙中山后来在《建国方略》中形容：“从此革命风潮一日千里，其进步之速，有出人意表者也”。

三民主义初次登台

在同盟会成立大会上，黄兴提议将宋教仁创办的《20世纪之支那》杂志改为中国同盟会的机关报，与会者表示赞同。但该刊不久即被日本政府禁止。1905年11月26日，同盟会另创《民报》，以“颠覆现今之恶劣政府”“建设共和政体”“维持世界真正之和平”“土地国有”“主张中国、日本两国国民之联合”“要求世界列国赞助中国之革新事业”为宗旨。《民报》最初的编辑人为胡汉民，发行人为张继，经理为陈天华。孙中山在《民报》创刊号上撰写了《发刊词》，第一次公开阐述了他的民族主义、民权主义、民生主义三大主张。

孙中山这样写道：

余维欧美之进化，凡以三大主义：曰民族，曰民权，曰民生。罗马之亡，民族主义兴，而欧洲各国以独立。洎自帝其国，威行专制，在下者不堪其苦，则民权主义起。十八世纪之末，十九世纪之初，专制仆而立宪政体殖焉。世界开化，人智益蒸，物质发舒，百年锐于千载，经济问题继政治问题之后，则民生主义跃跃然动，二十世纪不得不为民生主义之擅场时代也。是三大主义皆基本于民，递嬗变易，而欧美之人种胥治化焉。其他旋维于小己大群之间而成为故说者，皆此三者之充满发挥而旁及者耳。

今者中国以千年专制之毒而不解，异种残之，外邦逼之，民族主义、民权主义殆不可以须臾缓。而民生主义，欧美所虑积重难返者，中国独受病未深，而去之易。是故或于人为既往之陈迹，或于我为方来之大患，要为缮吾群所有事，则不可不并时而弛张之。嗟夫！所陟卑者其所视不远，游五都之市，见美服而求之，忘其身之未称也，又但以当前者为至美。时志士舌敝唇枯，唯企强中国以比欧美。然而欧美强矣，其民实困，观大同盟罢工与无政府党、社会党之日炽，社会革命其将不远。吾国纵能媲迹于欧美，犹不能免于第二次之革命，而况追逐于人已然之末轨者之终无成耶！

夫欧美社会之祸，伏之数十年，及今而后发见之，又不能使之遽去。吾国治民生主义者，发达最先，睹其祸害于未萌，诚可举政治革命、社会革命毕其功于一役。还视欧美，彼且瞠乎后也。

但孙中山在这800多字的发刊词中，并未具体阐释“三民主义”的详细内容。直到一年后，在东京举行的《民报》发行一周年纪念大会上，面对六七千听众，孙中山才在题为《三民主义与中国民族前途》的演讲中，第一次系统陈述他的建国思想。

关于民族主义，其主要内容是“驱逐鞑虏”，推翻满洲贵族的统治。孙中山说：

民族主义，并非遇着不同族的人，便要排斥他，是不许那不同种族的人，来夺我民族的政权，……民族革命的缘故，是不甘心满洲人来我们的国，主我们的政，定要扑灭他的政府，光复我们民族的国家。

鸦片战争以后，中国开始沦为半殖民地。至甲午战争，民族危机空前严重，救亡图存成为最紧迫的主题。腐朽无能的清王朝，成了各种社会矛盾的焦点。推翻清王朝和满族贵族的统治，建立以汉民族为主体的国家，也就成为孙中山民族复兴思想的起点。

在当时的历史条件下，同盟会把民族主义放在第一位，这应该说是正确的。因为，也许民族复仇情绪比“自由、平等、博爱”更能煽动起人们的革命激情。但是，资产阶级革命的民族主义毕竟不同于会党农民的狭隘的“民族主义”。孙中山也逐渐认识到这一点，他特地澄清“民族主义”绝不是单纯的种族复仇，也不是一些小革命团体和一些革命党人所持有的单纯的“种族革命”，“我们并不是恨满洲人，是恨害汉人的满洲人”。他更是在以后的文章和演说中极力加以解释。以后甚至提出了“五族共和”这一带有民族平等思想的口号。

关于民权主义，孙中山称之为“政治革命的根本”。其主要内容是“建立民国”。

▲ 1905年的孙中山

将来民族革命实行以后，现在的恶劣政治固然可以一扫而尽，却是还有那恶劣政治的根本，不可不去。中国数千年来都是君主专制政体，这种政体，不是平等自由的国民所堪受的。要去这政体，不是专靠民族革命可以成功的。这由政体不好的原故，不做政治革命是断断不行的。讲到政治革命的结果，是建立民主立宪政体。所以我一定要由平民革命，建国民政府。

在如何实行民主政治方面，孙中山在演讲中已经提出“五权分立”的思想。他说：

> 还有一个问题，我们应要研究的，就是将来中华民国的宪法……兄弟历观各国宪法，成文宪法，是美国最好；不成文宪法，是英国最好。英是不能学的，美是不必学的。英的宪法，所谓三权分立，行政权、立法权、司法权各不相统属。这是从六七百年前，由渐而生，成了习惯；但界限还没有清楚。后来孟德斯鸠将英国的制度，作为根本，参合自己的理想，成为一家之学。美国宪法，又将孟德斯鸠学说，作为根本，把那三权界限，更分得清楚；在100年前，算是最完美的了。120年以来，虽数次修改，那大体仍然未变的。但是这百余年间，美国文明日日进步，土地财产亦是增加不已；当时的宪法，现在是已经不适用了。兄弟的意思，将来中华民国的宪法，是要创一种新主义，叫做“五权分立”。

孙中山与汪精卫谈到：革命之志在于发扬民权，革命之中却必须以兵权为重。不掌兵权，难以掌握政权，不掌握政权，也就难以伸张民权。但是，“用兵贵有专权”，兵权在握的人有可能将政府据为己有，中国历史上的汉高祖、唐太宗、宋太祖、明太祖之流均是如此，孙中山鄙之为“一丘之貉”。孙中山认为，要防止这种情况出现，关键在于约法和议会的制衡，“军政府即欲专擅，其道无由”。

除了行政权、立法权、司法权三权外，孙中山增加了两项：考选权和纠察权。孙中山解释，考选权本是中国创始的，将来中华民国宪法，也必须设立独立机构，专掌考选权，他希望借此“可以除却盲从滥选及任用私人的流弊”；至于纠察权，“专管监督弹劾的事”。孙中山认为，“五权宪法”是政治理论方面的一个突破，将为世界树立新的榜样。

民生主义，其目的是消灭贫富差距，实现民生幸福。孙中山看到了早期西方资本主义社会的弊病，也看到了西方工人运动和社会主义运动的发展，企图在中国资本主义尚未充分发展之前先事预防。他说：

> 社会问题在欧美是积重难返，在中国却还是幼稚时代，但是将来总会发生的；到那时候，收拾不来，又弄成大革命了。革命的事情，是万不得已才用，不可频频伤国民的元气。我们实行民族革命、政治革命的时候，须同时想法子改良社会经济组织，防止后来的社会革命，这真是最大的责任。

孙中山认为，造成资本主义贫富悬殊的根本，在于没有解决土地问题。文明进步、地价日涨造成富者日富、贫者日贫。因此，他设想民生主义的具体内容，就是核定地价，增价归公。

> 解决的法子，社会学者所见不一，兄弟所最信的是定地价的法。比如地主有地价值一千元，可定价为一千，或者多至二千，就算那地将来因交通发达涨至一万，地主应得二千，已属有益无损；赢利八千，当归国家。这于国计民生，皆有大益。少数富人把持垄断的弊端自然永绝，这是最简便易行之法。欧美各国地价已涨至极点，就算要定地价，苦于没有标准，故此难行。至于地价未涨的地方，恰好虑行此法。

虽然孙中山在那时已详细论述了自己的三大主义，但当时还并未出现“三民主义”这一词汇。据冯自由回忆，当年12月，香港《中国日报》代售《民报》广告，时任中国日报社社长的冯自由感觉在广告上登载“提倡民族主义民权主义民生主义”一语太过冗长，于是简称

“三民主义”代之。第二年，中国日报在悼念陈天华的大会上，冯自由在挽联中写“誓覆满酋政府，实践三民”。但当时这个词语还曾一度遭到胡汉民的讥笑，认为冯自由用此简称并不恰当，“往往以此为谈柄”。然而随着孙中山的认可，“三民主义”由此确立。

“三民主义”和“五权宪法”构成了孙中山完整的思想体系。它们的提出，使革命派有了比较完整的理论基础，而且深深地影响了此后半个多世纪中国的命运。正如学者李泽厚所评：“尽管理论深度有所不够，他所提出的思想和政纲，他的三民主义学说却反映和概括了当时整个时代的要求和历史的动向，是当时中国最先进最完整的思想体系，并产生了国际影响。”

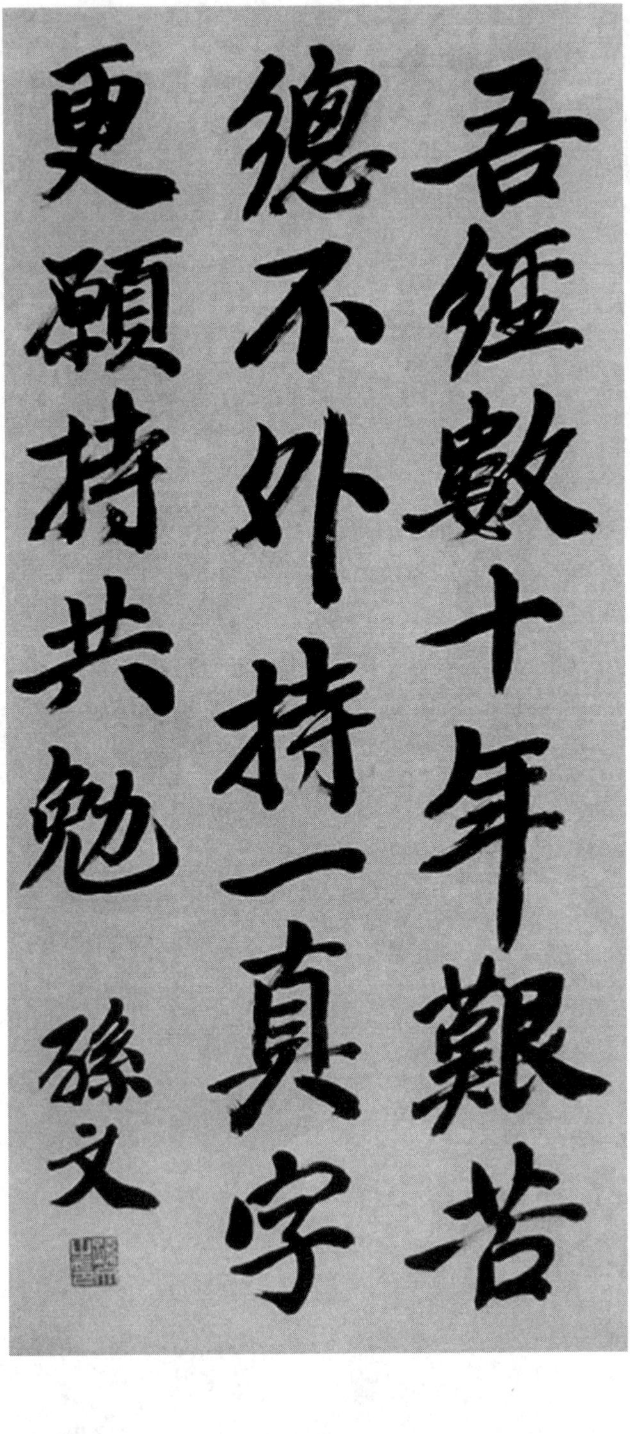
吾經數十年艱苦
總不外持一真字
更願持共勉
孫文

第八章

刀光剑影

萍醴浏起义

1905年，日俄战争告一段落。两国交战，战于中国的领土之上，而清朝政府却宣布严守“中立”。这一幕自然颇具讽刺意味，可战争的结局更是令人诧异，小小的岛国居然战胜了庞然大物般的沙俄帝国。

日本的胜利，产生了意想不到的效果，成为了激荡中国近代社会立宪思潮的导火索。素有北方清议之名的《大公报》在日俄战争结束后立刻刊载文章称：“此战诚为创举，不知日立宪国也，俄专制国也，专制国与立宪国战，立宪国无不胜，专制国无不败。”尽管将两国交战之结果简单归于政体之不同，难免有流于浮浅之嫌，但此文却在某种程度上表达了社会上众多支持立宪的人士的心声。一时间，“立宪”成为一股全国性的思潮。

1905年7月16日，清政府宣布派遣官员出访日本和欧美等国家，进行实地考察，多少做出顺应民心民意、锐意改革的姿态。这一年的12月，考察大臣兵分两路，先后出国考察。考察团经过半年多的走马观花，于1906年7月回国，立即奏请采用立宪政体，认为中国与列强的最大差别是先进的立宪政体与落后的专制政体两种政治制度的不同，中国要想生存，必须实行立宪政体。9月1日，慈禧发布“仿行宪政”的上谕，动作不可谓不雷厉风行。可是百年积习，岂非一朝一夕所能改变；而且对于失去权力的恐惧，使得上至慈禧太后，下至各层官僚，旁观侧目者乃至阳奉阴违、横加阻拦者大有人在。所以所谓立宪，也只是清政府一时权宜之计，挽救不了它即将灭亡的命运。

长期以来，由于土地贫瘠，农民的处境一直在恶化。农村贫困导致土匪猖獗，骚乱迭起，起义不断；农民骚动亦殃及城市，使那里同样变得动荡不安。1906年秋，中国中部闹灾荒，尤其是湖南和江西交界的萍乡、醴陵、浏阳等地特别严重。9月，同盟会会员刘道一和蔡绍南按总部指示回到湖南，和长沙的同盟会会员魏宗铨一道发动萍乡、醴陵、浏阳一带的洪江会党，以“灭满兴汉”为号组织起义。

10月初，萍乡起义的风声被当地清政府官员知悉，开始采取行动，突袭麻石机关，缉拿捕杀会党头目。

12月4日，在会员意见不统一、思想准备尚未完全的情况下，醴陵的洪江会仓促发动起义，占领了萍乡县城以北90里的上栗市。2万农民、矿工以及其他对当局不满的人，打着“中华国民军南军革命先锋队”的旗号，手持农具等一切可利用的武器，与前来镇压的四个省的政府军展开游击战。他们发布了《中华国民军起义檄文》，并以孙中山的名义向各地会党发布了《中华共和国革命军大总统照会》。浏阳的会党、萍乡的矿工、醴陵的兵勇一呼百应，起义军达到3万多人，震惊了长江南北。

这次起义是会员而并非孙中山发起的。起义后，刘道一曾密电东京，但被湖北电信局扣压。12日，在日本的革命同志从日本报纸上获知起义消息后，纷纷要求回国。12月13日，清政府电令张之洞、端方、岑春煊合力围攻起义军。在清军重兵镇压下，轰轰烈烈的萍浏醴大起义，经过半个月的奋战，以失败告终。起义者遭到了政府军的残酷报复：起义领导人刘道一、魏宗铨等都先后被杀害；政府军“把死伤的起义者肢解，挖其心肝掺在食物中吃掉”，其惨状骇人听闻。

当时孙中山并没有及时得到起义失败的消息，次年1月，他还前往日本作家池亨吉寓所，邀请他去中国参加武装起义；而在国内，被震惊的清政府下令在全国各地大肆搜捕革命党人，张之洞、袁世凯等上奏朝廷，“革命排满之说，以孙中山为罪魁”。1907年2月13日，清廷致函伊藤博文，要求日本政府驱除孙中山出境。

考虑到孙中山已经在日本形成影响，又顾及本国在华利益，日本政府于是以秘密赠送旅费的方式示意他离境，并设宴为孙中山饯行。原本就计划南下组织起义的孙中山表示同意，东京的股票商人铃木久五郎听说这个消息，也赠送一万元，表达对中国革命的同情——孙中山万万没有料到，这会成为日后他经历的一个惊涛骇浪般的“倒孙风潮”的源头。

风起云涌的六次起义

▲ 当年血气方刚的汪精卫晚年却成了汉奸

1907年3月，孙中山偕胡汉民、汪精卫等乘船离开横滨前往越南，在河内甘必达街61号设置了领导粤、桂、滇武装起义的总机关。这样，革命的大本营由东京转移到了河内。孙中山接受的日本捐款，除2000元交给《民报》，其余作为起义军费。

1907年初，同盟会会员许雪秋准备在潮州首先起义，起义定在正月初七。不巧，这一天风雨大作，气候恶劣，不利于军事行动，联络的会党行动不一

致，起义被迫停止。

5月22日，黄冈两会党成员被巡逻的防勇逮捕。当地会党首领密商后，在当日晚向清军驻扎的协署发起进攻，1000多人加入起义队伍，第二天占领了黄冈。占领黄冈后，起义军出安民告示，剔除苛捐杂税，清廷兵备道沈传义逃窜至汕头，电报两广总督告急。23日，义军成立军政府，以广东国民军大都督名义宣布同盟会的革命宗旨，以中华国民军的名义张贴布告，义军队伍一度增至5000余人。许雪秋接报后急派助手到黄冈，但清廷大批援军也于27日赶到，余既成等以为枪械过于窳劣，不能再战，宣布解散。

按照孙中山原来的整体战略，由惠州、潮州和钦廉同时发动起义，以分散清军的兵力。所以在潮州黄冈筹备起义的同时，孙中山在新加坡派黄耀廷、邓子瑜和余绍卿三人到香港去做军事谋划。

孙中山原对黄耀廷寄予很大希望，但黄到香港后就被香港当局注意上了，无奈之下只好返回新加坡；而余绍卿去了内地后杳无音信。这样邓子瑜就担负起策划惠州起义之事。邓子瑜原来计划分三路起义，但最后只有七女湖一路起义了。七女湖起义有会党100多人响应，一举夺取清军防营枪械，周围各乡会党纷纷响应，一时声势大振。惠州的清官吏赶紧向广州告急，两广总督调集惠州清军、水师前去镇压，起义军和清军鏖战十多天，终因寡不敌众而宣布解散。

1907年春，广东钦州、廉州两地人民反抗当地官吏实行糖捐制度，推出几十人作代表，向当地官府请愿。结果这些代表被扣押，引起了农民的愤怒，他们组织“万人会”进城，要求释放请愿代表。官吏向农民开枪，几十个人被打死。农民运动声势更加浩大，官府请粤都督派兵镇压，无数农民惨遭杀害，许多房屋毁于炮火。钦、廉两地的百姓派两名代表到河内找到孙中山，寻求革命党的支援。当时孙中山正在河内与黄兴等人策划攻下广东、广西、云南3省，建立根据地。他派人先去了钦州，了解到当地民团也痛恨清官吏后，作出了在钦、廉两地举兵起义的决策。

孙中山派黄兴、胡汉民和王和顺等人来到当地，做当地民团的策反工作。1907年9月1日，王和顺率领钦州王光山义军起义。起义军一路告捷，4天后就占领了防城，活捉并处死了知县。王和顺率军冒大雨行军一天一夜，直逼钦州城下，计划与已被策反的郭人漳里应外合。黄兴虽在军中，但郭人漳见革命力量薄弱，不敢举兵。义军不足500人，而城中却驻扎数千清军，不可硬拼，王和顺因此决定改道攻打灵山，取道入桂。但此时清军已有布防，久攻不下，革命军也弹尽粮绝，便退到了廉州，之前允诺响应起义的新军统领赵声也不敢贸然起义。最终王和顺带着20多人进入越南，其他人都解散了。历时半个月的防城起义失败。

此时，孙中山为发动起义筹措的资金已全部花光，其中包括从新加坡汇来的款。情急之下，孙中山想起了一个与他有一面之缘的朋友张静江。

当时任清驻法使馆商务随员兼巴黎通运公司经理的张静江，在法国轮船上获悉孙中山同船，便拐着一条残足，主动走访孙中山。张静江对孙中山说：他深信非革命不能挽救中国，而自己在法经商，愿意助先生一臂之力。他把名片给孙说："这上面有我在巴黎的地址，我必当尽其所能。孙先生需要多少，我就付多少！"孙中山十分高兴，与张静江约定了通电的暗号：即给张发去"ABCDE"五个英文字母中任何一个字母的电文。这些字母分别代表1万法郎、2万法郎、3万法郎、4万法郎、5万法郎。来电只写暗号，不必说出原因，他也会如数汇去。

当孙中山日后提出找张静江一试时，黄兴不信，但病急乱投医，还是让胡汉民按地址向巴黎发了一个只有"C"字母的电报。同盟会人听说此事，或笑孙幼稚可笑，或说孙滑稽荒唐，或跟孙打赌："就凭一个C，能讨来3万法郎，岂非太阳从西边出来？"不到20天，一纸3万法郎的汇票，从巴黎汇到东京的同盟会总部，令孙、黄大喜过望。孙中山称赞他是同盟会时期"出资最勇而多者"。张静江与蔡元培、吴稚晖、李石曾后来被并称为"国民党四大元老"，当时像他这样一位政府随员和富商，也愿意资助孙中山的革命事业，确实是革命迅猛发展的一个重要体现。

11月21日，在越南河内，中山先生召集黄兴、胡汉民及三合会首领多人，密商起义事宜。

12月1日，在广西多年的黄明堂、关仁甫率乡勇和潘佩珠领导的越南光复会、菲律宾独立党等上百人，携带快枪四十支，从镇南关背后小路向炮台迂回偷袭，内应守军配合，清军猝不及防，纷纷投降。义军乘胜占领镇南、镇中、镇北三座炮台。

此时，在河内坐镇指挥的孙中山，正在焦急地等待前方的消息。突见捷报传来，其喜悦心情难以言表。他立即与胡汉民、黄兴等乘越西线火车到同登。这是自1895年以来，孙中山首次踏上祖国土地，也是他唯一直接参与的反清王朝的军事行动，所以他也格外兴奋。在车厢里，孙中山无限感慨地说：

> 祖国已有我立锥之地矣！我只有一个宿望，就是入中国帝国的镇南关，悬军万里，旌旗堂堂，贯通中国帝国的中腹，而出中国帝国最北端的山海关。一出山海关，则即可送却爱新觉罗帝的末路了。盖战破满洲或彼遁窜，非脱出此重关门不可。今此宿望的前半，行将告成，其后半的成就，尚不知在于何日。

12月3日，孙中山出现在战场并发表了一番即席讲话，给义军以极大的鼓舞。起义军占领了右辅山炮台，与清军对抗，清军死伤60多人。但孙中山到镇中、镇南两炮台视察，发现情况并不乐观：每炮台有炮11门，但配件多不完备，也无标尺，还不如镇北炮台火力完备。

12月4日清晨，陆荣廷派军进攻义军。作战中，孙中山亲自发炮，还兴奋地说：“反对清政府20余年，此日始得亲自发炮击中清军耳！”黄兴后来回忆说：

孙先生和我们一道持枪作战。因为他曾是医生，当出现了伤员，就在附近进行抢救，他两者兼顾，忙得不可开交。加之这个炮台缺水，伤员要用的水，也由孙先生到隔几百公尺的溪谷里去取。所以，他是最忙的一个人。

战斗持续到10时左右，孙中山召集人员开会研究下一步部署。大家一致认为，革命军的形势不容乐观，力劝孙中山下山。孙中山激动地说："我不愿意下去！我10多年没有踏过中国的土地，现在踏在这座山上，觉得很高兴，简直舍不得下去。我认为我们在这里总是有办法的。"

在黄兴和胡汉民的极力相劝下，孙中山当天夜里10时下了山回河内筹集武器。清军调动了4000人围攻镇南关革命军，黄明堂最终从毁炮台缺口退入越南。

镇南关起义后，孙中山在河内的行踪被清廷探知，他们要求法国当局将孙中山驱逐出越。1908年3月，孙中山离开河内，经西贡赴新加坡，又过起了"处处无家处处家"的海上漂流生活。

镇南关起义失败后，孙、黄在钦州一带活动。在这一时期，孙、黄感慨尤深，深知别人的势力是靠不住的，于是决心自己编练队伍。不久编成二队，每队一百余人，一队持长枪，一队持盒子炮。绕道安南向钦州进发，郭人漳知道后，带大队清兵出战，民军乃佯装撤退，将据山为阵的清军引下，迅速分三路，将其包围式夹击，清兵措手不及，损失巨大。随后，民军进攻马笃山。郭人漳、龚心湛受此打击，竟向两广总督哭诉，电请广西巡抚协助。

正在这时，黄明堂在河口发动起义。4月29日起义军与清军中的反正部队会合，攻克河口。在河口，起义军张贴了《中华国民军都督黄告示》。此后，起义军又分兵出击，连克新街、南溪、坝洒，直迫蛮耗、蒙自；部队也由三百余人发展到三千余人。孙中山委托黄兴为云南国民军总司令，节制各军，并命他赶到河口督师。但终因寡不敌众而失败。后因敌人援军源源不断，乃率众退入安南。

六次起义虽然都宣告失败，但孙中山从不为一时的失败而动摇自己的信念。他坚信："吾党经一次失败即多一次进步。"而此时的清王朝已处于风雨飘摇之中，边疆和内陆的义举接二连三，遥相呼应；光绪皇帝在涵元殿病入膏肓，卧床不起；74岁的慈禧太后在革命炮火中，也感到自己的末日即将来临。8月，迫于形势，清政府公布了宪法大纲、议院选举法要领等，定预备立宪期为9年，但这已经无法挽回清廷日益临近的灭亡。

继续论战保皇派

在孙中山为革命奔走的同时，康、梁的保皇党也没有停止他们的活动。1906年夏天，"保皇党"筹备改组政党，将组织定名为"帝国宪政会"，得到大清权贵的支助，后来闹了分裂。自同盟会成立以来，革命形势发展迅速，梁启超则意图筹组新党，与海外保皇会另成系统，杨度、张謇、郑孝胥、熊希龄等都是梁启超所物色的人选；袁世凯、端方、赵尔巽等大清权贵为其暗中赞助人，意欲拥戴载沣、载泽为正副总裁。梁启超认为，在革命党已蔓延全国的情况下，他必须尽全力一争，甚至认为"今者我党与政府死战，犹是第二义，与革党死战，乃是第一义，有彼则无我，有我则无彼"。

孙中山设想中国革命成功后，建立美国式的民主共和国。但是他的这一主张，引起了康有为、梁启超为代表的维新派人士的强烈反对。康、梁认为，就目前中国的实际情况来说，不仅不能实现民主共和制，就连实现君主立宪制也不可能，只能实行“开明专制”。假如强行民主共和，势必导致国家内乱，引起西方列强的干涉。为此，以孙中山为代表的革命党和康、梁为代表的维新派，分别以《民报》和《新民丛报》为阵地，围绕着是否能够在中国建立民主共和制等问题展开了激烈论战，论战持续15个月之久。论战涉及清王朝的性质、种族与民族问题、国民素质、中国应该建立什么样的政权、土地制度、革命会不会招致列强干涉引起中国崩溃等许多方面。但是，最紧迫、最核心、最重要甚至足以决定论战双方胜负的，是要不要暴力革命的问题。

革命派认为，只有用暴力革命推翻清王朝，才能实现共和立宪。而立宪派则认为，暴力只会带来巨大的灾难，得不偿失。他们相信，只要人民要求立宪，清政府“终必出于让步之一途”，可以实现代价最小的和平转型。梁启超还引用外国学者的论述及外国历史的先例，认为中国还没有条件实行共和制，强调民族主义成分中反帝多于反满，把国内的团结一致放在头等地位。他警告说，革命很可能招致外国列强的干预。

《民报》对梁启超的论点予以回击。在该报的大批作者中，有胡汉民、汪精卫和才华横溢的朱执信，他们都是来自广东的革命中坚分子，是孙中山思想最忠实的拥护者和阐述者。他们驳斥梁启超对历史资料所作的解释。他们一方面坚持认为，加速社会进步的催化剂不是改良而是革命，另一方面，他们也认为中国的传统与民主政体及当代其他趋势并非格格不入。至于梁启超断言革命将招致外国的干预，他们反驳说，中国比梁启超想象的可能大得多，而外国人并不见得都热衷于霸业。最后，他们再次强调：中国有其不同于西方的独特情况，少数优秀分子能够排除万难，策群以进。

▲ 孙中山的重要助手胡汉民

梁启超的理论实际上隐含着一个假设条件：他认为清政府在压力下必能“让步”，实行立宪。但是当时的清政府显然已经把自我改革的路堵死了，“革命”已成共识。对此梁启超在1906年写给康有为的信中承认：“革命党现在东京占极大之势力，万余学生从之过半；前此预备立宪诏下，其机稍息，及改官制有名无实，其势益张，近且举国若狂矣。东京各省人皆有，彼播种于此间，而蔓延于内地……”

在论战中，《民报》士气旺盛，而《新民丛报》则日益陷入窘境。1906年春，梁启超自觉无法反驳《民报》上的某篇文章，致函徐佛苏求援。7月21日，梁启超在《新民丛报》上刊登徐佛苏所作《劝告停止驳论书》，表示希望停止论战。在给康有为的信中，梁启超说：“革党现在东京占极大之势力，万余学生从之者过半。”1907年初，他在《新民丛报》发表了《现政府与革命党》一文，无奈地承认：“革命党者，以扑灭现政府为目的者也。而现政府者，制造革命党之一大工场也。”这真是一语中的。不久，梁启超停办《新民丛报》，将注意力从著书立说转向实际的政治活动。此时，他的温和的政治主张在青年学生中已失去影响，而清廷仍视他为危险人物，不希望他介入政治。

1907年之后，孙中山将领导革命的中心转向南洋，论战的中心也移向《中兴日报》和《南洋总汇新报》以及槟榔屿《光华日报》与《槟城新报》之间。

南洋论战是东京论战的延续。1908年9月11日，“保皇党”机关报《南洋总汇报》记者以“平实”的笔名，发表《论革命不可强为主张》的文章，提出革命不能行于今日，以及革命足以瓜分中国的看法。孙中山也以“南洋小学生”的笔名，在新加坡《中兴日报》上发表《平实开口便错》一文，指出：“时势者，纯乎人事之变迁也；革命者，大圣人大英雄能为，常人亦能为。”9月12日，孙中山再发表《论惧革命召瓜分者乃不识时务者也》一文，引土耳其、摩洛哥为证，指出革命绝不会招致瓜分。

论战辩明了真理，最终就连新加坡保皇分会会长、侨商中向保皇党捐钱最多的邱菽园也与保皇党脱离了关系，并在报上批评康有为。

算起来，这已是革命党人与保皇党人的第3次论战。这次论战在海外引起很大反响，当时南洋、香港甚至日本的报纸，几乎天天都有关于中国前途大论战的文章。自1907年至1911年，檀香山的《自由新报》几乎无日不与《新中国报》笔战，温哥华的《大汉日报》与《日新报》之间，往复驳论，长达200余续。此次论战，规模浩大、影响深远，为中国历史前所未有。双方在论战中尽管谁都没有说服对方，但双方在这场论战中，对资本主义民主制度、中国国情有了进一步的认识。从某种角度来说，这次论战决定了中国的政治前途和命运。

第一次倒孙风潮

诱发第一次倒孙风潮的导火线，是孙中山离日时所接受的捐款。据日本方面记载：经与外务省政务局长山座圆次郎会商结果，以孙中山3年以后可以重返日本为条件，由山座给一笔7000元的离开费用。就在孙中山离开日本的当天，革命派内部传出“孙文被日本人收买”的责难声。

当日本政府被迫下令驱逐孙中山时，同情革命的日本股票商人铃木久五郎也赠送了1万元，孙中山拨了2000元交给章太炎（章炳麟）作为《民报》经费，将余款携赴南方发动起义。此事为章太炎、张继等人得知后，引起不满。这时，章太炎等人又听说了日本政府赠款以“换取”孙中山永远离境的传闻，他便指责孙中山盗用革命经费，还骂他是叛徒。张继、刘师培也加入到责难孙中山的队伍中，声讨孙中山“受贿”“被收买”。

章太炎不喜欢孙中山，这是公开的秘密。章太炎自8月起主持《民报》，从未赞成孙中山的对外策略，也多少有些瞧不起孙中山。对孙中山的领导地位，他也没有从心里认可。这一次，章太炎更是把挂在民报社的孙中山相片撕下来，批上“卖《民报》之孙文应即撤去”几个字，寄到同盟会香港分会，以此羞辱孙中山。

一时间，同盟会本部议论纷起，闹得不可开交。正在这时，黄冈起义、七女湖起义失败的消息陆续传到东京。同盟会内部的矛盾，犹如干柴遇烈火，火上再浇油，终于掀起了第一次倒孙风潮。反对孙中山的人日益增多，张继等于是催促同盟会庶务干事刘揆一召集大会，罢免孙中山，改选黄兴为总理。

一波未平，一波又起。1907年6月17日，为筹备钦、廉起义，孙中山派萱野长知回日本购买武器。在宫崎寅藏帮助下，购得村田式快枪2000支，子弹120万发。村田式快枪虽说在日本已经落后，但在当时的中国，还不失为先进武器。这事本来是无可非议的，但给平山周他们知道了，转告了章太炎，立即又掀起了一场风波。章太炎大吵大嚷：“孙某所购的村田式军火在日本老早不用了，用到中国去不是使同志白白丢了性命吗？可见得孙某实在不是道理，我们要破坏他！”他出于意气，用《民报》社名义明码电告香港《中国日报》：“械劣难用，请停止另购。”购械计划由此搁浅。

▲ 光复会领袖章炳麟，号太炎

冯自由连忙将这件事转告孙中山。购买枪弹事属军事秘密，章太炎竟以明码泄露。孙中山非常气恼，便令胡汉民写信给东京同盟会本部，谴责章太炎。接着，又派林文返回东京，禁止章太炎、宋教仁再干预军事。

1907年初，黄兴曾因国旗图式问题也与孙中山发生过争执。孙中山主张沿用兴中会的青天白日旗，黄兴则认为青天白日旗与日本旗相近，“有日本并华之象”，必须迅速毁弃。两人为此争吵了起来，当时激动的黄兴发誓要退出同盟会。但冷静下来后，黄兴接受了孙中山的方案，他致书胡汉民说：“余今为党与大局，已勉强从先生意耳！”尽管国旗风波没有使孙黄关系破裂，却在孙中山和宋教仁之间投下了阴影。宋教仁本来就认为孙中山“待人做事，近于专制跋扈”，闻知此事，宋对孙中山更加不满。1907年3月1日，宋教仁向孙中山辞去了同盟会庶务干事一职，并一度加入倒孙行列中。

紧要关头，被章太炎、刘师培拥戴的黄兴从革命大局出发表现出了高姿态。他回刘揆一说：“革命为党员生死问题，而非个人名位问题。孙总理德高望重，诸君如求革命得以成功，乞勿误会而倾心拥护，且免陷兴于不义。”由于黄兴拒任同盟会总理，东京的倒孙风潮暂时平息下来，但双方的对立情绪仍然存在。这年7月6日，光复会会员徐锡麟在安庆发动起义失败，清吏在审讯时问及行刺是否为孙文指使，徐锡麟答道：“我与孙文宗旨不合，他亦不配使我行刺。”在此之前，徐锡麟因为与孙中山“宗旨不合”而拒绝加入同盟会，这也反映出光复会领导人对孙中山远非一般的不满。

风潮虽然暂时平息了，但却给同盟会留下了难以愈合的创伤。风潮之后，孙中山决定“从新组织团体”，一意经营南洋支部《中兴日报》，力图使之成为新的领导中心和宣传中心；对东京总部和《民报》，就不太愿意过问了。南洋支部以胡汉民为支部长，在新加坡、吉隆坡、槟榔屿等地均设立分会。孙中山曾称：“南洋之组织与东京同盟会不为同物”，可见孙中山对东京同盟会的反感。另一方面，章太炎则对中国革命感到迷茫、失望，醉心于佛教，想到印度去当和尚。张继、刘师培则提倡无政府主义，否定三民主义。

第二次倒孙风潮

1909年，章太炎、陶成章掀起了第二次倒孙风潮，终于使同盟会走上了分裂的道路。

这一次倒孙风潮由陶成章而起。1908年9月，陶成章远赴新加坡，此行目的有二：一是为《民报》的继续生存筹款，二是为筹备中的五省革命协会募集经费。

自第一次“倒孙风潮”之后，伤心失望的孙中山将热情和心血都投到南洋方面，对东京同盟会越来越冷淡，而《民报》在章太炎的主持下，渐渐倾向于谈论国粹与佛学，失去了对最热点问题的关注，销路锐减，经费紧张。

陶成章将《民报》的窘况向正在南洋的孙中山报告，但南洋方面自顾不暇。陶成章亲赴南洋，希望通过发行《民报》股票的办法筹集经费，同时要求孙中山拨3000元作经费。孙中山无款可拨，把自己的手表等物变卖，给陶成章以支持。陶成章又要求筹5万元回浙江办事，孙中山则表态“近日南洋经济恐慌”，很难办到。

陶成章于是决计“独自经营”，他带着孙中山的介绍信到缅甸仰光、槟榔屿等地，以江、浙、皖、赣、闽五省革命军的名义筹饷。可是，那些地方的华侨认捐都很少，常常仅仅是二三百元，陶成章便怀疑是孙中山从中作梗。1908年11月以后，《民报》实际上处于停刊状态。

陶成章开始公然与孙中山对立，声称河口起义所用军费不过1000多元，孙中山将各地同志的捐款攫为己有，家中发了大财。接着，陶成章以七省同志的名义起草了《孙文罪状》。

《孙文罪状》指责孙中山在汇丰银行储款20万；孙眉在九龙建造房屋，是由孙中山汇款助建；罗列孙中山“谎骗营私”，有“残害同志”“蒙蔽同志”“败坏全体名誉”等“罪状”3种12项；提出善后办法9条，要求“开除孙文总理之名，发表罪状，遍告海内外”。

陶成章带着这份《孙文罪状》，跑回东京，找到了黄兴，要求同盟会本部开会讨论。黄兴致函陶成章，表示愿做中间人，出面解说，但陶成章坚持要求公开讨论。

▲ 陶成章

陶成章的反孙行为将章太炎再一次激发起来。当时，汪精卫正在东京筹备续出《民报》，未邀章太炎参加；章太炎在陶成章支持下，愤而刊发《伪〈民报〉检举状》，分送南洋、美洲各地，他把汪精卫重刊的《民报》说成是“伪《民报》”，是为孙中山一人做宣传的，提醒华侨不要受它欺蒙；又指责孙中山不肯解决《民报》的经济困难，“背本忘初，见危不振”。又骂他“本一少年无赖”，攻击他吞没巨款、“怀挟巨资，而用之公务者十不及一”。

1910年2月，章太炎、陶成章便从同盟会分裂出来，公然在东京成立光复会总部，章太炎为会长，陶成章为副会长，李文和为南部执行员。一时间，光复会势力在南洋迅速蔓延，大有取代同盟会之势。正在法国的张继，也吵吵嚷嚷地要求孙中山“退隐深山”，或“布告天下，辞退同盟会总理”。

对孙中山来说，来自同一阵垒的人的攻击和倒戈，比敌人的炮火镇压更可怕。长期以来，孙中山把实际领导起义的工作交给黄兴等人，自己的工作重心则是在华侨中募集起义经费。陶、章所散布的舆论，对他工作造成的危害可想而知。

但作为一个伟大的革命者，孙中山有着经历种种挫折而不气馁的高贵品质。孙中山一边致函吴稚晖，要求他在巴黎《新世纪》上撰文“加以公道之评判”；一边写信给张继，拒绝他的无理要求。

在此关头，黄兴再一次表达了对孙中山坚定的支持。在东京，他致书孙中山，表示“陶等虽悍，弟当以身力拒之”，要求美洲同志趁孙中山来美之机，“相与同心协力，以谋团体之进步，致大业于成功”。

为了消除误会及其影响，南洋同盟会派人去九龙调查了孙中山的经济情况，发现“先生九龙的家里，只有母亲，自己的夫人和女儿，几间旧房子，此外别无所有。还有先生的哥哥，是自己修了草房子，在那里耕种。假使先生为革命发了财，把钱寄到家里去，为什么家里的房子，家里的人，还是这样蹩脚呢？”南洋同志切实调查以后，就把实情宣布，这是一个很有力的反证。“南洋华侨对于先生的信仰，更为坚确，毫无动摇之余地”。

对孙中山来说，未知的革命之旅充满了各种艰难险阻。令人欣慰的是，孙中山并没有被骂倒，被吓怕，反而相当大度地表示，党有内讧时，既是“艰危困苦之时代”，也是“吾人当努力进取之时代”。的确，孙中山正是在经历了一次又一次的考验之后，才赢来了共和来临的佳境。

“倒孙风潮”终告平息，同盟会的内讧却造成了无法弥合的裂痕，两位革命党的泰山北斗孙中山与章太炎由同仇敌忾的战友一变而为不共戴天的冤家对头。尔后两三年间，章太炎纠缠不休，撰文多番攻击孙中山，诋毁孙中山是“背本忘初”的“小人”；孙中山素具雅量，也受不住他这般不依不饶的缠斗，终于大动肝火，痛詈章太炎是

“丧心病狂”的“陋儒”。双方谩骂之际，已失去必要的理智。而刘师培对孙中山的反感更激化为鄙夷和仇恨。他本人也将自己脱离革命阵营的缘由归结为“失望”二字。他说：“东渡以后，察其隐情，遂大悟往日革命之非。”所谓“隐情”即指革命党人在公生活与私生活两方面的缺失。1908年冬，回到上海的刘师培出卖了同盟会会员，又投入端方幕中，最终完全投向清廷。

自古忠孝难两全

1908年11月14日，光绪皇帝突然驾崩。次日，慈禧太后也一命呜呼。光绪皇帝无子，由他的侄儿溥仪继承帝位，年号宣统。溥仪年仅3岁，他的父亲载沣以摄政王的身份执掌朝政。清朝已进入最后的挣

▼ 1908年，慈禧葬礼上送葬的队伍

▼ 幼年的溥仪

扎时期。

孙中山估计“虏家子母相继死亡，人心必大动，时局可为”，1909年5月，孙中山由新加坡启程赴欧洲，他希望“运动于欧美大资本家”。可是，这趟欧洲之行并不顺利。10月底，孙中山离开伦敦赴美国，在那里成立了同盟会纽约分会。期间，又为黄兴与胡汉民的军事起义募得8000元捐款。

▲ 醇亲王载沣与溥杰（怀抱者）、溥仪

1910年5月，孙中山决定秘密回日本，与黄兴等人会晤，研究起义之事。日本方面为此专门召开内阁会议，商讨对策，最终决定表面上由横滨警长劝令孙中山出境，但暗地里让孙中山改名在日本作短暂停留。6月11日，化名为Dokas、Dr. Alaha的孙中山秘密到达东京，住在宫崎寅藏家一直到6月24日。宫崎寅藏夫人回忆：

此时孙先生的令兄也因在夏威夷的事业衰落而来到日本，和孙先生同住在我们家里。孙先生说带来点礼物，拿出占领广州时所发行的两枚银币和一些军票送给我。随后，他脱下汗渍斑斑的制服，里面穿的竟是我五六年前在穷困中缝做与洗烫的单衫。

一生摆脱不开穷神的纠缠，是中国革命家的常事。孙先生穷，我们也穷。为了迎接远来的贵客，虽然想烧一澡堂的水为他洗尘，却又无煤无柴。只好打发孩子们到隔壁的空房子捡拾一些木片回来，才把澡堂的水烧好，让两位孙先生洗了一个澡。

正在筹备再发动一次大起义的孙中山又马不停蹄地离开日本，先抵达新加坡，再奔赴槟榔屿，准备改善那里工作进展迟缓的状况，振奋大家的精神。

1910年7月19日（阴历六月十三），正在由新加坡到槟榔屿路上的孙中山，接到母亲杨太夫人在香港九龙去世的噩耗。巧合的是，去世之日也正好是杨太夫人83岁寿辰，生辰卒日为同月同日，这极少遇到。

1895年，孙中山领导的第一次广州起义失败，陆皓东等人英勇就义。孙家家中田产房屋被清政府封没。孙中山在香港委托陆皓东的侄子陆灿将母亲杨太夫人、妻子卢慕贞和孩子带到夏威夷，交给哥哥孙眉照管。杨太夫人因为自己最喜欢的小儿子的革命生涯而不得不饱受艰难。1907年，孙眉带领全家迁居香港。

1903年，孙中山因为同保皇党人进行论战而赴檀香山，忙于公务的他只能抽空去茂宜岛看望自己的母亲杨太夫人、哥哥孙眉、妻子卢慕贞和儿女，此时杨太夫人年事已高。这么多年，孙中山一直在为革命奔走，不能在家赡养尽孝。而且，由于他革命的原因，母亲在年迈之时无法遵循中国人传统，叶落归根，而一直背井离乡。但因为孙中山仍然是清政府通缉的要犯，香港也禁止孙中山入境，母亲去世后，孙中山只好委托在香港的同志罗延年帮助料理丧事。杨太夫人被安葬在新界西贡濠涌白花林，墓碑题“香邑孙门杨氏太君墓”。无法为母亲奔丧，尽最后的孝道，是孙中山终生之遗憾。

实际上，孙家一家人都为孙中山的革命事业付出了巨大的牺牲。孙眉也因为他的革命倾其所有资产直至破产。1906年冬，在回击章太炎和陶成章的攻击时，孙中山在吴稚晖所办的《新世纪报》发表声明，在为自己辩护的同时，对于胞兄孙眉多年来对自己革命的支持，也多有描述：

当日图广州之革命，以资助者，因无几人也，所得助者，香港一二人出资数千，檀香山人亦出资数千，合计不过万余耳。而数年之经营，数省之联络，及于羊城失事时所发现之实迹，已非万余金所能者也，则人皆知之。其余之财，来自何乎？皆我兄及我所出也……自此，我一人之财力已尽，而缓急皆赖家兄之接济，而妻子俯畜，亦家兄任之。是从事革命十余年来，所费资财，多我兄弟二人行之。所得自国人及日本人之资助者，前后共不过四五万元耳。……若为图利计，我亦何乐于革命，而致失我固有之地位，失我固有之资财，折我兄之恒产耶？（两年前家兄在檀已艰穷破产。其原因皆以资助革命运动之用，浮财已尽，则以恒产抵借贷，到期无偿，为债主拍卖其产业，今迁居香港，寄人篱下，以耕种为活，而近因租价未定，又将为地主所逐……）此庚子以前，我从事革命事业，关于一人得失之结果也。

这篇声明生动地说明了孙眉为支持革命而倾尽家财的经过与事实，也令外界对多年默默无闻的幕后英雄孙眉充满了敬意。

▲ 晚年的孙眉倾全力支持孙中山的革命活动，终至毁家纾难；而早年兄弟之间却因观念的不同发生过激烈的冲突（前排中为孙眉）

1909年，已贫困破产的孙眉也加入革命队伍中，成为同盟会南方支部的副支部长。中华民国成立后，广东都督陈炯明多次声言辞去都督一职，广东党政军各社团纷纷各自选举都督，其中以推举孙眉为多，教育总长蔡元培更是热心支持此议。但孙中山亲自致电大哥孙眉加以劝阻。据说孙眉起初还颇为不满，但后来深知局势之复杂，表示与孙中山立场一致，支持胞弟的工作。

1913年，二次革命失败，孙中山流亡日本，孙眉自故乡移居澳门。1915年2月11日，孙眉病逝于澳门，享年62岁。孙中山闻耗极为悲痛，但鉴于实际，仍然无法亲自主持其兄丧事。这位识文不多，但一生赤诚为国为革命立下汗马之功的功臣，眼见革命成果被袁世凯窃取，忧愤成疾，抑郁而逝，实可惋惜。1935年4月，中国国民党中央执行委员会决议以国币一万元将孙眉遗骸迁葬于翠亨村迳仔朗山，并立碑刻词以表彰他为民国所作的贡献，汪精卫撰写碑文。孙眉墓和碑文至今仍保存在广东省中山市中山纪念学校里。

▼ 孙眉之墓

第九章
中华民国的诞生

广州起义，革命的前奏

从1907年5月的潮州黄冈起义开始，到1908年5月云南河口起义的失败，孙中山在粤、桂、滇边境连续发动了6次武装起义，在这些起义中，孙中山把会党作为起义主力的思想倾向非常明显。

金冲及、胡绳武在《辛亥革命史稿》中对孙中山依靠会党发动武装起义一事作了深刻分析。两位学者认为，中国近代的会党是以游民、流氓无产者为主体的，优点在于这些人都处于社会底层，对社会现实有着强烈不满，富有反抗性，容易一呼百应，也倾向于接受革命党人的反满宣传。但缺点也很明显：他们缺乏真正的革命觉悟，难以从事持久的斗争，一受挫折，便容易一哄而散；缺乏严格的纪律，战场上不服从统一指挥，各自行事；成分复杂，有些人甚至打家劫舍，杀人越货。

以河口起义的失败为契机，革命派策划武装起义的活动重点开始转向正式军队，特别是新军。到1909年冬，广州新军中已有同盟会员三千余人。10月，同盟会在香港成立南方支部，以胡汉民为支部长，汪精卫为书记，倪映典为运动新军总主任，策划以新军为主力的广州新军起义。由倪映典负责发动工作，朱执信等人分头运动防营、巡警及广州附近的会党绿林。

新军后来被证明为是最有效的革命力量。但在当初，在孙中山眼里，他们和会党一样，只是可以借用的革命力量之一而已。中国同盟会成立后，先后组织各地起义，但仍未有成功。从1908年起，方向转向运动新军。回到那个历史现场，其实可以注意到，经现代化训练的新军，作为一种力量在晚清已迅速崛起。对这一集团，英国《泰晤士报》记者莫理循1910年发布的报道描述："在近代中国可以觉察到的最大变化，或许是以往受到轻视的军事职业现在得到了尊敬。"也就是在这一时期，美国来华的传教士卡尔奥在给国务卿的一份急件中概括了当时的局势：在难以获取陆军"士气"及军纪状况可靠情报时，有一点是不会令人感到意外的，即有朝一日土耳其的革命模式在这里重复的话，真正的革命将由中国下级官佐发动。

后来的情势果然证实了卡尔奥的预言。

1910年2月9日，广州新军因为一个偶然事件，与当地警察对峙起来；第二天，新军士兵结队持枪冲击警察局，发生枪战，两广总督袁树勋将闹事士兵集中，并收缴机枪、弹药。闻知消息的新军纷纷携枪离营，群情激愤。

事态发展完全处于自发状态，没有人主持大局。黄兴、胡汉民、赵声等紧急商议后，决定将起义日期提前。倪映典于2月11日夜赶回广州燕塘时，发现士兵情绪高涨、局势难以控制；但队伍内部涣散，缺乏明确的计划和组织，弹药也不充足，而清兵已调集一些兵力严加防范。倪映典深知起义不能再拖，当机立断马上发动起义，义军3000人公推倪映典为总司令，分3路向广州城推进。

▲ 1909年8月29日，法国画报《小日报》刊发有关中国新军的报道

在推进到牛王庙时，义军

主力遭到巡防营统领吴宗禹率领的兵力阻击。清军以商谈为名，将倪映典诱骗入兵营中杀害。义军一下子失去了指挥，陷入混乱，起义随之失败。

▲ 清末的士兵

新军起义的当天，一个年轻人给孙中山和同志们留下一封告别信，慨然北上。起义一再失败的消息，让这位心中充斥着满腔热血的年轻人决意采取另一种革命方式。此人便是27岁的汪兆铭——我们所熟悉的汪精卫。

见革命一再受挫，汪精卫认为只有暗杀清廷重臣才是革命成功之路。他的想法被孙中山、黄兴劝阻，但汪精卫仍与黄复生、喻培伦等7人组织了暗杀团。黄复生、喻培伦先期到了北京，在琉璃厂火神庙西夹道开了一家照相馆，作为活动据点。汪精卫与两位会合后，在摄政王载沣上下朝必经的什刹海旁之甘水桥下埋设地雷。不料，他们的行动被警察发现，4月16日汪精卫与黄复生被捕。审讯中，汪、黄争当“主谋”，连肃亲王也被感动，将极刑改为终身监禁。

自1895年孙中山发动第一次反清武装起义以来，革命党人已经发动过十几次起义了。这些起义都遭到了惨痛的失败，不少同盟会的干部及会员产生了严重的悲观失望情绪。在此关键时刻，孙中山再一次表现了一个革命家坚忍不拔的革命意志。

1910年年初，广州新军起义失败后，孙中山由美洲经檀香山、日本，于同年秋来到马来西亚槟榔屿（又称庇能），打算再举起义。他约胡汉民、黄兴、赵声商议，其兄孙眉、华侨同盟会会员邓宏顺及雷铁毅、杨锡初等人也参加了会商。当讨论到革命前途和下一步革命计划时，几个人默默不语，精神不振，相顾无策。孙中山见状说："一败何足馁，吾曩之失败，几为举世所弃，比之今日，其困难实百倍。今日吾辈虽穷，而革命之风潮已盛，华侨之思想已开，从今而后，只虑吾人之无计划无勇气耳！如果众志不衰，则财用一层，予当力任设法。"

孙中山的一席话，打破了会议的沉闷气氛，黄兴也表示同意孙中山再举起义的倡议，并陈述了选择广州作为发难地点的意见。孙眉更是催促孙中山召集南洋同志，开会商议并举行筹款。

在一次秘密的筹款会上，孙中山作了一次令人感动的演说，意为这次准备的起义将是他推翻清王朝的最后尝试，假如起义再失败，他就荐贤代自己领导革命。与会者均被他的演讲所感动，大家当即捐出8000元港币做准备活动的费用。

孙中山本打算亲自赴南洋各国去筹款，但因从事革命，许多国家都拒绝他入境。自第一次广州起义后被迫离开香港，孙中山又先后被新加坡、越南、暹罗、日本政府迫其离境，南洋的荷属、英属岛屿国家都不许孙中山居留。这样，孙中山在南洋一带难以立足。加之此前南洋各地华侨革命党人多次为革命起义捐献大笔款项，"大有接应不暇之势。出钱者因多叹元气之未复，劝捐者亦殊觉开口之为难也"，孙中山只得赴欧美另辟财源。恰逢此时，冯自由从加拿大来电邀孙赴美洲筹款，孙遂只身前往，将南洋一带事务委托给胡汉民等人。

1911年2月17日，孙中山到达纽约，随后又到了旧金山、加拿大的温哥华等地。每到一地，他都说服华侨们为国内革命起义捐款，一共募集了7万多元，全部汇到了香港。在南洋，邓泽如也募集到了5万多元，第二次广州起义所需经费已基本筹足。

悲壮的广州“三二九”起义

马来西亚的槟榔屿会议结束后，孙中山、黄兴、胡汉民、赵声等人分头进行准备。这次起义的统筹部设在香港跑马地35号，黄兴任部长。为起义所筹款项也超过了原来预算的10万元，达到了15万。这笔钱被用于起义统筹部通过关系在日本、越南、香港等地购买军械。

统筹部决定选派500名配备武装的革命党人组成起义的主干部队，其成员必须是敢死善战之人。林觉民、喻培伦、方声洞等都自告奋勇地充当先锋队员。

临战前，黄兴写了《致南洋同志书》，表示“誓身先士卒，努力杀贼，书以此当绝笔”。起义前夕，800名先锋队员陆续集结到广州，许多人写下了悲壮的遗书。林觉民在给妻子的遗书中写道：“吾充吾爱汝之心，助天下人爱其所爱，所以敢先汝而死，不顾汝也。汝体吾此心于涕泣之余，亦以天下人为念，当亦乐牺牲吾身与汝身之福利，为天下人谋永福也。”方洞声在给父亲的绝笔书中写道：“此为儿最后亲笔之禀，此禀果到家，则儿已不在人世都久矣。”“但望大人以国事为心，勿伤儿之死，则幸甚矣。”表示“虽奋斗而死，亦大乐也；且为祖国而死，亦义所应尔也”。

起义日期确定为1911年4月13日，后来因美洲、荷属南洋款项未到，从日本、越南购买的军械多数没有到齐；加之此间南洋的同盟会党员温生才独自刺杀了广州副都统孚琦，清军戒备极严；在征得黄兴、赵声同意后，广州同志决定将起义日期改在4月26日。

4月23日，黄兴到达广州，设立起义总指挥部，各起义机关开始进入起义阶段。黄兴看到广州形势紧张，加之日本、越南枪械未到，决定再推迟一天。黄兴致函南洋华侨邓泽如等人，告以“本日驰赴阵地，誓身先士卒，努力杀贼，书此以当绝笔”。他对别人说：“我既入五羊城，不能再出去。”“余人可迈步出五羊城，唯我克强一人必死于此矣！”其他革命党人也都怀着和黄兴同样的决心。

4月24日，因为消息走漏，清军在城内进一步加强戒备，广州城中形势骤然紧张。突发情况使正在待发的起义一下陷入进退两难的困境，指挥机关的意见出现严重分歧。此时同盟会起义的机器已经迅速运转起来，黄兴等少数人坚持不能再改期，认为再改期无异于解散，将前功尽弃；但他又不得不服从大多数意见，命令赵声部队暂退香港。黄兴又电告胡汉民：“省城疫发，儿女勿回家。”

4月25日，清廷又调了两个巡防营到广东。一些起义领导人再次提出改期，遭到黄兴的极力反对，他表示要以死相拼，以谢海外同志；但另一方面，黄兴又令各部先锋迅速撤回，并保存好枪械，为来日做准备。但就在各人散去后，林文、喻培伦突然赶到黄兴那里汇报：起义风声已经外露，“非速发无以自救”。黄兴下定决心，集结三四十人攻击督署，击杀都督张鸣岐。

4月26日，陈炯明、姚雨平向黄兴报告，从顺德调回来的清巡防营中的同志已决心起义。闻听消息，黄兴又赶紧电告香港，“母病稍痊，须购通草来”，决定在次日下午5时半发难。但是先锋队已在前一天被遣散大半，因此黄兴不得不调整计划：原定十路进攻计划只得改为四路。

在香港的同志得到起义通知后，因为来不及派大队赶到广州，申请延缓一天，但“部署已定，不能再改”。

4月27日一早，乘早船到达广州的赵声部队，因城门紧闭而不能进城；只有福建和海防的先锋到广州候命。黄兴将象牙印章及黑钢时表分送给各先锋，以作守信及准时之用。

27日下午4时，离预定的起义时间还有一小时。黄兴集众演说，这时李文甫、罗仲霍、朱执信、谭人凤等人也悉数到来，谭人凤将香港情况告诉黄兴，请求延缓一日，黄兴只说了一句："老先生，勿乱我军心，我不击人，人将击我矣！"此时，箭在弦上，不得不发。

1911年4月27日下午5时30分，黄兴带领"先锋"（敢死队员）120余人，臂缠白巾，手执枪械炸弹，直扑两广总督署，决心生擒两广总督张鸣岐。黄兴手持两枪，连连发射，数十人在螺号声中冲入同堂；张鸣岐越墙逃遁，逃往水师提督衙门，黄兴等便放火焚烧督署衙门。出门时，正好碰上水师提督的亲兵大队。可此时其他三路却都没有随后接应，寄予希望的城外新军也没有接到通知，其他联络的民军则因宣布改期已经解散。这样，只剩下100多名先锋队员面对比他们多几十倍的清廷援军，陷于孤军苦战。林文昕被敌人一枪击中，当场牺牲；刘元栋、林尹发等5人也相继中弹。黄兴右手受伤，断了两指，便以断指继续射击。随后，黄兴将所部分为三路：川、闽及南洋党人攻督练公所；徐维扬率花县党人40人攻小北门；黄兴自率方声洞、朱执信等出南大门，接应防营。

攻督练公所一路途中遇上防勇，绕路攻龙王庙。喻培伦奋勇当先，投掷炸弹。战至半夜，终因寡不敌众，全身多处受伤，率众退至高阳里盟源米店，以米袋为垒向敌射击。力战数小时后被迫突围，喻培伦被俘遇害。往小北门的一路也很快遭遇清军，经过一夜激战，徐维扬率部突围，被敌逮捕。黄兴所率一部行至双门底后，与温带雄所率计划进攻水师行营的巡防营相遇。温部为入城方便，没有缠戴白巾，双方发生误会交火；战至最后，只剩黄兴一人，才避入一家小店改装出城。4月28日，赵声来见，二人相抱痛哭。次日，黄兴在女革命党人徐宗汉护送下易服化装，返港治疗。

起义失败后，清吏大肆搜捕革命党人。被捕革命党人林觉民、陈可钧、李雁南、喻培伦、陈更新等29人英勇就义，后由善堂收殓死者遗体，共有72位烈士——这便是后来广为传颂的“黄花岗七十二烈士”，但实际上，后来经过深入调查，又发现了14位殉难者，一共有86位烈士为革命献出了生命。同盟会党员、《平民报》主编潘达微挺身而出，为烈士寻找一处葬地安息，最后将72位烈士的遗体合葬于广州东郊红花岗，并把红花岗改名为黄花岗，这次起义因而也被称为“黄花岗起义”。为纪念此次起义，3月29日后来被中华民国政府定为青年节。

1911年4月28日晚6时，孙中山与致公堂大佬朱卓文由温哥华抵达芝加哥车站。西方报纸纷纷登载这次起义的消息，孙中山立刻发电给香港的胡汉民：“闻事败，同志如何？善后如何？”

当时，孙中山每天都应邀到各处演说，忙碌不堪。香港方面却一直没有复电，一周之间孙中山连发三封电报给胡汉民，但均无消息，孙中山一直心情沉重。一次原定3个小时的演讲，一直非常不安的孙中山只演讲了一个小时便难以为继，以至于早就耳闻“孙先生演讲口若悬河”的一些听众都怀疑是假冒者来代替他演讲。

直到5月3日晚上，孙中山终于收到了胡汉民的回电。得知黄兴等人安然无恙的消息，孙中山才心情舒展。

黄花岗之役，革命党受创之重，也是自革命以来最严重的一次。革命党人的精英——先锋队员们大部分壮烈牺牲，还有一些人在被捕

▼ 黄花岗七十二烈士墓

后遇害。孙中山用饱含激情的口吻，赞扬了民国创建前最后一刻付出生命的烈士们：

是役也，碧血横飞，浩气四塞，草木为之含悲，风云因而变色。全国久蛰之人心，乃大兴奋。怨愤所积，如怒涛排壑，不可遏抑，不半载而武昌之大革命以成。则斯役之价值，直可惊天地、泣鬼神，与武昌革命之役并寿。

“首义第一枪”

回顾历史，我们发现，清政府丧失了一次又一次历史机遇，最终敲响了自己灭亡的丧钟。在1898年“戊戌维新”时清政府尚有一定的变革主动权，但是它却拒绝变革，丧失了一次难得的机会。只有在经历了两年后的“庚子巨变”这种大流血后，它才在内外交困的情况下不得已而为之地开始“新政”。1901年1月29日，慈禧在逃亡途中

▲ 1902年，袁世凯、马玉昆及其部下护送慈禧太后、光绪皇帝回宫

以光绪的名义颁下谕旨，表示愿意“变法”，可是仍强调“不易者三纲五常”。不过为时已晚，形势已经剧变，尤其是经历了庚子流血的巨变后，清廷统治的合法性已开始遭到普遍怀疑。

1906年，内外压力之下的清政府宣布进入预备立宪阶段时，国内一片欢腾。可是清政府并不珍视此时对它来说极为珍贵的民情、民意。在1908年的《宪法大纲》中，它仍然强调“君上神圣尊严，不可侵犯”。对此，激进的革命派和温和的立宪派都极表反对。从1907年起，立宪派就发起和平请愿，要求“开国会”，其中地方士绅和商界首领对“开国会”的要求更甚。从1910年1月起到11月止，在不到一年的时间里，以地方士绅为主的立宪派发动了四次大规模的国会请愿运动，声势浩大，遍及全国。而清政府却拒开国会，拒不立宪，反而采取越来越激烈的手段镇压立宪运动。

1911年5月8日，清廷出台了一个“皇族内阁”。这个内阁由13人组成，其中9名为满人，汉人只有4名；而这9名满人中竟有7名为皇族成员，因此人们将此称为“皇族内阁”；不久，清政府又宣布将原本股份制的民营铁路收归国有。为了保卫自己的产权，以绅商为主的几省股民发起“保路运动”。四川保路运动风潮相对最激烈，最后成为辛亥革命的导火索。9月初，清政府逮捕了领导保路运动的绅商领袖，还在成都开枪打死了30余名手无寸铁的和平请愿者。清王朝仍在支撑着摇摇欲坠的政权，像一只千疮百孔的破船，随时可能被革命的怒涛吞没。果然，1911年10月10日，埋葬清朝统治的武昌起义爆发了。

▲ 陈其美

1911年7月31日，宋教仁、陈其美等人在上海成立同盟会中部总会，任命居正主持成立湖北分会。这时的武汉，革命思想已深入人心，军界和知识分子中倾向革命、加入革命党的人越来越多；而且革命党得到了共进会领导人刘公的5000元捐款，解决了经费问题。于是革命党决定在武汉举行起义，推居正等到上海，与宋教仁等商量购买军火，并请黄兴、谭人凤来湖北领导革命起义。

1911年1月30日，湖北新军中革命党人蒋翊武、刘复基等成立文学社，继续以新军为主要对象发展革命力量。1907年在东京成立的共进会，领导人于1908年相继回国，准备按计划在各省策动起义，其中以湖北共进会成效最为显著。与以往的革命组织相比，这些组织的战斗队伍成员都集中在国内，能在适当的时间和地点灵活地行动。

广州起义失败后，从日本回国投身革命的孙武，与其他人商量，决心在湖北再次发动起义。5月3日，孙武提议，由两湖首义，号召各省响应。孙武说："我们先是被动的，今日我们要做主动了。"会议决定，如湖北首先发动起义，则湖南即日响应，反之亦然。此时，共进会已有新军会员约一千五六百人。其中工程营和炮八标，会员约占士兵半数以上。

湖北有新军一镇、一协，约15000人，文化水平较高，训练有素，装备精良，是当时北洋六镇以外的第二大武装力量。经过革命党人长期、深入、细致的工作，加入革命组织的已近1/3，此外，还有大量的革命同情者，因此，这支队伍实际上已发生质变，成了一支革命党人可以掌握和控制的队伍。加之武汉居于中国腹心，近代工商业和新式教育都比较发达，既是经济中心又是交通枢纽，还是清廷的军事工业重地，起义一经成功，会立即造成巨大影响。因此，在武昌首义，是一个正确的决策。后来的事实证明，这个决策对近代中国历史发展起了无法估量的重要作用。

9月初，端方指调湖北新军到四川镇压保路运动。9月14日，共进会、文学社代表集会都认为时机已到，提议取消两个团体的名义，合作革命。会议决定派人赴上海邀请黄兴和同盟会中部总会的宋教仁、谭人凤前来主事。9月24日，文学社和共进会一致决议定于10月6日（农历八月十五）举行起义，推举蒋翊武为革命军临时司令，孙武为

▲ 1911年，革命军在汉口

参谋总长，还确定了起义时的发动计划。不幸的是，6日起义的决定走漏了风声，甚至被公开登在汉口的报纸上。这一天，南湖炮队士兵与军官之间发生冲突，有人建议当晚立即起义，一时满城风雨。瑞澂为此加强了戒备，下令中秋戒严，士兵不得外出。起义总指挥部不得已，决定将起义推迟到10月11日举行。

10月9日上午，孙武与邓玉麟在汉口俄租界宝善里14号机关配制炸药，11号则是共进会领导人刘公的寓所。下午3时，刘公的弟弟刘同来到14号，不巧烟灰落下的火星引起爆炸，将孙武烧伤。俄国领事带领警察，将刘公夫人和刘同等逮捕，搜出有中华民国军政府鄂省大都督之印、告示、革命党人名册等物，俄方随后将这些资料移交清政府。当时湖北布政司陈树屏建议销毁名册以安众心，而督府师爷张梅生力劝瑞澂按名捕之。瑞澂听了张的意见，立即闭城调兵，搜捕革命党人。

当天早晨，蒋翊武由岳州回到武汉，正与同志们讨论起义之事时，忽然得知孙武出事的消息。当时风声更紧，湖广总督瑞澂下令武汉戒严，街上布满了军警，清兵正在按搜到的名册在各营中抓捕革命党人。下午5时，蒋翊武同意提前发难，然后以“临时总司令”名义起草了一份命令，约定当晚12时起义，以南湖炮队的鸣炮声为号，城内外同时动作。

但是很快就接连发生意外事件：杨宏胜运送炸弹被军警查获；到了晚上12时，蒋翊武等人仍在机关二楼等候起义，楼下开着留声机以作掩护；大队军警忽然来到这里，开始“砰砰”地砸门。刘复基开门后，从楼口扔下一枚炸弹，不料误炸了楼梯，弹片反射又伤及自己，刘负伤后被捕。蒋翊武、彭楚藩等想从邻舍屋顶出逃不成，也被捕。但在押送途中，蒋翊武与另位两位同志相继成功出逃。当天晚上，彭楚藩、刘复基与杨洪胜三位革命党人便被湖北都督瑞澂处决于督署门外。负责传达命令的邓玉麟无法出城，没有及时将起义命令送到南湖。这样，10月9日的起义计划就无法进行。

天亮以后，形势更加危急。因为新军炮兵与工程等营加入革命的士兵名册被查获，清兵开始在各营中搜捕革命党人。瑞澂处决了刘复基等，又捕获了30多位革命党人，还兴高采烈地向清廷报功“定乱于俄顷”。他没有想到，起义领导机关虽然被破获，但散处于各标营的革命党人正在自动计议，决定按照原布置行动，革命之火很快就会熊熊燃烧起来。

消息传到工程八营，革命党在该营的总代表熊秉坤深感形势严峻，若不当机立断，起义就会夭折。于是熊秉坤便利用早餐机会集中各队（连）党员代表秘密商量，熊说：“今日反亦死，不反亦死，大丈夫能惊天动地，虽死犹烈！”这席话获得在场代表的一致赞成。当时大家决定晚间第一次点名后起义，以三声枪响为号，先杀掉抵抗的反动长官，再攻占楚望台军械库。

因为枪弹已被没收，吕功超回家取来他哥哥存的两盒子弹，于郁文等人从其排长处偷来了两盒子弹，这就是起义的全部枪弹。其他营的新军也决定不计成败在当天晚上起义。但早有防备的清政府却下令湖北全军停止晚操，使熊秉坤原来的计划无法实施。

晚上8时多，二排长陶启胜得到起义情报后，带人闯进一排来侦查，正好看见程定国、金兆龙等人正在换枪装子弹，大声呵斥：“想造反吗？”金兆龙也回答：“造反怎么样？”陶启胜想先发制人，猛扑过

来，抓住金兆龙双手，金兆龙大声喊：“同志们再不动手，等到什么时候？”程定国举起枪托猛击陶，陶启胜向外逃跑时，被程定国举枪射中腰部。武昌起义的第一枪就这样打响了。

1914年，孙中山在东京指着熊秉坤向同志们介绍说：“这就是武昌起义放第一枪的熊秉坤同志啊！”后在《孙文学说》中，又称“熊秉坤首先开枪发难”。但如果仔细考察历史事实的话，这种说法并不准确。

10月10日夜，武昌城火光闪闪、炮声隆隆，喊杀声和欢呼声混成一片。当程定国打了具有历史性的一枪后，“全营轰动”，枪声此起彼伏。熊秉坤带着队伍来到楼门，将反抗的工程营代理管带阮某等3人打死，然后鸣笛集合。起义士兵起来响应，夺取了武器弹药。熊秉坤率队出营，这时城北也火光连天，原来是二十一混成协辎重工程营李选皋也发动了起义，两队都向楚望台军械所方向奔去。

楚望台设有军械库，里面藏有从德国、日本购买和汉阳兵工厂制造的大量军火，一向由工程八营派兵守卫。那里的革命党人早已做好了起义准备，听到工程八营营房枪响，他们赶跑了这里的反动军官，迅速占领了军械库，与赶来的熊秉坤等会合。接着许多邻近兵营的革命党人也率部奔赴楚望台，楚望台顿时成为起义部队的大本营。

为了加强指挥，起义军公推工程八营队官（连长）吴兆麟为临时总指挥，熊秉坤为副总指挥。

29标营址距工程营最近，士兵们高喊“打旗人”，在排长蔡济民率领下冲出营门。30标接着发动起义。31标、41标驻守左旗营房，是黎元洪的协司令部所在地。为了阻挠起义，黎元洪杀死前来送信的外营士兵，又手刃准备响应的士兵邹玉溪，但在听到蛇山炮声后潜逃。士兵们纷纷行动，响应起义。炮队八标位处南湖，蔡汉卿听到城内枪声后赤膊跃起，踢翻队官，士兵们拖炮实弹，向城内进发。与此同时，工程八营派金兆龙等出城迎接炮队，抵达中和门时，发现城门紧闭。金兆龙情急之下，扭断铁锁，顺利出城，与炮队会合。熊秉坤等兵分3路进攻湖广总署。

进攻湖广总署的3路起义军，战斗十分艰苦，进展缓慢，曾一度受挫。10月10日夜晚，雨雾茫茫，一片漆黑，炮弹的命中率低，而总署衙门墙高厚垒，当时又有最先进的机关枪组成的强大火力网，同时总督瑞澂和第八镇镇统（师长）张彪把5000名清军布防在通向湖广总署的各条要道，使3路起义军沿途受阻。为了扭转被动局面，吴兆麟、熊秉坤一面组织各路义军发起猛攻，一面决定火攻助威。在进攻总署衙门时，不少附近的居民自愿参加了这场具有历史意义的战斗。他们熟悉地形，又乐于献出自己的住房，同义军一起纵火。火光冲天，照得总署衙门一片通明，连门前的旗杆都清晰可见，为炮队指明了炮击目标。

怒吼的大炮，击中了总署签押房，使负隅顽抗的清军胆战心寒。瑞澂闻风后十分恐慌，命令手下将督署后的围墙打穿，带领卫兵由吴家巷潜逃，出文昌门，仓皇登上“楚豫”舰。

熊秉坤率领的第三路义军在总署衙门正面遭到清军困兽般的顽抗，战斗十分激烈。为了尽早消灭敌人，熊秉坤挑选了40名精悍的

▲ 1911年10月10日武昌起义后，上海南京路上挂满了当时的民国国旗

士兵组成敢死队，他们冒着枪林弹雨奋勇杀敌。革命勇士王世龙手提煤油、木柴冒死跃上钟鼓楼放火，不幸壮烈牺牲，然而钟鼓楼已火势大作。在大炮的掩护下，起义军冲进总署东辕门（今武昌造船厂东大门）。守在总署大门前的清军，凭借武器的优势，用机枪向起义军疯狂扫射，作最后的挣扎。

这时，工程营士兵纪鸿钧手提一桶煤油，冒着密集的弹雨，跃上总署耳房破桶纵火成功，自己却在战斗中英勇献身。熊熊烈焰蔓延到总署大堂，起义军乘势猛攻，歼敌无数。

辛亥“首义”经过一夜的鏖战，革命军终于攻克了清政府在湖广的最高统治机关——湖广总署，占领了武昌城。11日清晨，革命军的旗帜高高飘扬在天空，一群群起义官兵兴高采烈地相互祝贺，相互拥抱。起义成功了！到了10月11日下午，武昌完全光复，大小官吏都逃走了。12日汉口光复，13日汉阳光复。各军和学生们组队在街头宣传革命宗旨。革命军得到了大约4000万元的清军库存，经济充裕，局势趋于稳定。

武昌起义以后快速发展的革命形势远远出乎孙中山和中国同盟会

▲ 被革命军攻克的武昌湖广总署旧照

总会的意料。几个星期内，以咨议局和新军为基础的各省政府纷纷宣布从清王朝中独立出来。武昌首义后不到两个月，全国24省中，便有14省举起了义旗，宣告独立，使得清王朝迅速陷入土崩瓦解的境地。这一年是中国阴历辛亥年，这次波澜壮阔的革命运动，由是称之为“辛亥革命”。

▲ 武昌起义爆发后，清吏狼狈登车出逃

革命中心之外的孙中山

当武昌起义的第一枪响起时，孙中山正在前往美国科罗拉多州丹佛市的旅途中。十多天前，他在旅途中接到黄兴从香港打来的电报。可是密电码本随着行李先运送到了丹佛市，孙中山一时无法译出。直到1911年10月11日晚到了丹佛市，从行李中捡出密电码本，他才知道：“居正从武昌到港，报告新军必动，请速汇款应急。”

此刻，孙中山无法筹得款项。他本想马上拟电回复，建议黄兴他们暂时不要采取行动。可是当时已是深夜，加之多日奔波，筹款演说，思想烦乱，一时拿不定主意，只得上床睡觉，打算明晨精神清爽时候好好思虑一番，再去复电。

旅途疲乏，使得孙中山一觉醒来，已是10月12日上午11时多。在去饭堂用餐的路上，经过走廊报摊，他顺便购买一份报纸携入餐厅。他坐下一看，一段电讯赫然写道："武昌为革命党占领。"

开始，孙中山简直不敢相信自己的眼睛，待他再看两遍，便紧紧抓住那张报纸。惊喜交集的心情可以想见。孙中山匆匆吃过早餐，立刻回到旅馆。一个重要的问题，需要他马上回答：是马上回国直接指挥战斗，还是先在欧美进行外交活动?

经过一番思考，孙中山决定暂时还是留在国外，走访美、英、法三国政府，争取国际对新政权的支持。他认为，在这关键时刻，外交活动是"可以举足轻重为我成败存亡所系者"，于革命成功更有裨益。他决定先从外交方面做出努力，解决革命党与西欧各国的关系，然后再回国。

孙中山活动的第一个重点是美国政府。在赴纽约途中路过圣路易斯，看到报上载有"武昌革命军为奉孙逸仙命令而起者，拟建共和国体，其首任总统当属之孙逸仙"的文字，孙中山意识到中国革命已为世界所关注。为了避免不必要的麻烦，他在途中格外谨慎，避免会见一切报馆访员。可是，他到了芝加哥，又满怀激情地为中国同盟会芝加哥分会代拟了召开预祝中华民国成立大会的布告：

> 武昌已于本月19日（农历）光复，义声所播，国人莫不额手相庆，而虏运行将告终。本会谨择于24日开预祝中华民国成立大会，仰各界侨胞届期踊跃齐临庆祝，以壮声威，有厚望焉！

此大会后，有十多家西方报纸想采访孙中山，但都被他拒绝。尽管如此，"孙逸仙"这个名字已经频频成为这段时间外电报道的重点对象。其中英国《每日电讯报》的一篇文章是这样写的：

孙逸仙博士的信徒设在纽约的总部，昨天晚上挤满了人。据称，几乎每一个出席者都会讲流利的英语。墙上悬挂着孙逸仙博士的巨幅油画肖像，还有其他穿着革命军军装的士兵和海员像。大家都在谈论革命。

10月20日，孙中山自华盛顿抵达纽约。在纽约，他对华侨演讲共和政治、向美国朝野人士介绍中国革命宗旨，希望博得他们的同情。同时，他确定今后革命计划，拟由黄兴领导湖北革命军对清作战，由胡汉民、朱执信诸人相机争取广东反正，并致电两广总督张鸣岐，敦促他率领所部归降。

可是美国政府的态度多少令孙中山有些失望——美国国务卿诺克斯（Philander Chase Knox）拒绝其提出的秘密会见的请求。孙中山又致电宫崎寅藏，探询以公开身份访日的可能，意在要求日本政府借此显示对中国革命的同情，但日本政府只同意孙中山改名登陆。不久，他又转道欧洲。

11月2日，当黄兴在湖北军政府紧急会议上被推举为中华民国军政府战时总司令时，孙中山正乘坐在从纽约开往伦敦的轮船上，英国是孙中山为新政权展开外交攻势的第二个国家。孙中山先会见了对中国情况非常熟悉的美国军事专家荷马里，在荷马里的帮助下，孙中山得到了维加炮厂道森爵士的支持。道森以为孙中山不久将是“中华合众国总统”，想从孙中山那里得到武器弹药的订单。11月14日，道森拜访英国外交大臣格雷，递交了孙中山的声明，还有一份由孙中山和荷马里联名签署的备忘录，声明孙中山的党愿意“与大不列颠及美国建立盎格鲁撒克逊同盟”。孙中山向英国政府提出“止绝清廷一切借款；制止日本援助清廷；取消各处英属政府的放逐令”，除此之外还表达了强烈希望取得英国对中国革命的“友谊和支持”，向其借款100万英镑，并允诺革命胜利以后，“给英美在华若

干优先权利”。

孙中山提出的要求遭到英国外交大臣格雷的否定，并在英外交部传为笑柄，称孙中山为“理论性的与喜说大言的政治家”。而格雷仍做绅士状地表示“英国将保持中立”。虽然英国外交大臣此时并不看好这位来自遥远东方的革命者，但他并不知道，就在他冷冷拒绝孙中山的同时，在中国国内，江苏都督程德全已致电各省都督，希望孙中山回国组织临时政府。电文里说：

大局粗定，军政、民政亟须统一，拟联合东南各军政府公电恳请孙中山先生迅速回国组织临时政府，以一事权。中山先生为首创革命之人，中外人民皆深信仰，组织临时政府，舍伊莫属。我公力顾大局，想亦无不赞成，即祈速复。

两天后，孙中山在致民国军政府电中，第一次公开表达了对民国总统人选的态度：“今闻已有上海议会之组织，欣慰。总统自当推定黎君。闻黎有请推袁之说，合宜亦善……”

后来很多学者认为，孙中山缺乏牢固掌握政权的意识，当初不该发这种同意黎或袁担任总统的电报。孙中山在电文后面也表示，不管选谁，“但求早固国基”，这正反映出孙中山超出一般政客的气魄和胸怀，这个思想也与他后来的“让位”举动一脉相承。

此后，孙中山对自己未来的政治出路，曾一再表态。据1911年11月23日路透社披露的孙中山与康德黎的谈话记载，孙中山称自己的志向“不急在做中国之总理大臣”，只要做这个官“有益于中国，亦所不辞”。在一次讲话中，孙中山还说：“不论我将成为全中国名义上的元首，还是与别人或那个袁世凯合作，对我都无关紧要。我已做了我的工作，启蒙和进步的浪潮业已成为不可阻挡的。”

11月20日，当袁世凯在北京组成责任内阁时，孙中山又开始了他的法国之行。而他在法国受到的礼遇，较之于在英、美好得多。法国人对中国革命都表示同情，包括已卸任的法国总理克里孟梭。法国外交部部长毕恭得知孙中山希望与他见面时说：

> 我哪里有不见孙逸仙的道理？中国正处在今天这个状况，无论什么事情都可能突然发生。孙逸仙的计划你怀疑有些空想吗？其实这并不重要，主要的是，他已经有了一个政党，而这个政党是完全可以推翻清政府的！

但是，孙中山同样未能从法国那里得到借款。法国东方汇理银行总裁西蒙虽然宴请了孙中山，却直接而坦率地拒绝了孙中山的借款请求，理由是四国银行已达成一致协议，法国必须“严格地遵守中立”。考虑到其他国家情形与此差异不会太大，孙中山决定立即归国，不再滞留。

四天之后，孙中山告别欢送他的留学生，由法国马赛乘“丹佛”号轮船归国。他的故乡此刻正以如火如荼的革命形势，欢迎这位中国革命的精神领袖归来。

矛盾四起的革命队伍

孙中山从法国乘英轮，途经槟榔屿、新加坡返回祖国。一路上他的行踪一直被严格保密。

武昌起义成功，各地纷纷响应，清廷极度惊慌。10月12日，清廷宣布革去瑞澂职务，命他暂署湖广总督，戴罪立功。同时命第四镇统制王遇甲率二、四两镇各一部星夜驰援，命陆军大臣荫昌赶赴湖北指挥，命海军提督萨镇冰率领海军和长江水师开赴湖北江面。

百般无奈之中，清廷又想起了袁世凯。

1909年1月2日，清廷以“足疾”为由，突然对他们又恨又怕的重臣袁世凯下了免职诏书。袁世凯被免官的第二天，即匆匆离开杀机四伏的紫禁城，直接来到火车站，登上开往天津的列车，最后退隐到了河南安阳的豪华庄园养寿园里韬光养晦。袁世凯虽然暂别政治舞台，但他的死党实际上已牢牢控制着清廷大部分的重要职位：徐世昌担任东三省总督与军机大臣；段祺瑞担任陆军第六镇统制，江北提督；冯国璋为军令部正使，新军统制；唐绍仪为奉天巡抚；杨士琦为邮传部大臣。每天，他在养寿园的电报房都会收到来自全国各地机关的电文，朝野上下元老政要的造访更是络绎不绝，袁世凯只是在等待一个让自己东山再起的机会。

▲ 袁世凯戎装照

1911年10月11日，正是袁世凯53岁生日。他的下属齐聚“养寿园”为他祝寿。此时，有人送来了武昌“有乱事”的急电，宴会于是顺理成章地变成了一场如何操控时局的议事会。众人皆认为，袁世凯本人肯定会被朝廷即刻委以重任。果然，仅两天后，便传来清廷重新启用袁世凯、任命其为湖广总督的消息。但狡猾的袁世凯却以“足疾”为由，托词不出。

▲ 徐世昌

▲ 冯国璋

奕劻因与李鸿章办理义和团善后谈判，而成为当时清廷最具权力的重臣。此时，他派徐世昌赴河南老家动员袁世凯，袁世凯答应下来，但提出明年召开国会、组织责任内阁、宽容事变党人、解除党禁、给予指挥军队全权，供给军费等多项条件。

对于袁世凯的要求，清廷已无力讨价还价，在27日连发四道上谕，任命其为钦差大臣，保证他全权处理此次湖北军务；又拨出100万两白银作为军费给袁世凯，并任命冯国璋为第一军军统、段祺瑞为第二军军统。这样，袁世凯才答应出山，进驻湖北孝感督战。

袁世凯进驻孝感后，即命清军于10月27日发动进攻。湖北前线的新任第一军军长冯国璋下达总攻击令，当时，革命军已退入汉口市区，无人指挥。清军在人数、武器上都占优势，边进攻、边纵火。11月1日，汉口失陷，大火一直延烧到11月14日，市区五分之一被毁。11月2日，迫使革命军退出汉口。

袁世凯上台后，趁此机会开出了8项条件，要求军事全权，足兵足饷。他一面与北洋旧部暗通消息，一面以“足疾未愈”为借口，拖延行动。袁世凯向前来请示的冯国璋面授机宜“慢慢走，等着瞧”。他

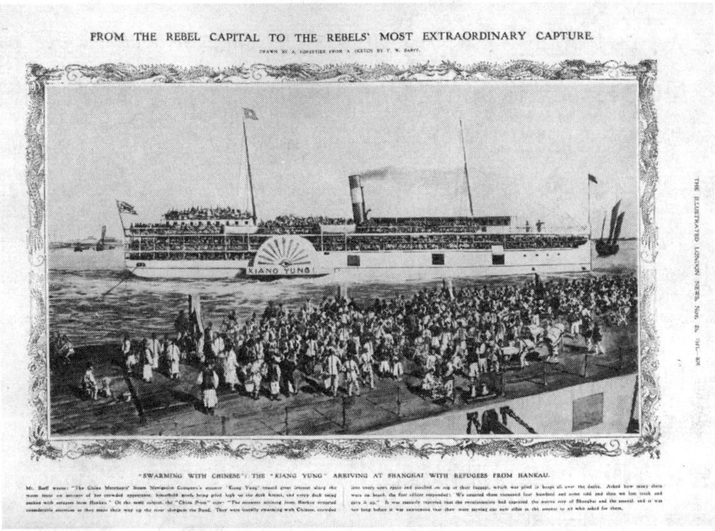

▲ 1911年10月27日，冯国璋率清军进入汉口与革命军巷战，继而放火烧毁大片汉口城区。图为“江永号”抵达上海码头，船上、岸上满是从汉口逃亡来的难民

不出山，北洋军在前线作战也就不力。摄政王载沣知道袁世凯是借机要挟，但也束手无策。无奈之下，他派徐世昌到河南再访袁世凯，恳请其尽快出山。袁世凯不失时机地提出：明年开国会，由自己组织责任内阁、解除党禁以及委以指挥、编制海陆军全权等六大要求。

11月13日，袁世凯入京。11月16日，内阁成立。这一内阁与“皇族内阁”的情况完全不同。十个国务大臣中，汉族九人，蒙古族一人，一时名流如严修、沈家本、张謇等纷纷入阁。在副大臣中，则有杨度、梁启超等人。不过，很多人不肯就职。不久，袁世凯设法逼迫清廷罢免军谘府大臣载涛和毓朗。接着，逼迫载沣退出政坛，逐渐掌握清廷的军政大权。

遗憾的是，另一方面，革命队伍内部又出现了矛盾。

武昌起义的第二天上午，革命党人在阅马场谘议局集会，讨论都督人选，一致认为只有德高望重、有全国影响力的人才能胜任。有人推举湖北谘议局议长汤化龙。但汤化龙表示，“此时正是军事时代，兄弟非军人，不知用兵”；有人改推黎元洪。而杀死了两个起义士兵后躲到家里的黎元洪被送到谘议局后，得知自己被推为都督时，脸色惨白，大喊：“我不能胜任，休要害我！”革命党人李翊东气得举枪对黎元洪说：“再不答应，我就枪毙你！”

黎元洪被推举为都督后，不言不语，甚至不吃不喝，盘膝闭目，成了“泥菩萨”。直到10月13日，他得知武汉三镇全部克复，才改变态度，同意剪掉辫子。10月17日，黎元洪在阅马场登坛誓师，由谭人凤授旗授剑，黎元洪宣誓。湖北都督府成立后，迅速颁发一系列文件，稳定民心。同时决定募兵，扩军备战。

▲ 黎元洪

1911年11月7日，黎元洪通电各省起义独立的军政府，提出建立中央政权的问题，9日又通电各省派代表到武昌，筹商组建临时政府之事。这一天，湖北军政府公布由宋教仁起草的《鄂州约法》。《约法》一共7章60条，它规定人民一律平等，有言论、著作刊行、集会结社、营业，保有财产、身体、家宅等自由，有诉讼、陈请、陈诉、选举及被选举等权利；都督及议员均由人民选举产生；都督任期三年，连任以一次为限。议会可向政府提出条陈、质问、要求答辩或弹劾。这是中国历史上第一部地方共和法典，也是以后南京临时政府《临时约法》的蓝本。

11月11日，已经光复的江苏、浙江两省都督联名致电上海都督陈其美，提议将代表大会放在上海召开。13日，陈其美向各省发出邀请，建议仿照美国革命时建立“13州会议总机关”的办法，在上海建立“临时会议总机关”。山东、湖南等七地代表很快到达上海。

这样，就出现了武昌、上海两处都在筹备成立中央政权的情况。

▲ 辛亥革命期间，进入汉口的清军侦察骑兵

实际上双方都在争夺筹备中央政府的主动权，一时相持不下。最后，上海同意去武昌开会，但仍坚持各省留一人在沪。

11月27日，清军攻陷汉口、汉阳，大炮架上龟山，湘鄂革命军退守武昌后，形势十分危急。军政府召集紧急会议商讨对策。黄兴主张放弃武昌，率领所有精锐部队及军需供给，乘兵舰向东到南京建立根据地，然后再图收复。但他的意见遭到孙武等人的坚决反对，他们认为武昌是革命最先起义的地方，有精神象征之意义，一举一动关系着全局；如果不战自退，那么各省也会动摇。孙武认为，凭借长江天堑，敌方很难轻易渡江。参加会议的人一致赞成困守武昌，虽然大家仍推举黄兴做总司令，但意见不被采纳的黄兴乘船去了上海。

12月1日，都督府中弹起火，黎元洪出逃武昌下游的葛店；而12月2日，江浙联军攻占了南京，此举也使上海江浙的声势大涨。而汉口、汉阳的失守，则大大削弱了武汉革命中心的地位。留在上海的各省代表本来就对黎元洪在武汉筹组中央政府心存不满，所以在攻克南京后，12月4日，他们就以形势吃紧、急需组织中央政府为名，召集在上海的代表开会。会上选举黄兴为“暂定大元帅”，黎元洪为“暂定副元帅”。第二天又决议，由大元帅组织中华民国临时政府。但是黄兴坚辞不受，认为组织政府“非我所能担任者也”，最后只勉强答应作为权宜之计。他致电汪精卫称：“待项城（袁世凯）举事后即行辞职，便请项城充中华民国大统领，组织完全政府。”

上海此举并未同武汉协商，黎元洪在12月8日立即作出反应：通电各省都督，指责其“情节甚为支离”，要求设法取消，“以免混淆耳目”。12月13日，已宣布独立的14个省、39位代表先后到达南京，选出浙江代表汤尔和为议长，广东代表王宠惠为副议长；并议定12月16日选举临时大总统。

12月15日，本来就错综复杂的局势又有了变化——从湖北赶到的浙江代表陈毅转达黎元洪的意见，要求暂缓选举总统。因为此时黎元洪已与前清重臣袁世凯派到武汉的和谈代表唐绍仪有所接洽，黎元洪认为大总统一席应虚位以待。经过一番反复，各省代表重选黎元洪为大元帅，黄兴为副元帅，但黎元洪又不能来南京，因此由黄兴代行大元帅职位。

从以上所述可以看出，选举袁世凯为大总统的问题，这时已公开提到台面上来了。

武昌起义领导人当中的黎元洪、汤化龙其实早就与袁世凯有联系。袁世凯之前曾接连3次致信黎元洪，让其“和平了结，不独不咎既往，尚可定必重用，相助办理朝政”，而黎则“望袁如帝天”，一意主和，并致信袁世凯，希望他能倒戈让清帝逊位。11月7日，黎元洪接见清方信使称：“现在要说和，须将皇族另置一地与他居住，管他的吃穿，不准他管我们汉人的事情。”

这种想法应该也不仅仅只是黎元洪才有——1911年11月9日，黄兴在给袁世凯的信中，一面谴责袁部火烧汉口，又谓“人才原有高下之分，起义断无先后之别”，提醒他不忘被满洲贵族赶出朝廷的往事；并以拿破仑、华盛顿相期许，试图以总统职位换取袁世凯对革命的支持。11月11日，刘承恩、蔡廷干携袁世凯手书到武昌谈判，以实行君主立宪为条件要求两军停战，但遭到革命党人拒绝。11月12日，黎元洪复函袁世凯，一方面建议袁“当仁不让，见义勇为”，一方面则以“立宪”和“满清不能参预”为底线，表示政体问题可以讨论。11月13日，蔡廷干携带黎元洪复函回北京向袁世凯复命。

袁世凯进京后，向唐绍仪表示，总统一事，“我不能为，应让黄兴为之”，暗示政体可变。他指使杨度、汪精卫等组织国事共济会，倡言南北议和；同时支持唐绍仪会见庆亲王，提出召开国民会议讨论君主、民主问题。

在当时的革命党人当中，很多人都对袁世凯寄予期望。11月18日，在上海的各省代表与宋教仁等，都倾向于“以大总统饵袁世凯而推翻清室”。整个上海包括革命党人都笼罩在妥协、拥袁的舆论氛围中。当时已经形成这样一种心理：只要袁赞成共和，迫使清帝退位，就选他为大总统。当时的局面，正如《剑桥中国晚清史》所评述的那

▲ 1911年，汉口街头，守卫欧洲租界的德国士兵

样："从11月8日起开始，鉴于其在中国政局中的不可替代性，聚集武汉的革命党代表一个接一个地表示支持袁世凯，问题已经不在于他是否出任未来的大总统，而是是否能接受条件，上任后尊重共和制并迫使大清皇帝退位。"清廷、革命派争相博弈出价，袁世凯成了这场革命最大的赢家。

革命党人方面，由于原来同盟会内部存在的分歧和分裂，始终未能得到整合的机会，加之组织纪律松弛、涣散，亦很难提出主导局面的统一意见。当武装推翻清政府的短期目标实现后，内部的分裂与不和便再一次爆发出来。

而孙中山就在这个时刻回来了，等待他的将会是一种什么样的局面呢?

就任临时大总统

1911年12月21日，孙中山抵达香港，胡汉民、廖仲恺乘兵舰到香港迎接。根据当前形势，胡汉民认为袁世凯居心叵测，首鼠两端，建议孙中山留在广东练兵，徐图大计；但孙中山认为，沪宁在前方，自己不可不身当其冲。如不亲到当地，一切对内、对外大计，无人主持。他说："今日中国如能以和平收革命之功，此亦足开世界未有之例，何必言兵。"他表示：袁世凯虽不可信，但利用他推翻清廷，"胜于用兵十万"。胡汉民被说服，命陈炯明代理广东都督职务，与宫崎寅藏、池亨吉、荷马里等人一起陪同孙中山北上。

12月25日清晨，虽然下着蒙蒙细雨，但上海十六铺金利源码头上，布满了沪军都督府的卫队和军警，挤满了各国领事、中外记者和各机关团体的代表。马路边，码头上到处飘扬着各式各样的旗帜。黄兴、宋教仁和沪军都督陈其美走上船。他们背后，站立着成千上万的欢迎人群。

▲ 1911年12月，孙中山在上海留影

上午9时3刻，当穿着一套黑色西装的孙中山出现在海轮船舷旁时，欢迎的人群又一次轰动起来。孙中山也高举着帽子，向久违的祖国人民致意。上海同盟会的同志们还为孙中山鸣放礼炮21响，以表示对他的敬意。这也是孙中山经过15年的国外流亡生活之后，第一次公开回到故土。黄兴、陈其美簇拥着孙中山，在欢呼声中登上码头。当时谣传他带回华侨所捐巨款，新闻记者们也就此相问，孙中山回答：“余一钱不名也，所带者，革命之精神耳！革命之目的不达，无和义之可言也。”历史学家唐德刚对此辛辣地评论：“中山的好口才虽能使听众大鼓其掌，然亦显示出，在这次联合推墙的众人之中，他除了声望之外，并无特殊政治实力。”

12月26日，黄兴、陈其美等出面，邀请在上海的同盟会会员在爱丽园宴请孙中山。当晚，孙中山不顾旅途劳顿，立即召开同盟会最高干部会议，讨论组织临时政府问题。但是同盟会内部对政权组织形式产生了不同意见：宋教仁陈述总统制的多种弊端，主张采取内阁制，设总理；而孙中山则主张采取总统制，不设总理。会议争论很长时间也没有定论。最后张静江表态说："好！除了孙先生，没有第二人能说这样的话了。我们唯有遵照孙先生的意见行事。"黄兴也说："我赞成孙先生的意见。"

12月29日上午，南京17省代表会议正式选举中华民国临时大总统。选举前，浙江代表、大会主席汤尔和致辞，他说这次选举是"中国四千年来历史别开生面"，代表们对此均报以热烈掌声。

在孙中山、黄兴、黎元洪3个候选人中，孙中山得16票，黄兴得1票。孙中山以超过投票总数2/3的票数，众望所归，当选为中华民国第一任临时大总统。当选举结果公布时，"众呼中华共和国万岁三声，是时音乐大作，在场军学各界互相祝贺，喜悦之情，达于极点"。

对很多代表来说，直到选举前两天才是他们第一次见到传闻已久的孙中山本人。12月27日，孙中山接见各省代表，一位代表事后回忆说：当时感到惊异的是先生的语气真挚亢爽、直截了当，有当仁不让、舍我其谁之慨，一洗中国缙绅虚伪谦逊、矫揉造作之态，虽细微处，亦见伟大。可见，孙中山的个人魅力一举征服了这些革命者。

伟大的革命斗争造就了孙中山。这位中国近代史上最有威望、最有影响、最有经验的人物当选为中国第一任临时大总统，完全符合中国人民的意愿。代表会议立即作出决议：各省代表具签名书，交正、副议长到沪欢迎临时大总统来宁。

孙中山当选临时大总统的消息一经传出，全国人民和海外侨胞兴高采烈，一片欢腾。"自总统选举以来，南洋、澳、欧美各地贺电为日盈尺"。

12月31日，参议院决议1912年1月1日为中华民国元年正月一日，临时大总统孙中山来南京就职。孙中山赴南京就职前，唯恐铺张浪费，特别嘱咐沪军都督陈其美："我们革命党，全不采仪式，只一车足矣。"

1912年1月1日上午11时，孙中山乘沪宁铁路专用花车起行。到站欢送者有各团体代表及军队等数千人，专车在礼炮声响后徐徐启动。途经苏州、无锡、常州、镇江等站时，均有数千至上万群众列队致敬。鼓乐齐鸣，欢声雷动，“共和万岁”“总统万岁”的呼声响彻云霄。

下午5时，车抵南京下关，随后换乘专车入城。南京城内，到处张灯结彩，百姓填街塞巷，欢声雷动，热烈欢迎孙中山的莅临。临时大总统府设在南京城内旧两江总督衙门，即太平天国的天王府旧址。当晚10时，举行临时大总统受任典礼。孙中山宣读誓词如下：

> 倾覆满洲专制政府，巩固中华民国，图谋民生幸福，此国民之公意，文实遵之，以忠于国，为众服务。至专制政府

▼ 1913年2月1日，法国《插图画报》（即《巴黎竞赛画报》前身）上刊登的中华民国成立之初的参议院图片

既倒，国内无变乱，民国卓立于世界，为列邦公认，斯时文当解临时大总统之职。谨以此誓于国民。

宣誓之后，代表会将大总统印授给了孙中山。

这一年，孙中山不满46岁。

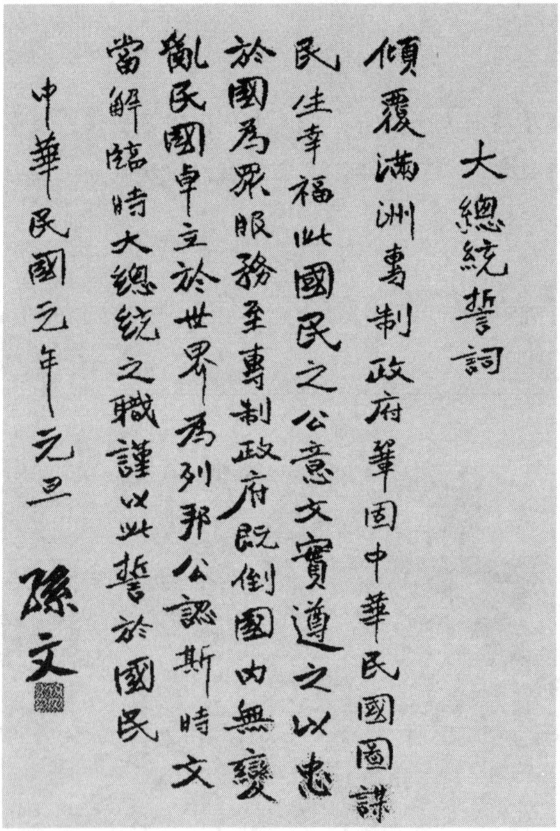

大總統誓詞

傾覆滿洲專制政府鞏固中華民國圖謀民生幸福此國民之公意文實遵之以忠於國為衆服務至專制政府既倒國內無變亂民國卓立於世界為列邦公認斯時文當解臨時大總統之職謹以此誓於國民

中華民國元年元旦

孫文

▲ 1912年1月1日，孙中山宣誓就职，随即发布《临时大总统宣言书》，定国号为“中华民国”，改用阳历。图为孙中山就职时宣读的“大总统誓词”

第十章

临时大总统的上任与让位

新政府的财政危机

所谓“百废待兴”，正是形容南京政府成立之初时最准确的一个词。对孙中山来说，这是他“革命”之后必须要面对的“建设”问题。

就在孙中山赴南京的前夕，据宫崎寅藏回忆，还有这么一件值得品味的事：黄昏，宫崎寅藏走进孙中山的寓所。孙中山部下的人，大都去了南京筹备成立临时政府的事。夕阳西下，平时闹闹嚷嚷的大院显得冷冷清清，人去楼空。

> “你能给我借上500万元吗？我明天要到南京就任大总统了但却身无分文。”
>
> “我又不是魔术师，一个晚上去哪里弄这么多钱。”
>
> “明天没有钱也关系不大。但你如果不保证在一周之内给我借到500万元，我当了总统也只好逃走。”

话刚说完，孙中山脸上不由得露出苦涩的笑容。

到达南京第二天，孙中山以临时总统身份召开各省代表会，通过了《临时政府组织大纲修正案》。民国政府设置陆军部、海军部、外交部、司法部、财政部、内务部、教育部、实业部、交通部共9个部，并将“部长”改称“总长”。

根据组织大纲，各部总长由总统提名，但必须要经过各省代表大会同意。因此，各部总长人选的安排，实际上是一次权力再分配。省与省之间、代表与代表之间，旧官僚、政客、社会闻人都暗中较足了劲，准备一争高低。黄兴与孙中山商量，在人员安排上，贯彻“部长取其名，次长取其实”的原则。

1912年1月3日，代表大会正式表决、通过了新政府。名单如下：

临时大总统：孙中山

临时副总统：黎元洪

总统府秘书长：胡汉民

陆军总长：黄　兴　　次长：蒋作宾

海军总长：黄钟瑛　　次长：汤芗铭

外交总长：王宠惠　　次长：魏宸组

司法总长：伍廷芳　　次长：吕志伊

财政总长：陈锦涛　　次长：王鸿猷

内务总长：程德全　　次长：居　正

教育总长：蔡元培　　次长：景耀月

实业总长：张　謇　　次长：马君武

交通总长：汤寿潜　　次长：于右任

至此，以孙中山为首的中国第一个以选举产生的民主共和国政府宣告成立。9位总长中，只有黄兴、王宠惠和蔡元培是同盟会成员，其余皆为清末官僚。这个成分复杂的政府组成名单，为日后埋下了诸多动荡不安的种子。

为了保障刚刚诞生的民主体制能够健康运作，孙中山建议成立临时参议院，参议院组成人员也由各省选派。1月28日，临时参议院召开正式大会。次日，选举林森为正议长，陈陶怡为副议长。不久，制定国会组织法大纲，其要旨为：（一）采取两院制，即定为元老院、代

▲ 孙中山就任临时大总统以后，1912年1月3日正式宣布各部总长名单，并举行第一次内阁会议

议院；（二）元老院取地方代表主义，各地人数均等；（三）代议员取人口比例主义；（四）两院同时开会、闭会；（五）国会期限以四个月为限，但得延长；（六）代议院议员任期四年，元老院议员任期每两年改选三分之一；（七）国会之职权依约法。可以看出，它显然在模仿美国的两院制。

虽然同盟会成员占了参议员代表的多数，但意见分歧严重。在兴中会和同盟会时代就确认用陆皓东设计的青天白日旗作革命军旗和国旗，但参议院在讨论后决定：以南京光复时用的五色旗作国旗，五色代表汉、满、蒙古、回、藏五族共和之意；以武昌起义用的铁血十八星旗为陆军旗；以青天白日满地红旗为海军旗。这实际上是一个迁就各方的主张。

南京临时政府建立后，碰到的最迫切、最严重也是最棘手的问题，就是财政问题。当时，国内有可能筹得现款的渠道如关税、盐税、厘金、田赋等，有的已被帝国主义控制，有的则一时无法征缴。而各地战事不断，军费耗用惊人。内无存储，外无支援，又无法贷款。这也是孙中山与革命党人放弃临时政府关键的财政、实业、内务、交通等诸总长位置的原因。他们期望借助于立宪派的声望、实力和经验来为新政府缓解财政困难，但立宪党人对此并不积极。

政府的运转要靠资金维持。孙中山不得不考虑采取一切可能的非常措施，以缓解财政紧急状态。

1月8日，孙中山批准发行中华民国军需公债，发行定额为1亿元。但临时政府根基未固，很难获取民间信任，民间应募者寥寥无几；面向海外华侨所发售的公债应购者亦不踊跃，柏文蔚所领的公债券，派人到南洋劝募，最终竟如数带回，这笔公债只售出700多万。

当时在南京留守管辖之下的军人总共有30万人之众。一旦无饷可发的话，随时有士兵扰民之事发生。为了解燃眉之急，1月31日，孙中山下令财政部发行总额100万元的南京军用钞票，“以维持市面”，规定3个月后，准持票到中国银行兑换银元。士兵领到军用票后，纷纷向

▲ 孙中山在临时大总统府

各商店挤兑银元，或购买实物。商民甚为恐慌，发行数日后，即出现钱业、米业停市，市民以此来抵制军用钞票，这一政策同样宣告失败。

南京临时政府成立后，孙中山曾通过黄兴委托何天炯，请日本财政专家帮助设计筹组中央银行事宜，未获具体成果。2月5日，孙中山又批准原清廷在上海的大清银行改组为中国银行，但也无助于解决南京政府的财政困难。

按照张謇的预算，临时政府一年的军费需要5000万两、中央行政及外交经费至少需要3000万两，加上其他支出，一年的财政支出需要2亿两；但眼下海关税3000万两，两淮盐税仅1000万两，除此无其他进项；外省除江苏、浙江、广东稍有盈余补贴中央财政外，其他各省尚且不能自足，中央财政每年最少赤字8000万两。

清王朝垮台时，东南亚的华侨，包括以前那些犹豫不决的富商，都慷慨解囊。据孙中山后来回忆，在其为期三个

◀ 孙中山先生的子女在南京，坐者为长女孙娗，后为孙科及次女孙婉

月的临时大总统任内，华侨共捐了60万港元。他在美洲的三合会筹款机构，送来了六架柯蒂斯式飞机，还有一名美国机械师及一名希腊驾驶员，从而构成了共和国的空军。这支空军的飞机从未飞离地面，但壮了革命党人的声威。从1911年10月到1912年初，海外的汇款总额约240万港元。可是，这些款项大都汇往闽、粤两省的侨乡，而不是汇给革命党人的总部。至于南京政府所需的经费，仅3月份预算就达540万港元，其中大部分用于军队。

府库空虚，庞大的军费开支尚无着落，连政府公务员的薪水都发不出。孙中山多次向英美银行协商借款，外国银行不愿借钱给临时政府，孙中山只好将目光再一次投向曾帮助过他革命的日本。

1912年1月，黄兴致电日本政界元老井上馨，要求日方提供援助。另一元老山县有朋得知中国革命党人财政困难，指示三井财阀总头目益田孝，让他借此机会与革命党人活动，取得中国东北。益田孝将此任务交给三井物产驻中国代表森恪。另一方面，回到上海后，孙中山由宫崎寅藏陪同，与日本最大的企业——三井物产会社上海分社支店代表藤濑政次郎相见，商谈借款事宜； 藤濑立即与森恪商量。森恪早年在上海、长沙等地工作，与陈其美、张静江等人多有来往。武昌起义时，森恪原本正在三井物产会社纽约支店工作，三井财阀立即将他调回东京本店，充当与中国革命党人之间的联系人。

日本长期对中国的汉冶萍公司有所欲求。汉冶萍公司为1898年盛宣怀所创办，但一直为资金不足所困扰。日本属于贫铁国，为发展重工业必须发展钢铁企业。由此日本便看上了汉冶萍公司，曾先后13次向汉冶萍贷款。

武昌起义爆发后，日本为巩固在汉冶萍的利益，迅速派遣军舰前往武汉。当时日本海军大臣曾训令驻汉口第三舰队司令官："关于大冶（铁矿山所在），如暴动波及该地，有理由以国家自卫权之名义进行防护。"其重视程度，可见一斑。

所以，日本东京三井物产会社常务董事山本条太郎接到报告后，立即征求日本外相及首相的意见，决定以中日合办汉冶萍公司为条件，贷款500万元给南京临时政府。

1912年元旦过后一周，三井物产会社将草拟的《中日合办汉冶萍公司契约书》送至南京，交给孙中山和黄兴签字。主要内容有：（一）公司资本定为日币3000万日元，由中日合办；（二）中日股金各半，股权相同；（三）公司已借日债1000万日元，此外再借500万日元共1500万日元，作为日方股金；（四）前项500万元由公司贷与南京临时政府，部分款项以现金交付，余额作为向三井购买军火的费用。

但是根据国际法，这个契约书还须由汉冶萍公司总经理盛宣怀直接与三井签约，并由该公司股东半数以上同意才行。南京临时政府又与日本共同向盛宣怀施加压力。1月13日，南京临时政府驻日代表黄兴特命“赴东借募巨款”的全权代表何天炯，通知盛宣怀及正金银行神户分行，告知中日合办汉冶萍公司及500万日元借款契约已经签订。

但精明圆滑的盛宣怀，马上派驻上海公司要员陈萌明于15日赴南京，当面直接探询有关借款及签订合办契约书的情况。但出乎陈萌明意料的是，孙中山答非所问地表示：

▲ 盛宣怀

民国于盛并无恶感情，若肯筹款，自是有功。外间舆论过激，可代为解释。唯所拟中日合办，恐有流弊。政府接认，亦嫌非妥当办法。不若公司自借巨款，由政府担保，先将各欠款清偿，留一二百万作重新开办费，再多借数百万转借与民国。

盛宣怀原本也不愿中日合办，更不愿由自己签约“同意合办”，这样不仅断送汉冶萍的一半主权，从此落入日方控制之手，还要承担卖国的骂名。但如果不同意签字，无法解决贷款问题，也无法担当来自于孙中山、黄兴的巨大压力。

1月26日，盛宣怀只能按照南京临时政府的指示，指派助手李维格，与三井方面在神户谈判，重新拟订草约十条，29日送盛宣怀过目。盛宣怀将第十条中的“以上所开新公司华日合办，已由中华民国政府电准……”中的“已”字改为“俟”字。后有学者评价盛宣怀这一字之改极为巧妙：既卸去了大总统孙中山批准“合办”，又不愿公开承担的“责任”，还为自己摆脱了两难的困境；既办完了借款手续，又为挽救汉冶萍免陷日手留下伏笔。签约后，2月10日藤濑即电告正金银行上海分行，立即拨款300万元给盛宣怀的代表李维格。12日，李赴南京将其中的200万元交给孙中山。

整个借款过程都在秘密中进行，除孙中山、黄兴等少数人知情外，其余财政部、实业部、参议院一概不知。直至2月初，此事才为同盟会机关报《民立报》探知披露。消息传出，舆论大哗，参议院议员质询政府，张謇也反对此议，并辞去实业总长职务。孙中山在强大的舆论压力下，虽一再解释，但不得不宣布废约。

除了汉冶萍借款外，孙中山、黄兴还在酝酿新的贷款方案。他们想通过上海都督陈其美，说服轮船招商局，以招商局名义向日本借款1000万两，以该局全部财产作抵押。为此，孙中山、黄兴与日本政界、财界进行了频繁的秘密联系。而日本趁此机会，向孙中山提出东北满蒙问题，要求将其割让给日本接管，方借款支持中国革命。

1912年2月3日，日本财界、政界代表森恪与宫崎寅藏、山田纯三郎到南京拜访孙中山。森恪见面中单刀直入地提出转让“满洲”问题，森恪表示：日本认为满洲最终难由中国独力保全，为抵制白种人先锋俄国之南下，希望先生将满洲“完全委托给日本之势力”，以换取日本对革命的援助，并建议孙中山或黄兴秘密赴日与日本政界元老桂太郎商定此事。

当时革命党人普遍存有这样一个想法：满洲不是中国国土，满人也非中国人。早在1898年，孙中山在日本东京，由宫崎寅藏介绍拜会内田良平时，就曾在谈话中流露类似想法：革命成功后清政府必将逃奔满洲，以俄国为后援。而新政府将与日本结盟抗击俄国。“原来吾人之目的，在于灭满兴汉，至革命成就之晓，即令满蒙西伯利亚送与日本亦可也。”1907年，清朝要求日本政府驱逐孙中山，首相伊藤博文与内田良平商议，内田认为孙中山有利用价值，他说：“孙文自前年以来，向我朝野诸人游说，言日本若能援助支那革命，将以满蒙让渡日本。”

而这一次，孙中山的答复比以往谨慎很多。他虽然对此前日本对中国革命的冷淡态度表示了不满，但仍表示希望日本能帮助自己应对财政困难。关于付款日期，孙中山一再强调务必在2月9日之前交付，他这样对森恪说明理由：“万一数日内没有足够资金以救燃眉之急，则即将陷入许多军队离散、革命政府瓦解之命运。如此紧急之际，倘若我等在数日内不显露姿态，恐将造出我等因穷困而出逃的流言。”孙中山对当前局势的分析是：如果在阴历年底得不到1500万元，就只有把政权让给袁世凯。

此后，孙中山连续两天致电森恪催促日本方面答复。但此事很快被英美所知晓，英驻日公使马上拜会日本外相，压迫日本停止借款谈判。在日本国内，此项计划也不获当时日本政界元老首领山县有朋及另一位对财界有重大影响力的元老井上馨的支持，且遭西园寺公望内阁尤其是陆军大臣石本新六的反对。此时国内舆论对此也强烈反对，借款条约不了了之。

临时政府财政困难到了极点，南京当时有十余万军队，但军费没有来源，黄兴已急得吐血。军队的伙食从干饭改为稀饭，以后连喝稀粥都不能保障。身为临时大总统的孙中山的心情，在后来答复章太炎关于合办汉冶萍的质询中可窥一斑：

> 此事弟非不知利权有外溢之处，其不敢爱惜声名，冒不韪而为之者，犹之寒天解衣付质，疗饥为急。先生等盖未知南京军队之现状也。每日到陆军部取饷者数十起。军事用票，非不可行，而现金太少，无以转换，虽强迫市人，亦复无益。……至于急不择荫之实情，无有隐饰，则祈达人之我谅。

孙中山为解决南京临时政府财政困难，可谓耗尽心血，但最终均了无结果，并招致一片反对乃至斥责之声，后来不少历史学者也对孙中山欲出让满洲之举颇多微词。其实回到历史现场，就会发现孙中山此举确实有他不得已之处。就在森恪来访前几天，孙中山因袁世凯为南北议和设置种种障碍，愤而决心举行北伐，并对其部属说："和议难恃，战端将开，胜负之机，操于借款。"当时的情形确因无法筹措军饷和政府经费而陷入走投无路的困境，新生的共和政权及其革命武装面临解体的危险。他在谈判中还对森恪说：只有北伐，才能"完全铲除他日内争之祸根，建立共和政体"。而财政问题不解决，则只好拱手让权于他视为"民国之蠹"的袁世凯。故在当时情势下，他确是为了缓解关系到国家前途和革命成败的财政危机，才接受租借满洲的条件的。

近些年来，陆续有史料披露，孙中山当年与日本签订《中日盟约》。目前学者普遍倾向于认为《中日盟约》具有真实性。当年尽管有许多人同情和谅解革命党的处境，认为一定限度的灵活是可以允许而且必要的，但也招致不少不满和反对，认为"借款可也，抵当借债可也，而袭满清时代所谓中外合办不可也"；"……满清政府卖路矿权失民心矣，而我新政府何又蹈其故辙也"。孙中山自己也知道其举动将会引起怎样的社会反响，他向章太炎诉苦说："非弟不知权利之外溢，其不敢爱惜声名，冒不韪为之者，犹之寒天解衣付质，疗饥为患。"

有学者指出，孙中山所处的那个特定的历史环境，正是中国刚刚开始接受西方民族国家的观念，准备重塑中华国家的那个主权和领土概念正在熟悉和形成过程中的十分混乱的过渡时期。和其他中国的仁人志士一样，孙中山最初不可能有一以贯之的明确的主权和领土概念，这是可想而知的。假定这些文件确实存在，则可视作孙中山从革命利益高于一切的原则出发，为了实现既定革命目标而采取的革命策略，它们并无损于孙中山作为卓越革命家和伟大爱国者的光辉。

南北议和

武昌起义后，清廷仍试图作最后的挣扎。1911年11月1日，清皇族内阁辞职，被罢黜的袁世凯被任命为内阁总理。袁挥兵南下，占领了汉阳，与革命军形成南北割据的局面。

战争是需要资源的，其实彼时与革命军交战的另一方，袁世凯所部粮草与资金并不充裕，情况也未必好过多少。交战期间，袁世凯给清廷的一道奏折上说："库空如洗，军饷无着，请将盛京大内、热河行宫旧存瓷器发出，变价充饷，以救目前之急。"随后袁世凯又令部下姜桂题电奏清廷，要求皇宫上下、亲贵大臣们将所有存款取回，以接济军中。结果，隆裕太后下令发库银8万两充作军费；而亲贵们，只有奕劻拿出10万两，还有少数人3万两、2万两而已。这与当时各报报道皇族权贵们所贪巨款相比，实称九牛一毛。此情此景，清朝不亡，实无天理。

袁世凯当时也求款于驻京公使团。在公使团聚会上，日本人伊集院的发言极为一针见血：“在日本，当革命来临时，国家的上层人物树立了爱国精神的楷模。我岳父（大久保利通）遭暗杀前，已将全部财产献给事业。他被暗杀时所有的财产还不到50元。你们的显贵要是对他们的国家有一丝热爱的话，在危机发生时，理应献出埋藏的财物，理应使政府阻止革命蔓延，但他们什么也没干，他们把财富看得比国家还重要。”

另一方面，老谋深算的袁世凯一方面对清廷表示要“杀身成仁，以古圣贤之心为心……誓为清廷保全社稷”；另一方面却对其亲信的前方将领指示要“计出万全”，不可轻易督师进攻，清廷和革命党人都在努力拉拢袁世凯，而袁的如意算盘正是利用双方的矛盾和弱点，抬高自己身价，从而达到一箭双雕的目的。

早在10月19日，袁世凯电召自己的幕僚刘承恩从襄阳赶赴河南彰德，希望刘利用与黎元洪的交情来代其游说。刘承恩于是带话给黎元洪，称袁世凯可与革命军合作，不久就可以进行和平谈判。这应该是袁世凯第一次传递出议和的信息。黎元洪在收到刘承恩的信函后，“问大众应如何答复，一般同志均主张置之不理”。

当被清廷委以重任的袁世凯督师南下时，他又一次致函黎元洪。这一天，袁世凯的两位代表刘承恩与海军正参领蔡廷干抵达武昌，要求承认君主立宪，与黎元洪代表汤化龙等议和。而黎元洪回复袁世凯的信函，也由刘、蔡二人带回北京。此为南北议和双方正式开始接触。约11月下旬，袁世凯长子袁克定又派同盟会员朱芾煌为代表赴武汉，试图与黄兴有所接洽。

袁世凯在秘密与南方革命党人单线联系的同时，又通过与其联系密切的英国驻华公使朱尔典出面，提议停战议和。

此时，奄奄一息的清廷对袁世凯也言听计从。袁世凯回到北京后，以内阁总理大臣的名义，借口非常时期、整理军事的需要，取得了京畿周围各路军队的指挥调遣大权；同时改编和掌握京师禁卫军，

▲ 鼓吹帝制的袁世凯长子袁克定

让自己的亲信冯国璋担任统领，轻而易举地瓦解了皇族掌管的京师禁卫大权。接着宣布停止各部衙门的“事权”，一切均由内阁办理。摄政王载沣监国，亦以与“君主立宪”“责任内阁制”不合为由，奏请停止了他的职权，令其归藩邸休息。

至此，袁世凯实际已掌握控制了清廷的全部军政大权。他从多种信息渠道得到反馈，只要他能逼迫清帝退位，南方就可以选他担任临时大总统。

实际上，当时在革命党中也普遍存在着一种认为袁如能反正，借袁之力推翻清廷，以建民国最为有利的心态。这种认识在当时的革命军和临时政府中占有主导地位，因此和议的呼声很高。1911年12月2日，由代表会议正式讨论决定：“若袁世凯反正，当公举袁为临时政府大总统。”

袁世凯闻知消息，决定正式举行南北议和。革命军推举伍廷芳为和议代表，袁世凯派了唐绍仪到上海正式举行议和谈判。

12月6日，隆裕太后批准载沣辞去摄政王的请求，将用人行政等大权交由袁世凯及国务大臣负责。12月7日，任总理公署秘书的许宝蘅，在日记中记录了隆裕太后与内阁总理大臣袁世凯在养心殿内长达1个小时的对谈。隆裕太后表示：“余一切不能深知，以后专任于尔。”并且任命袁世凯为议和全权大臣，委托唐绍仪为议和代表，负责与南方各省进行和平谈判。

唐绍仪早年就读于哥伦比亚大学，具有共和思想。归国后曾任袁世凯的英文翻译，后来又历任外务部右侍郎、奉天巡抚、邮传部尚书等职。他受命作为议和代表南下后，即在火车上剪掉辫子。这一行动，意味着准备和清廷彻底决裂。

武昌革命党人向唐绍仪提出了议和条件：（一）推翻满清王朝；（二）优待皇室；（三）对满族人一律予以体恤；（四）统一中国。这四条没有涉及革命后的政体问题，显示出在汉口、汉阳先后陷落后黎元洪等人在政体问题上的动摇。

议和谈判从12月18日开始至31日，共举行5次会议。谙于政道的袁世凯态度忽明忽暗，让革命党人一直被他所牵制、左右。但孙中山12月25日自海外归来，后被选为临时大总统，一下子打乱了袁世凯的部署。

12月28日，全国各地要求清帝逊位的呼声越来越高，隆裕太后召集庆亲王奕劻、袁世凯等王公贵族和国务大臣共商国是。但会议没有讨论出结果，隆裕召见袁世凯说：“汝看着应如何办，即如何办。无论大局如何，我断不怨汝。皇上长大，有我在，亦不能怨汝。”说到这里她放声大哭，袁世凯等王公大臣也一同大哭。袁世凯在答词中强调作战困难，并以战败后的恐怖局面恐吓隆裕。隆裕太后进一步表示：“我并不是说我家里的事，只要天下平安就好。”同日，隆裕太后发布懿旨，决定接受唐绍仪的方案。清帝逊位的大政方针，至此已经初步确定。

1月3日，袁世凯发出通电，称如果他本人能够出任大总统，他将亲自劝说清帝逊位。

孙中山等革命党人长期以来以“排满”为第一目标，排满目标一旦实现，他们的主要任务也就完成；对于建立和发展新的共和政权，缺乏应有的思想、理论、组织准备。黄兴本人亦多次表示，和立宪党人、旧官僚相比，自己能力与经验皆不足。他在致袁世凯的电文中说：“明公之才能，高出兴等万万……苍生霖雨，群仰明公……”这并非完全是客套的谦逊之词。

不仅黄兴如此，孙中山经过就任一个多月临时大总统的波折，也深感心有余而力不足。他认为“清帝退位，民国统一，继此建议之事，自宜让熟有政治经验之人”去完成。“欲治民国，非具新思想、旧经验、旧手段者不可，而袁总统适足当之。”孙中山、黄兴的思想状态反映了当时大多数革命党人的心态。

1912年1月14日，唐绍仪奉令致电伍廷芳，说明清廷正在筹商有关退位事宜，再次试探孙中山的态度。孙中山答复："如清帝实行退位，宣布共和，则临时政府决不食言。文即可正式宣布解职，以功以能，首推袁氏。"

这是孙中山在南京临时政府成立后不到半个月之内，第二次有关"如袁反正当举为总统"的公开表态。袁氏犹不放心，又指派多人到南方进一步"摸底"，并再次得到孙、黄的保证。加之张謇、汪精卫、杨士琦、唐绍仪等纷纷要求袁痛下决心，立即筹商清帝退位。至此袁世凯也认为时机已成熟，该是行动的时候了。

此时，以英国为代表的国际社会也公开表态对袁世凯的支持。他们认为，"中国当代……找不出一个比袁更能干的人"，"是能使中国避免出现一个混乱时期的唯一力量"。相反，他们认为孙中山是好说"大话""空话"的政治家。此前，南京总统府以外交总长王宠惠的名义正式照会各国：已建立临时政府、选举临时总统、组织内阁，请求各国承认。但这一要求被列强拒绝。

让位

1912年1月16日，四川革命党人杨禹昌、黄之萌、张元培三人在北京的丁家街向袁世凯投掷炸弹，炸死卫队长及卫士十多人；三位勇士当场被捕，英勇就义。虽然没有证据表明他们的刺杀与南京临时政府有任何直接联系，但是袁世凯利用这次遇刺事件，令人四处散布“革命党人已遍布北京”的谣言，企图给清廷的遗老遗少造成心理恐慌。而立宪党人与革命党之间的芥蒂也日益加深。

唐绍仪让伍廷芳转告南京政府，要求清政府退位后的两天内，解散南京政府。孙中山命令伍廷芳给袁世凯去电，明确五条：（一）清廷退位，放弃一切主权；（二）清廷不得干预临时政府组织之事；（三）临时政府地点须在南京；（四）孙总统须俟列国承认临时政府，国内改革成就，和平确立，方行解职；（五）袁世凯在孙总统解职以前，不得干预临时政府一切之事。但由于受到党内和谈主张的困扰，孙中山不得已又作了修正，其中有袁世凯必须宣布绝对赞成共和，然后由参议院推为总统的条款。

孙中山将秘密和议的内容公诸于世，袁世凯立即遭到皇亲贵族中的极右势力、为维持君主立宪而成立的宗社党的激烈反对，威胁要和袁世凯同归于尽。袁世凯无力逼迫清帝退位，就假称生病，不再入朝。他的另一个意图是让革命党和良弼的宗社党决战，自己可伺机从中渔利。并借此称病不入朝、不理事。

上海会谈期间，英国《泰晤士报》记者莫里逊到会“采访”。他游说各方，建议中国改行共和政体，推袁世凯为大总统。朱尔典支持这一方案。朱尔典始终关注着南北会谈的进程。1912年1月1日，他拜会袁世凯，表示赞成袁世凯在大部分问题上的立场；1月11日，袁世凯派亲信访问朱尔典，试探如果清廷愿意让位给袁世凯，或者授权给他，是否能够得到各国的承认。朱尔典明确表示：“袁世凯得了各国的信任；他和南方首领们的争吵既然是中国内部的事情，他们相互之间应当能够达成协议。”朱尔典对袁世凯即将对中国的统治感到放心，以各种方式为袁世凯出台制造舆论准备。

1月19日，袁世凯会见朱尔典，设计由清廷授权他组织临时政府的方案，让朱尔典出面斡旋；另一方面，袁世凯收买隆裕太后身边的亲信不断散播“倘能退位，则有优待”，“否则性命难保”的信息。但由于皇亲贵族的反对，隆裕太后一时难以下定退位的决心。

1月22日，袁世凯又接到孙中山最后提出的议和办法五条，其中第三条提到，“（孙）文接到外交团或领事团通知清帝退位布告后，即行辞职”，并郑重申明“此为最后解决办法”，如果袁不能实行，则无议和可言。

袁世凯于是运用他的力量开始要挟清帝退位。1月26日，革命志士彭家珍在良弼的住宅炸死了良弼，宗社党人吓得四处逃亡，于是袁世凯又指使以段祺瑞为首的北洋军前线将领，以联名通电的形式，向清廷提出语带威胁的警告，字里行间充满杀气。

这时的清政府气数已尽，再召集会议时也无人上朝。2月12日，隆裕太后终于不得不以宣统皇帝的名义下诏退位，公布天下。据称，当天晚上，袁世凯在外交部大楼里把拖在脑后的辫子剪掉，一边剪，一边不断哈哈大笑，这种开心的狂欢在其一生中极其罕见。

2月13日，袁世凯拍电报向南京临时政府表示：“共和为最良政体，清帝既明昭辞位，永不使君主政体再行于中国。”孙中山接到电报后即履行诺言，向参议院送交了辞去临时大总统职务的咨文，并向参议院推荐袁世凯继任临时大总统。

因为清政府终于退让出对中原大地200余年的统治，1912年2月15日上午11时，孙中山率领各部及右都尉以上将校赴明孝陵举行祭告礼。孙中山统率军民谒陵，并宣读谒陵文。下午2时，总统府举行庆贺南北统一共和成立礼。孙中山发表演说：

> 清帝退位，南北统一，袁公慰廷为民国之友，盖于民国成立事业功绩极大。今日参议院选举总统，若袁公当选，余深信必能巩固民国。至临时政府地点，仍设南京。余于解任后，亦仍愿尽力于新政府也。

▲ 1912年元旦，孙中山（前排左六）、黄兴（前排左五）等人在南京参加中华民国临时大总统就职典礼时，赴明孝陵祭奠明太祖朱元璋

按孙中山的想法，他希望将国都继续保留在革命党势力范围之内的南京，以对袁世凯有所约束。岂料，在用记名投票法表决时，28票中有20票主北京，而南京只有5票，与孙中山的初衷相悖。

据吴玉章回忆，本来在参议院中，革命党人占据多数，是完全可以根据孙中山的意见通过建都南京、反对迁都北京的。但2月14日一开会时，一位叫李肇甫的革命党人，却跑到台上大放厥词，说了一通迁都北京的必要，尔后“赞成迁都北京的人便成了多数”。

孙中山和黄兴知道此事后非常生气，当天晚上便把李肇甫叫来大骂一顿，并限次日中午12时以前必须复议改正过来。

据吴玉章回忆：

15日晨，秘书处把提请复议的咨文做好后，需要总统盖印，而这时总统已动身祭明孝陵去了，我急着去找黄兴，他也正在穿军装，准备起身到明孝陵去。我请他延缓时间，他说："过了12时如果还没有把决议改正过来，我就派兵来！"说完就走了。这怎么办呢？只好找胡汉民去。好容易才把他找到，拿来了钥匙，开了总统的抽屉，取出他的图章盖了印，把咨文发了出去。同时，并通知所有的革命党人，必须按照孙中山的意见投票。经过我们一天紧张的努力，当天召开的参议院会议终于把14日的决议纠正过来了。

而胡汉民的记述与吴玉章有差异，他说章太炎等人最反对定都南京，他们认为定都南京不足以控制东北，也即意味着放弃满、蒙，参议院诸员也为其言论所动。不管其真正原因为何，参议院总算在第二次重新投票中统一了意见，决定仍定都于南京。

孙中山多次去电催促袁世凯到南京就职，但袁不愿离开自己的势力范围，去南京受革命党人操控。他复电南京方面称："与其孙大总统辞职，不如世凯退居，……今日之计，唯有由南京政府将北方各省及各军队妥筹接收以后，世凯立即退归田里，为共和之国民。当未接收以前，仍当竭智尽愚，暂维秩序。"

屡次敦促袁世凯南下无果，孙中山于是派蔡元培、汪精卫、宋教仁等为"迎袁专使"，去北京迎接袁世凯，2月21日他们到北京时，还受到了袁世凯盛大的欢迎。

2月29日夜里，迎袁专使团正在议事时，突然枪声大作，东城和前门一带，火光冲天，发生兵变。混乱中，一些士兵竟持枪闯入迎袁专使的驻地，蔡元培等人仓皇逃到六国饭店。当夜枪声未断，第二天哗变的范围迅速扩大，甚至天津、保定的北洋军也纷纷出动，放火、抢劫，焚毁衙门，数千家市民惨遭劫掠，一时人心惶惶。

袁世凯是这出闹剧的幕后主使，这似乎已成了历史定论，目的是以此借口制造一旦南下、北方将大乱的假象；但也有一些学者对此存疑：袁世凯未必知情。不管袁世凯是否真的是这一幕的"总导演"，它客观造成的结果确实对袁世凯有利。蔡元培等人在惊恐之余，连电南方说明袁大总统走不得，必须“改变临时政府地点”，“速建统一政府，为今日最要问题，余尽可迁就，以定大局”。这样，“迎袁专使”反倒成了“留袁专使”。

于是一切按袁世凯的心意继续发展。3月6日，经参议院议决：允袁世凯在北京受职、宣誓、拟定国务院组成人员名单，电达参议院批准，然后接管南京临时政府，孙中山卸职，临时政府迁都北京。

临时政府北迁后，黄兴被袁世凯任命为南京留守，无奈整理不了南方各军，自己反遭裁撤 ▶

1912年3月10日，袁世凯在北京宣誓就职。蔡元培代表孙中山致辞祝贺。而在这一天，孙中山与胡汉民、孙科等前往紫金山狩猎，提及希望自己百年后葬于紫金山之意。一面是志得意满的袁世凯，一面是有点黯然神伤的孙中山，这样的历史画面不能不令人感慨万端！

▼ 1912年3月10日，袁世凯在北京就任临时大总统的宣誓仪式上

Ce numéro se compose de [illegible] pages, dont une gravure en couleurs hors texte, et contient deux suppléments :
1° *L'Illustration Théâtrale* avec le texte complet de La [illegible], de M. Henry Kistemaeckers ;
2° Le 2e fascicule d'une nouvelle de M. Marcel Luguet : L'Audition.

L'ILLUSTRATION

Prix de ce Numéro : Un Franc. SAMEDI 16 MARS 1912 *70e Année. — N° 3603.*

LE PRÉSIDENT D'UNE JEUNE RÉPUBLIQUE DE QUATRE CENTS MILLIONS D'HOMMES
Yuan Chi Kaï entouré de son état-major.

Photographie prise pour L'Illustration à Pékin, au moment Wai-Wu-Pou, le 25 février. — [illegible]

天下為公

孙中山传

sunzhongshanzhuan

第十一章

国民党成立与非常大总统

宣扬民生主义，筹划全国铁路

袁世凯就职后，孙中山公布了实行法国式责任内阁制的《中华民国临时约法》，袁世凯遂任命唐绍仪为民国第一任国务总理，并负责组阁。完成一切法律程序后，袁、唐新政府正式确立，南北一统。信守诺言的孙中山于1912年3月31日辞去了临时大总统一职。从就职到辞职，孙中山只做了45天的临时大总统，这不仅在民国史上是最短的一任总统，在中华五千年历史上，也是在任最短的开国元勋了。

南京同盟会会员为孙中山举行了饯别会，孙中山在会上发表演讲，阐述了他的民生主义思想，这实际上也是孙中山在未来一段时间里为自己所作的规划。

在孙中山看来，在中国实行民生主义，就是一面图国家富强，一面防止资本家之流弊。他用自己在国外多年的考察和比较，提出了一套实行民生主义的途径和方针。

4月7日，孙中山应蔡元培之邀，乘火车到南京，后改乘军舰，与胡汉民、汪精卫、廖仲恺等20多人到达武汉，同行的还有孙中山的儿子孙科、女儿孙婉以及新从美国毕业归来、年轻貌美的英文秘书宋霭龄等。他们乘马车经过的长街两旁，各路店铺民房都张灯结彩，男女老少夹道欢迎，孙中山于是让马车缓缓而行，人人都以亲眼目睹几十年领导推翻清政府的革命领袖为荣。

4月25日，孙中山到达广州，自从1895年发动第一次广州起义失败后，孙中山已有17个年头没有踏上家乡的土地。孙中山到达时，广州城内万人空巷。5月底，孙中山又回到了阔别17年的故乡翠亨村，与卢夫人、长兄孙眉等亲人团聚，孙中山只在家里停留了短短3天又返回广州，这也是他最后一次回到故乡。

这段时间孙中山的演讲内容，都集中在“民生主义”上。回望近代中国，孙中山算是自有一套颇具原始性的建国蓝图的最高当国者。他那一套建国思想，形成所谓三民主义的理论，至此已相当成熟。辛亥革命之后，他对袁世凯曾寄以热忱的厚望，认为在袁世凯的治理下，他的民族、民权两主义，已相当成功了。如今所余者只剩下个民生主义有待实行。

孙中山关于民生主义的言论，在国外激进人士中引起热烈回应。他的一部分演说，被译成法文后载于7月11日比利时工人党机关报——布鲁塞尔《人民报》，又由法文译成俄文，载于俄国布尔什维克报《涅瓦明星报》上。列宁在该期刊中发表了《中国的民主主义和民粹主义》，高度评价孙中山的纲领：

> 孙中山纲领的每一行都渗透了战斗的、真实的民主主义。它充分认识到“种族”革命的不足，丝毫没有对政治表示冷淡，甚至丝毫没有忽视政治自由或容许中国专制制度与

▼ 1912年5月27日，孙中山与亲人在翠亨村孙家老宅前合影

中国“社会改革”、中国立宪改革等并存的思想。这是带有建立共和制度要求的完整的民主主义。它直接提出群众生活状况及群众斗争问题，热烈地同情劳动者和被剥削者，相信他们是正义的和有力量的。

会晤袁世凯

从表面上看，袁世凯最初也希望能与孙中山保持一个良好的关系。1912年4月，袁世凯两次向孙中山发出北上共商国是的邀请，为了表示“诚意”，袁世凯又派他的长子袁克定到上海迎接。袁世凯还以孙中山辞大勋位而拨美金1万元，资助孙科夫妇及其两个妹妹作留美学费。

6月底，袁世凯因内阁问题与同盟会发生冲突，急需借孙、黄两人之力，于是再次电请孙中山北上，以“调和党争”，孙中山于是回电答应了袁世凯。

就在孙中山启程的前两天，袁世凯和黎元洪合谋枪杀了革命党人张振武与方维，这立即引起了同盟会的强烈反感。中国同盟会宣布革去黎元洪协理一职并除名，其他党派议员也联名对黎、袁提出质问及弹劾。

蔡元培等人认为袁世凯“不足信”，反对孙、黄二人北上。孙中山虽然对黎、袁的行为也颇为不满，但为了顾全南北统一大局，又被袁世凯的辩解所迷惑，他极力主张平息风潮，还给黄兴发电报敦促其北上。对劝阻他本人前往会袁的人，孙中山回答：“无论如何不失信于袁总统，且他人皆谓不可靠，我则以为可靠，必欲一试吾目光。”遂与夫人卢慕贞及居正、魏宸组等启程北上。

孙中山于8月24日下午到达北京，袁世凯派亲信赵秉钧代表欢迎，又为孙中山准备了朱漆金轮马车，由正阳门入城。孙中山本想在第二天再拜会袁世凯，但袁表现得积极主动，当晚就派人来迎接孙中山。

据当时参加这次会见的人回忆，当时孙中山到了铁狮子胡同总统府，由内客厅步行出来，站在台阶口准备迎接。这时袁世凯的马队也飞驰而到，平素袁世凯一向上下车皆须侍从搀扶，但这一次他摆手示意侍卫不要搀扶，自己硬撑着走上台阶，表现出步履轻健的样子，走到台阶的最高两级他的步伐趋慢了下来。孙中山走前两步，前来握手，袁世凯亦肃然趋前握手，说："先生路上一定很辛苦吧。"

袁世凯对这次会面显得很重视，他身穿军服、佩刀。当时的军礼，室内待宾须脱帽并摘下佩刀。袁世凯或因当天过于兴奋又相当紧张，竟将礼节忘记。他平素有挠头的习惯，落座以后，袁照常挠鬓，因手触帽，忽觉自己未曾脱帽、摘刀，于是赶紧用手解摘佩刀，而佩刀在腰间撑得很紧，一时解摘不下，才慢慢用左手把军帽脱下。一时间稍显窘迫。

▲ 袁世凯戎装旧照

在孙、袁谈话之间，卢夫人由厅旁内室走出相见，宋霭龄则陪在卢夫人身旁。那时宋霭龄的身份是孙中山的秘书兼翻译。袁世凯对卢夫人也显得很客气，致问饮食及路上情形周到备至。袁世凯比孙中山大7岁，但相比之下，孙态度肃穆自然，而袁则拘束异常，两人显然不在一个层面上。

当晚袁世凯请孙中山和卢夫人在总统府大礼堂晚宴，约了内阁阁员作陪，两人席间并未正面谈及政治问题。袁世凯在欢迎词中客套说："财政外交，甚为棘手，尤望先生不时匡助。"孙中山答词表示："唯自军兴以来，各处商务凋敝，民不聊生，金融滞塞，为患甚巨。挽救之术，唯有兴办实业，注意拓殖，然皆恃交通为发达之媒介。故当赶筑全国铁路，尚望大总统力为赞助。"袁世凯在孙中山走后对别人说："不图中山如此嘹亮！"而孙中山也对身旁人评价："袁总统可与为善，绝无不忠民国之意，国民对袁总统，万不可存猜疑心，妄肆攻讦，使彼此诚意不孚，一事不可办，转至激迫袁总统为恶。"看得出来，孙中山最初还是心存善意，以国家大局为重，希望事态朝着好的方向发展。黄兴在初次见过袁世凯后，对他印象也非常好，当接受报纸采访时，他还煞费苦心地说："袁公是英杰，民国可靠人。今共和虽成，基础未固，望新闻界注意维持。遇有不法，随时纠正，方为妥善。万不宜心存成见，取过激之攻击态度。"

孙中山此次在北京逗留一周有余，袁世凯嘱咐身边亲信陪孙中山共谒明陵、游居庸关、至张家口，每天再将亲信召至府中，打探孙中山的举止、语言等。这段时间是孙、袁关系的"蜜月期"，两人会面13次之

▼ 袁世凯内阁成员。前排右起：内阁总理唐绍仪、代外交总长胡惟德、海军总长刘冠雄、工商次长王正延、教育总长蔡元培；后排右起：国务院秘书长魏宸组、司法总长王宠惠、陆军总长段祺瑞、交通总长施肇基、农林总长宋教仁

多，且多为密谈，有时只有总统府秘书长、有“财神爷”之称的梁士诒在座陪同。据梁回忆，每次谈话时间自下午4时至晚10时，有几次甚至谈至次晨2时。

在一日宴会上发生了一段不甚愉快的插曲。据袁世凯身边的张国淦日记记述：

中山来京后第三天，袁世凯在迎宾馆设筵为其洗尘，到者有四五百人，在大厅布置冂形餐案，孙及其随员北面南向坐，袁及内阁阁员及高级官吏皆北向坐，北洋一般军官坐在东西两排，孙、袁在正中对坐。入座后说了一些普通客套话，吃过一个汤，第二个菜方送上来，便听到西南角上开始吵嚷，声音嘈杂，说的都是“共和是北洋之功”，随着又骂同盟会，认为是“暴徒乱闹”，随着东南角也开始响应，并说“孙中山一点力量也没有，是大话，是孙大炮”“大骗子”。这时两排的军官已经都站了起来，在吵嚷的同时，还夹杂着指挥刀碰地板、蹬脚和杯碟刀叉的响声，但都站在自己的座位呼喝乱骂。中山态度还是从容如常，坐在他旁的秘书宋霭龄也不理会。仍照旧上菜，只是上得很慢。

我当时想袁或段（陆军总长段祺瑞）该说一说，你们不能胡闹，但他们始终没有作声。闹了有半小时左右，似乎动作很有步骤，从当时的情形看，显然是布置好的。起头的是傅良佐等，想在吵闹时等中山或他的随员起向答辩，便借机由北洋军人侮弄他一番。但出乎意料的是中山等始终没加理睬，若无所闻。筵宴终了，孙、袁回到副厅休息室，厅内便又大乱起来。北洋军人离开座位肆意乱吵，非常得意，很久才逐渐散去。

那些席上胡闹的北洋军官，究竟是否是在袁的授意下，给孙中山上演这样一场“戏”，我们无从考证，但至少可以从中看出，这些旧官僚们

▲ 出任民国陆军总长的段祺瑞

对孙中山还是颇为不敬的。但这些丝毫没有影响两人初次会晤时对外释放的友好信息。孙中山曾对袁表态："十年以内大总统非公莫属。"这个意见也见诸于公开言论。而据报载，袁世凯甚至也曾向孙中山表示，可加入国民党。

孙中山离京前夕，袁世凯提出内政大纲8条，孙中山、黄兴均表示同意；袁世凯又征得副总统黎元洪同意，以4人名义公布。只是历史弄人，政纲徒为纸面文字而已。

著名历史学家唐德刚先生在《袁氏当国》一书里，对孙、袁两人作了相对客观的点评。他说，袁世凯是传统中国里的"治世之能臣，乱世之奸雄"，才大心细，做事扎扎实实，有板有眼，是位极有效率的行政专才和标准的中国法家。但是他毫无理想，对现代政治思想更是一无所知。

而孙中山恰恰是袁的反面。孙中山周游世界，爱国之心极为强烈，为人又好学深思，满头脑理想，欲施之于中国，而道不得行。辛亥革命之后自己虽不在位，但对袁世凯倒满怀幻想，因此，在与袁世凯密谈时，他诚心诚意地劝袁练兵百万以强中国，而自己则愿专任修路之责，希望把全国铁路延长至20万里（一说10万英里）。

孙中山这席话虽出自一位伟大爱国者的至诚，但是听在有高度行政和经济建设经验的袁世凯的耳朵里，就是天方夜谭不切实际。所以袁世凯后来在背后说孙中山是个"大炮"。孙中山的"孙大炮"的诨名，据说就是袁世凯叫出来的。但袁世凯是个老谋深算的旧式官僚，他不愿开诚布公地质疑孙中山此计划的可行性，反倒为了笼络孙中山，顺水推舟，让孙中山监修全国铁路，让他完成20万里的伟大计划。

孙中山的全国铁路计划

袁世凯派孙中山去修筑铁路，显然是投其所好，给这个革命领袖找个优差肥缺，安顿下来，免得他继续革命或重新造反。而孙中山是个真诚的爱国者，他并没有过多的权谋之心，因而未能看穿袁世凯的真实意图，而是很认真地向中西媒体正式宣布自己今后的使命之后，就认真地干起来。

孙中山的铁路建设思想，最早见于他在1894年写的《上李鸿章书》里。辞去临时大总统一职后，作为实现其民生主义的一部分，孙中山数次向外界宣讲筹划全国铁路的必要性及诸多益处。1912年7月22日，孙中山被上海中华民国铁道协会推举为会长后说："凡立国铁道越多，其国必强而富。如美国现有铁道20余万（英）里，合诸中华里数，则有70万里，乃成全球最富之国。中华之地5倍于美，苟能造铁道350万里，则可成全球第一强国。"

9月，孙中山专程去八达岭张家口考察詹天佑设计修建的京张铁路，并正式邀请詹天佑做他的技术助手。孙中山对筹建铁路的热情，也正中袁世凯的下怀。他特授孙中山以筹划全国铁路全权，出任中国铁路总公司总理，设总部于上海。他还把自己当年为慈禧太后回銮时所特制的豪华花车，拨给孙中山用，以便巡视全国铁路现状，同时命令各地地方官，对巡视路政的孙中山盛大招待。黄兴同时也受任为汉

▲ 孙中山在张家口视察铁路

粤川铁路督办以助孙中山一臂之力。在袁世凯的怂恿下，孙中山率领大批失业党人，乘了豪华专车，到全国视察去了。等到后来孙、袁交恶，当局要清查铁道公司的账目，却发现铁道一寸未建，而视察公款已花了百十万两。

修建10万英里铁路、100万英里公路的建国方略，是孙中山一生的目标，但在一无资金、二无人才的现实条件下，他1公里铁路也未修成过。历史学家唐德刚先生说，他后来查阅大陆资料时发现，1998年3月中国铁道部在确定今后五年加快铁路建设的总目标时说，“2000年铁路营运里程达到6万—8万公里；到2002年，突破7万公里”——这就是说，中国直到21世纪初，铁路营运里程的目标尚在“突破7万公里”，而孙中山要在民国初年建20万里铁路，所以后来也有人评价孙中山的设想太过超前。著名的孙中山研究专家史扶邻对此却有颇为中肯的一句评价：“许多传记作者，包括我自己在内，均认为他的修建铁路的计划不切实际。但是我们都错了。有谁料想到，他的要修建一条直通拉萨的铁路计划，竟然会实现！这一工程奇迹，是中国人民有独创性的一次实践，对此孙中山是不会感到诧异的。”

成立国民党

南京临时政府成立后，1912年1月22日，同盟会在南京举行了一次重要会议，来自内地18个省的2000多名会员代表参加了这次大会。会上，胡汉民代表孙中山，提议将誓词修改为“颠覆满清政府，巩固中华民国，实行民生主义”，获一致通过。在讨论日后政党改组问题时则分歧很大，讨论结果，大多数人认为武装革命已告结束，应改为公开的政党，因为孙中山当时在主持国政，汪精卫被选为总理，但汪精卫并没有就任。

同盟会领导的辛亥革命，终于推翻了已经腐朽不堪的清王朝。中华民国的成立，促使民主气氛高涨，“政党政治”一时成为热潮，在很短的时间内竟出现上百个政党，出现党派林立的局面。3月3日，中国同盟会本部于南京召开了有5000人参加的会员大会，孙中山又一次当选为同盟会总理；大会规定同盟会的宗旨是：巩固共和国，实行民生主义。九条政纲更为明确周详，内有坚持国家社会主义及妇女的平等权利，坚持国际平等等纲领。

在宋教仁的鼓动下，同盟会通过了新修订的《总章》。这个新纲领核心精神是将同盟会从过去秘密的“革命党”变为公开合法的“政党”。在他们的心目中，“政党”就是西方那种在议会中通过选举取得执政权的党，而“革命党”并非“政党”。在这种背景下，他们也计划将“革命党”同盟会改造成“政党”国民党。

中华民国临时政府迁都北京后，同盟会总部也于4月25日由南京迁到北京，日常事务由宋教仁主持。在参议院中，同盟会占有多数席位，这令袁世凯颇以为患，急欲削弱其力量。他支持立宪派人士张謇、汤化龙等联合统一党、民社党、国民公党、国民共进会等小党，成立了共和党，出版机关报——《国民公报》，公开称南京临时政府为“假政府”。

袁世凯就职后，命唐绍仪组成的内阁人选里，涉及外交、内政、陆军、海军、财政和交通等实权部门的总长人选，清一色掌握在袁氏人物手中。

▲ 孙中山在武昌与黎元洪合影

黄兴在新政府的职责是在南京留守。其实是要遣散部队，以让革命后的国家有个喘息之机，来从事和平建设。当时很多人找上门来，希望谋个一官半职，面对挥之不去的求职者，最后黄兴只好登报声明，不允徇私，无职可给。要遣散30万官兵，最低限度的恩饷（遣散费），非250万两不可。留守处哪有这笔巨款呢？便依法报请北京国务院索饷。

第一任内阁总理唐绍仪，看上去是革命派与袁世凯都能接受的人选，他与袁世凯相识于朝鲜，此后一直被袁世凯

所器重。但这个内阁也是举步维艰，摇摇晃晃。属袁氏集团的内务总长赵秉钧从未到过国务会议开会；而革命派的陈其美则待在上海，根本不去北京。更让他坐立不安的是财政问题。初上任的唐绍仪总理也两手空空，除举外债之外，别无财源。不得已，他向四国（英、美、德、法）银行团商借外债8500万两。在签约之前，请求对方先垫付3500万两，以解燃眉之急。四国原已答应垫款，但是日本、俄国闻之后抗议——每个列强在中国的目的不一样，英国意图占西藏，俄国要新疆、蒙古、满洲，日本要占南满和闽南，它们唯恐彼此分赃不均，因而各国势力相持不下。不得已，唐氏内阁决定改向六国银行团（加入日俄两国）商借，但日俄又另提要求：此款不得用于满、蒙地区，事关满、蒙，应向日、俄分别磋商，不可让四国银行介入。因为它们早已视满、蒙为自己的势力范围。

另一方面，唐绍仪与英、美、德、法四国银行团谈判借款也陷于僵局。因银行团不信任中国官僚，即便允许借款，也坚持应由四国派员监督使用为条件。经过复杂异常的运作，这笔善后大借款终于达成协议：借款总额2500万英镑（相当于2亿银元）。以盐税、海关税以及直隶等四省的中央税为担保。借款的谈判最初是秘密进行的，只向国会报告了一个谈判大纲。结果谈定之后，国会和全国舆论一致形成反对借款风潮，国会两次质问袁世凯政府，号召国民党全党“力行设法反对”，并在上海、香港等地多方活动，阻止借款签字。

更重要的，则是“责任内阁”如何与总统袁世凯相处。唐绍仪虽然与袁世凯交情甚久，但在坚持内阁“责任”上并不让步。“有时总统发下的公事，唐以为不可行的，即行驳回，甚至在总统府与袁面争不屈；总统府的侍从武官看见唐到，每每私相议论，说‘今日总理又来欺侮我们总统了！’”袁世凯当初也能容忍。但到后来，在用人等一系列问题上摩擦不断，彼此的忍耐都到了极限，唐绍仪终因无法应对内外交困，任职未及三个月，竟然弃职离京。

在南京临时政府难以自存、必须向袁世凯交权之际，为了约束袁世凯，1912年3月12日，孙中山公布了经参议院通过的《中华民国临时约法》，即临时宪法。南京临时政府是总统制，大总统有绝对的权力；而《临时约法》则规定，中央政府为责任内阁，内阁总理向议会负责，大总统的政令必须由内阁总理副署——这一切规定明显是为了限制袁世凯的权力而制定的。

唐绍仪辞职后，袁世凯任命原外交总长陆徵祥为代理国务总理，但这一任命遭到议会的反对。

1912年7月26日，袁世凯不顾议会反对，出动军警威胁参议院强行通过陆徵祥出任国务总理。面对袁的专权，原本在唐绍仪内阁任“农

▲ 1912年5月，孙中山夫妇及子女与宋霭龄合影于广州。坐者为孙中山、卢慕贞，后立者左起为孙中山的长女孙娫、长子孙科、秘书宋霭龄、次女孙婉

林总长”的宋教仁，深感必须组织一个强大的政党，造成两党对峙局面，引向“宪政轨道”。

当时南北小党共有数百家之多，但宋教仁更青睐于几个较大的小党，其中参议院中的另一大党（其党魁是蔡锷）统一共和党也极不满陆徵祥组阁，并也深感有扩大力量的必要，因此，提出与同盟会合并的愿望。

经几次商谈后，合并之事进展颇为顺利，国民公党也表示愿意加入合并，国民共进会和共和实进会得知三党将合并，也表示愿意加入合并谈判。结果五党于8月13日达成协议：

> （一）合并之前，取“共和之制国民为国主体”之体，更名为“国民党”。
>
> （二）拟定党纲15条，其主要内容有：“保持政治统一”“发展地方自治”“励行种族同化”“采用民生政策”“维持国际平和”等。
>
> （三）总部组织分：总务、文事、政事、交际、会计五部。各地组织一律改称支部。

1912年8月25日，国民党在北京召开成立大会，与会者数千人，极一时之盛。孙中山出席大会作主题演说，称五党合并为一大政党，“乃民国大幸福”。会议选举中，孙中山以1130票的绝对多数票，当选为理事长。孙中山力辞不就，国民党中央于是决定由宋教仁代理。宋教仁于是成为当时中国第一大政党的党魁，锋头之盛，气势之高，一时无二。那一年，宋教仁年仅30岁。

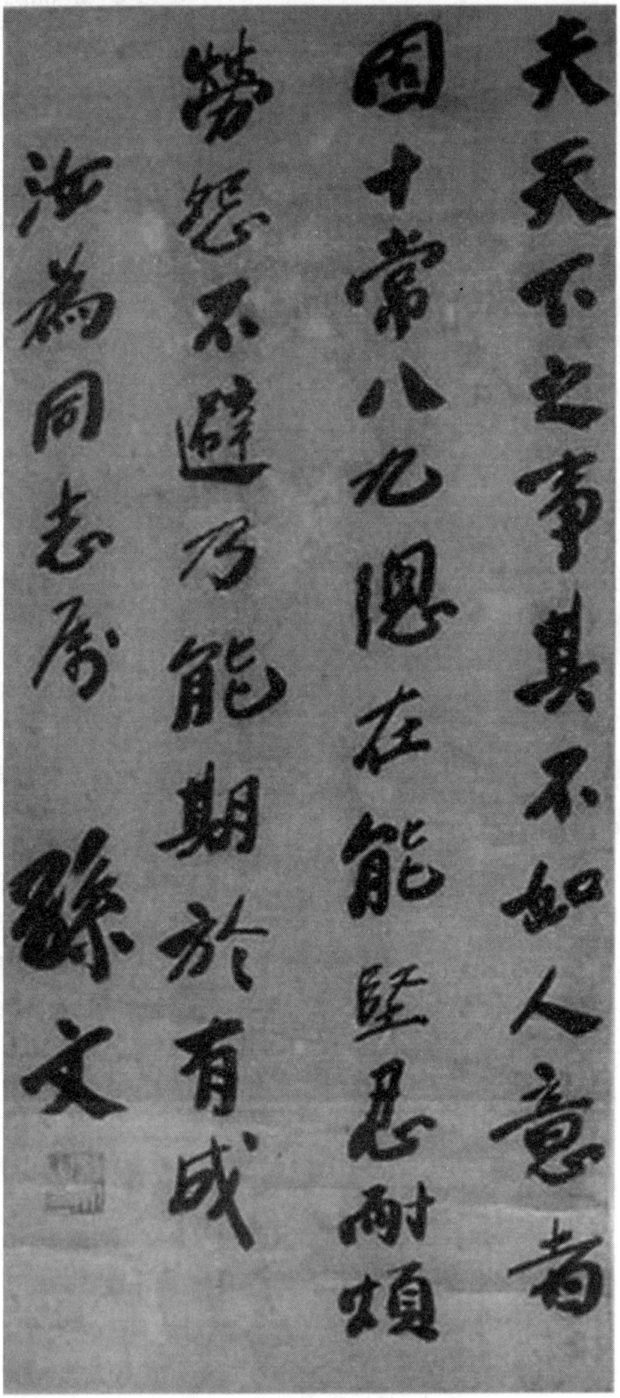
夫天下之事其不如人意者
固十常八九總在能堅忍耐煩
勞怨不避乃能期於有成
海爲同志屬
孫文

第十二章
宋教仁遇刺与二次革命

宋教仁遇刺案

▲ 实际负责主持国民党党务工作的宋教仁

1913年3月20日晚10时左右的上海北站显得热闹非凡，宋教仁、黄兴、廖仲恺等都聚集在此，准备送奉袁世凯电召北上的宋教仁乘夜车去北京。他此行的目的，是想趁国民党在1912年12月和1913年1月选举大胜之机进行活动。

10时45分，当宋教仁被黄兴等人簇拥着走到检票口时，背后忽中一弹，穿入胸中，直达腰部。宋忍痛不住，靠在铁栅栏上，凄声说道："我中枪了。"正说着，又闻两声枪响，车站顿时大乱，刺客乃趁机逃去。于右任等赶来急忙送宋教仁入沪宁医院抢救。但因子弹射中心脏附近，3月22日凌晨宋教仁不治身亡。黄兴、陈其美、于右任、居正等人皆悲愤填膺，情不可抑。

宋教仁遇刺后，举国震动，舆论大哗。国民党人认为此案的幕后黑手，一定是袁世凯。

1912年8月，宋教仁联合五党组成国民党，出任代理理事长，一时锋头甚劲。袁世凯对宋教仁一直心存忌惮。袁世凯先是对宋教仁有意拉拢，让他出任总理，孙中山、黄兴、唐绍仪等也劝他就任。但宋教仁坚持政党内阁的主张，所以坚辞不就。据说袁世凯送他西装，连尺码都非常准确，还送他交通银行50万元的支票一本，请他自由支配，但宋教仁只略取少许，离京南下前夕即让赵秉钧交还袁，留信一封表示“实不敢受”。

其实在袁世凯眼里，孙中山并无多大威胁。孙中山只是宣传自己的主义，不外平均地权、节制资本和修建铁道。而被评价为“议会迷”的宋教仁则热衷于西方议会民主、多党选举制度，鼓吹责任内阁、政党内阁。在各地演讲中，宋教仁极力宣扬将总统改为没有实权的虚位领袖，想利用国会将总统的权力局限在约法规定的适当范围内，甚至想取而代之。袁世凯对其谋士杨度评价说：“孙中山襟怀豁达，是容易相处的，天真的黄兴也好对付，顶难驾驭的，只有一个宋教仁。……以暴动手段来抢夺政权，我倒不怕；以合法手段，来争取政权，却厉害得多了。”

宋教仁合并诸党成立国民党，当然意指国会选举。从孙中山任临时大总统之时即坚持内阁制的宋教仁，此刻当然是为他的理想奋斗之时。

▲ 宋教仁在上海车站被刺身亡

1913年3月，中华民国第一届国会举行选举。这一结果，离清廷的9年预备立宪时间也提早了5年，这当然是辛亥革命的催化作用。选举结果，以党籍计，参议院党籍可知者，国民党占全院的54.5%；众议院党籍可知者，国民党占全院的60.4%，国民党大获全胜。

回乡省亲的宋教仁，在湖南乡下获知了国民党的选战胜利。此时，宋氏政治前途如日初升，所到之处，欢迎会上无不人山人海。国民党元老谭人凤一语中的：“国民党中人物，袁之最忌者惟宋教仁。”这正道破了问题之要害。

选举结束后，在国民党湖北支部讲演时，宋教仁赤裸裸地批评袁世凯政府：“现在接到各地的选举报告，我们的选举运动，是极其顺利的。袁世凯看此情形，一定忌克得很，一定要钩心斗角，设法破坏我们，陷害我们。我们要警惕，但是我们也不必惧怯。他不久的将来，容或有撕毁约法背叛民国的时候。我认为那个时候，正是他自掘坟墓，自取灭亡的时候。到了那个地步，我们再起来革命不迟。”宋教仁犀利之词，袁世凯自然得知，时任总统府秘书的张国淦回忆：“各省办理选举，其选举人在各处言论登报者，由总统府秘书每日剪呈。宋在黄州演讲时的言辞，甚是激烈，袁阅之言：其口锋何必如此尖刻？” 宋教仁屡屡言辞激烈，因而党内同志很为他的安全担心，而宋年少气盛，不以为意。

李剑农对几个人特点曾有精彩评论：“中山仍主张把政权让给袁氏，己则率其党员，尽力于社会的培养开化，所谓二十万里的铁路政策，人家说他是放大炮，在他是真实主张。故中山的新旧合作是朝野合作。而黄兴的新旧合作，是最老实的新旧合作，是希望北洋军阀官僚与国民党同化的合作。宋教仁的理想却不同，他是政党内阁主义的急先锋，曾对人说，现在非新旧势力合糅不可，正式大总统非袁公不克当此选，但内阁必须由政党组织始能发挥责任内阁制度的精神，但不必出于己党。故他的新旧合作，是总统与政党内阁的合作。”

在上海，陈其美也要宋教仁提防暗杀，宋教仁不以为然地说：“只有革命党人会暗杀人，哪里还怕他们来暗杀我们呢？”许多朋友来信要他多注意安全，他都没有放在心上。就在他3月20日，准备动身北上那一天，与《民立报》记者话别时，对方请他慎重防备，宋坦然地说：“无妨。吾此行统一全局，调和南北，正正堂堂，何足畏惧，国家之事，虽有危害，仍当并力赴之。”

很多历史学者认为，宋教仁死于年轻气盛、锋芒毕露，对中国根深蒂固的封建专制体制缺乏深刻认识，在全无民主经验和训练的彼时

中国，宋教仁的存在和做法被当政者视为最大威胁。其实，袁世凯及北洋集团握有的资源，远胜于国民党，但由于对那种新兴的民主政治的运作方式的不熟悉以及不重视，袁党没有在大选中下力竞选，因而输给了深谙此道的宋教仁。

虽然宋教仁只活了32岁，但正如一位学者所言，“他掀起了20世纪初那个昙花一现的民主旋风，至今仍是中国民主宪政史上一道最壮丽的风景线”。宋教仁遭暗杀，“是中国民主化步履艰难、充满痛苦、血腥的开端”。

“宋案”真相

宋教仁遇刺案的破获，出乎意料的顺利。

1913年3月23日，古董字画商王阿发到英租界捕房报称：一周前因卖字画曾去应夔丞（即应桂馨）家，应立即拿出一张照片，要他谋办照片上的人，愿出酬金1000元。他未应允。宋教仁被刺后，王阿发见各报刊所登宋的照片与应给他看的照片相同，特来报告。

公共租界巡捕房根据密报，在一妓院中将应夔丞抓获，并立至应家搜查。在应家搜查中发现其中一人神色慌张，遂带回巡捕房审讯，这位自称叫张福铭的人最终供出真名为武士英，而他正是杀害宋教仁的真凶。

山西人武士英早年曾投奔革命党，充当敢死队，转战数省，升为下级军官。以后又脱离军旅，到了上海，结识了当地会党头目应夔丞。而应夔丞，其实也是上海滩大名鼎鼎的角色。他有两个头衔，一是中华民国共进会会长，一是江苏驻沪巡查长。他原是策动武昌起义的共进会的一个干部，算是武汉军政府中的“三武”之张振武的党羽。张振武后来与黎元洪争权，被黎骗往北京，并乞袁世凯代为杀之。正在拉拢黎元洪的袁世凯迅速将张振武枪杀。

张振武一死，黎元洪便完全投向袁世凯，而原先捧他上台做开国元勋的革命党，尤其是共进会，便站在了他的对立面。共进会的应夔丞也因反黎而被黎所通缉，从武汉逃回上海。在同盟会扩大为国民党之后，应夔丞也与陈其美、宋教仁、黄兴、于右任等都很熟识。国民党在上海为宋教仁操办丧事时，应夔丞也进进出出，做热心帮忙状。等到应夔丞东窗事发，陈其美等都大为惊异：杀宋的凶手竟是国民党自己的同志。

应夔丞被捕后，法捕房总巡率人至应宅进行数次搜查，起获了大量公文凭据，才发现应夔丞的背后指使人，竟然出自北京国务院内务部的一位秘书洪述祖。抄获文件显示，洪述祖又受命于国务总理赵秉钧。

▲ 1913年，由袁世凯组织的政治会议议员合影

在袁世凯与孙中山暗中角力时，袁世凯的党羽想在革命党内搞个反间组织，应夔丞成了他们的人选。应某也顺势倒入袁党，成为袁世凯在国民党中的“卧底”。应夔丞在北京的顶头上司便是洪述祖，由国务院总理赵秉钧直接指挥。

自此，由洪述祖经手，应夔丞每月从国

务院秘密领取2000元的活动经费。他们不但在新闻界收买了一个叫作《民强》的刊物，专门替袁党做宣传，以与国民党报刊相对抗，甚至遍访或捏造孙中山、黄兴、宋教仁等人的“劣迹”，以做人身攻击。

当宋教仁的言辞越来越激烈时，袁世凯手下的这群党羽也越来越坐立不安。应夔丞与洪述祖形成密约，由应夔丞物色杀手并具体指挥刺杀宋教仁。应夔丞见武士英精于枪击，且贪财胆大，遂与之商议刺宋一事。两人一拍即合。

真相大白于天下，幕后黑手竟然是袁世凯身边的亲信，这将袁世凯一下子置于千夫所指之境地。问题是，赵秉钧是否直接向手下下达过刺杀宋的命令，以此为袁世凯排除隐患之忧？而袁世凯，对这一切是否真正知情？

据章士钊回忆，当宋教仁遇刺的电报传到时，他正在总统府与袁世凯一起用餐。袁世凯闻讯后的反应是叹息说，“遁初（宋教仁的字）可惜，早知如此，何必当初？”随后闲谈中，袁世凯意指宋案的凶手是黄兴，理由是“黄、宋争国务总理，两派大决裂为证”，章士钊闻之不满，愤然辞出。

宋教仁遇刺的消息传来时，赵秉钧正在主持内阁例会，“闻听消息，大惊失色，一边绕桌子不停转圈一边自言自语：‘人若说我打死宋教仁，岂不是我卖友，那能算人？’各总长相顾均未发言。少顷，府中电请总理，总理即仓皇去府”。赵秉钧的反应是一种“表演”还是真的意外？

究竟谁是刺杀宋教仁的幕后真凶，一直以来众说纷纭。此前最大的嫌疑对象为总统袁世凯和时任总理赵秉钧。1913年5月5日，上海地方检察厅发出传票，要求赵秉钧到沪出庭。赵秉钧以病假为由拒绝。后来，二次革命爆发，庭审也就不了了之。1914年2月26日，已经辞职的赵秉钧在天津寓所暴毙。史学界一直倾向认为，赵秉钧之死是袁世凯杀人灭口。

那么，袁世凯在“宋案”中到底扮演什么角色呢？北京大学历史系教授尚小明认为，洪述祖向应夔丞购买宋教仁的丑闻，袁世凯是知情的，但后来发展成“杀宋”，袁世凯显然蒙在鼓里。洪述祖打着袁世凯和赵秉钧的名义做出这些勾当，袁也是有口说不清。

杀手武士英1913年在上海六十一团兵营监狱中死去。是病死还是毒杀，也成了一个未解之谜。北京大学历史系教授尚小明的看法是：“从武士英死后进行尸检的结果来看，武士英是病死。考虑到参加尸检的医院代表来自几方，且应夔丞党徒再次投毒难度极大，武士英病死的可能性很大。武士英之死使国民党人失去了了解宋教仁被刺实情的一条线索，为此国民党上海交通部反应激烈，曾要求负责看管武士英的第六十一团团长陈其蔚作出解释，陈其蔚也曾向江苏都督程德全详细报告过武士英发病、治疗及死亡经过。”

“二次革命”爆发后，应夔丞越狱逃走，后不知死活地跑到北京向袁世凯讨赏，结果被袁世凯派人刺死在往来京津的列车上。

而刺宋案的始作俑者洪述祖，在应夔丞被捕后，就立刻躲进青岛的租界中，从此隐姓埋名不敢露面。直到1917年，与“宋案”有关的人都已经过世，他以为已经没有人记得他了，于是到上海做买卖，谁知竟然在上海街头被宋教仁之子宋振吕抓了个正着。后来，洪述祖被引渡到京师地方审判厅，经过一年的审讯，最终被判处死刑。当时，民国废除斩首实行绞刑，为此还专门从国外进口了一架绞刑机，洪述祖就成了民国第一个被实行绞刑的人。

至此，与“宋案”有关的所有人都已作古，但是“宋案”留下的诸多未解之谜，至今仍笼罩在疑云之中。

对“宋案”犹豫不定的国民党

宋教仁遇刺时，孙中山正率大批国民党随员作访日之行，得知消息后，他立即中止访问，于1913年3月25日返抵上海。当晚孙中山等人便在黄兴寓所召开国民党高级干部会议，以商讨对策。据当时的报纸报道，“随至黄克强（黄兴）先生家，相见泪下，谓不意海外归来，失此良友……”

当宋教仁案的真相已大白于天下时，孙中山和国民党人都极为愤怒。孙中山主持召开军事会议，力主武力讨袁。黄兴则反对，他说：“民国元气未复，仍不如以法律解决之为愈。证据确凿，俟国民大会发表后，可组织特别法庭，缺席裁判，何患效力不复生？”

此时的国民党已非在野时的同盟会，冒险犯难的精神已大不如前。握有兵权的同志大都做了各省都督，有了自己的地盘和既得利益，对孙中山的讨袁指令大都借故推脱，坚决支持的只有江西的李烈钧和上海的陈其美，武力解决的事遂耽搁下来。由于赵秉钧拒绝上海特别法庭的传讯，法律解决也陷于停顿。

4月26日，即袁世凯的亲信谋刺宋教仁的罪行得到公开证实的当天，袁世凯在“善后大借款”谈判中，不顾各方反对，未经国会讨论通过，便完全接受银行团所提的苛刻条件。当天夜里，由国务总理赵秉钧、财政总长周学熙、外交总长陆徵祥与汇丰、德华、东方汇理、道胜、横滨正金五银行代表在北京签字，共借款2500万英镑，名曰“中国善后借款”，以全部盐税及关税余额为担保。可是，中国只得到2100万英镑，并规定至1960年需偿还本息约6800万英镑。消息透露出去后，国会和全国舆论一致形成反对借款风潮。参议院议长张继、副议长王正廷得讯后阻拦无果，遂以议长资格通电，不承认借款合同。不愿诉诸武力的国民党，决定在维护约法问题上向袁世凯发起挑战，同时也不关死和解大门。孙中山、黄兴、胡汉民等发通电，号召国民党全党“力行设法反对”。国民党籍的安徽都督柏文蔚、江西都督李烈钧、广东都督胡汉民与湖南都督谭延闿也表示了同一立场，但在当年各省都督中，表示反对借款的只有他们四位，而通电赞成者则有17省的都督。

实际上，早在国民党内部对待袁世凯态度摇摆不定时，袁世凯已采取了一系列应对之策。5月6日，袁世凯在总统府召开秘密会议，布置南方的军事，宣称要“除暴安良”，严厉指责孙、黄等人“捏词耸听、淆乱人心”；陕西都督张凤翙、山西都督阎锡山、直隶都督冯国璋、奉天都督张锡銮、山东都督周自齐与河南都督张镇芳等联名通电，指斥黄兴等“不惜名誉，不爱国家，谗言横行，甘为戎首；始以宋案牵诬政府，继以借款冀逞阴谋”，其中张凤翙、阎锡山都是国民党人，表明国民党已经分裂。

在完成军事部署后，老谋深算的袁世凯为了逼迫南方首先发难，以中央名义，先是解除了李烈钧江西都督的职务，以自己阵营的黎元洪代之，接着又罢免了胡汉民与柏文蔚；与此同时，袁世凯拟定军事计划，三路大军向江西、安庆及南京出发。袁世凯当然知道革命党人不会甘心束手就擒，而是一定要反抗，这样中央对南方用兵就可以名正言顺地进行。

果然，1913年7月12日，李烈钧在江西湖口宣布独立，以江西讨袁军总司令的名义发布讨袁檄文，号召“天下共击之”。此后数日内，国民党控制的江苏、安徽、广东、上海、福建、湖南及重庆的部队川军相继响应，一时间颇有声势，似乎要重现辛亥年的局面。7月15日，黄兴到达南京宣布独立。7月22日，孙中山发布讨袁通电中敦促袁世凯辞职，否则“文不忍东南人民久困兵革，必以胆此反对君主专制之决心、反对公之一人。义无反顾”。

“二次革命”的爆发，也意味着民主政治的中国实验就此终结。实际上，形势已与当年大不相同。清政府退位后，全国人心思治，希望国家早日走上安定建设的轨道。宋案的发生虽使举国哗然，但多数人认同由法律解决。至于国民党方面，由于许多杂牌小党的加入，已成为一个谋求政治利益的俱乐部，就是原来老同盟会的同志，大多以为大功告成，转而热衷于仕途名利。所以国民党声势虽大，但肯于随孙、黄反袁者甚少，其中又多犹豫动摇者。内部分歧，举事仓促，军队的战斗力可想而知。起义各省的部队，面对兵精饷足的北洋军，望风披靡，没有经过什么像样的战斗就溃败了。孙、黄及革命同志们只得东渡日本再度流亡。革命党人原有的地盘悉数为北洋所接收，北洋的势力第一次越过了长江。

▲ 孙中山与阎锡山合影

为了获得当选总统的足够选票，把中间的进步党人（5月底，与国民党相对立的黎元洪的共和党、章太炎的统一党与梁启超的民主党合并为进步党）从国民党中彻底分化出来，坚定他们的拥袁立场，袁世凯还特地挑选了进步党人之一的熊希龄，由他组成了所谓“一流人才内阁”。“一流人才”，主要是指内阁成员多为政坛名流，如梁启超、张謇、汪大燮等。

10月6日，参、众两院议员举行总统投票选举，本来袁世凯已将对手打尽，当选不成问题。但他仍然担心当天不能选出来，就在议员都到会之后，操纵了数千人，号称“公民团”，包围了议会，声称不选出总统不准议员出来。投了两次票，袁世凯都没有得到法定应得的选票，被关在内的议员们人困马乏，直到晚上才被迫选袁为总统。这种卑劣而滑稽的做法也成了历史上的一大笑料。

袁世凯后来更加明目张胆，他先取消了国民党议员资格，各省议会也纷纷取缔国民党，于是，自辛亥革命以来国内最大政治势力的国民党土崩瓦解了。1914年1月10日袁世凯更是直接解散了国会。自此，袁世凯的北洋集团在中国真正占据了主导地位。

流亡日本，建立中华革命党

“二次革命”失败后，孙中山、黄兴先后流亡日本。1913年11月4日，袁世凯下令解散国民党，并撤销国会中国民党籍议员的资格。比较有影响的国民党人在国内已不能立足。除了小部分转而投靠袁世凯之外，大多流亡日本及南洋。整个国民党势力如同一盘散沙，几乎土崩瓦解。革命力量的惨败迫使孙中山不得不做痛苦的反思。

孙中山到达日本后，许多老同盟会员李烈钧、柏文蔚、胡汉民、廖仲恺、居正、许崇智、谭人凤等陆续到达日本，聚在一起共商讨袁大计。而陈其美、戴季陶、朱执信、邓铿等仍坚持在国内作斗争。当时流亡日本的国民党人，生活十分艰苦，衣食不周，甚至向公费留学生索取一点食物糊口。

国民党是一个曾经拥有几十万党员的大党，但此时几乎被袁世凯瓦解殆尽，孙中山认为，二次革命的失败，并不是因为袁世凯过于强大，而是因为国民党内部过于涣散。虽然党员众多，声势浩大，但内部意见分歧太多，“党魁则等于傀儡，党员则有类散沙”，因而患难之际，彼此“疏如路人”。在给一位美国同情者的信中，孙中山透露，他“正忙于准备另一场运动。这回我将亲自处理全部事务……第一次革命在我回国之前就已爆发……第二次革命我没有参加，因我以为那里的很多人完全有能力把事情办好……可是，厨子多了煮坏汤！”在私下通信中，孙中山对自己的同志毫不客气，直截了当地指责他们对其阻难，现在要求他们对其绝对忠诚和服从。

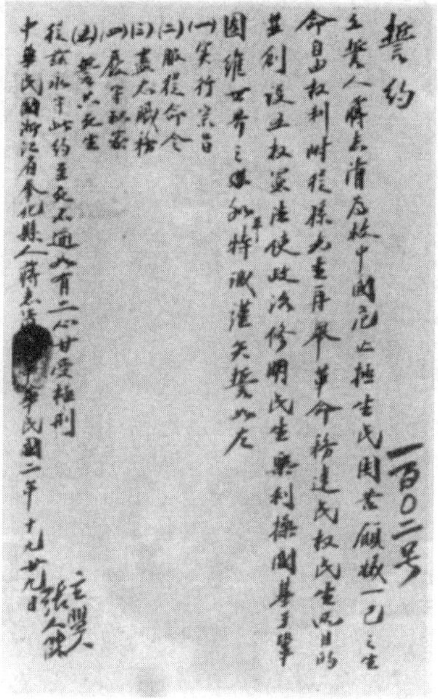

誓约

立誓人蒋志清为救中国危亡拯生民困苦愿牺牲一己之生命自由权利附从孙先生再举革命务达民权民生两目的并创制五权宪法使政治修明民生乐利措国基于巩固维世界之和平特诚谨矢誓如左

(一)实行宗旨
(二)服从命令
(三)尽忠职务
(四)严守秘密
(五)誓共生死

从兹永守此约至死不渝如有二心甘受极刑

中华民国浙江省奉化县人蒋志清

一百〇二号

主盟人 张人杰

▲ 中华革命党党员誓约。其中“附从孙先生，再举革命”一句，当年曾引起黄兴等会员的不满

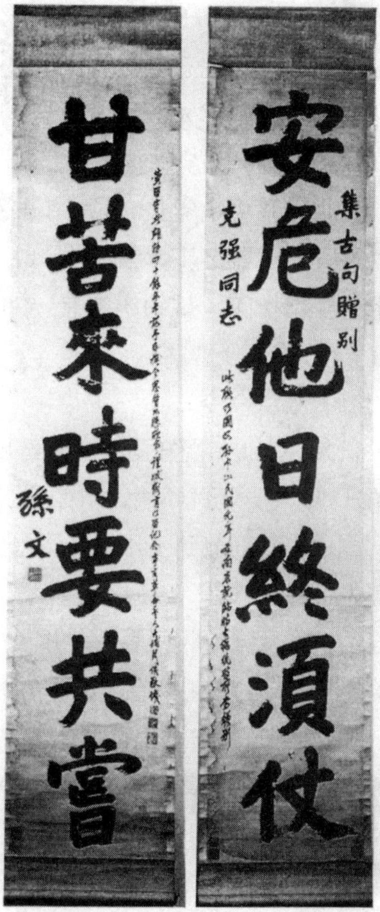

▲ 年轻时的蒋介石和宋子文

1913年秋，孙中山决心要缔造一个组织坚强的“中华革命党”。基于对以往革命失败的认识，孙中山特别强调“服从党魁”这一条件，他期望的这个新的政党，凡入党者，“必自问甘愿服从文一人，毫无疑虑而后可”。

1913年9月27日，中华革命党吸收第一批五名党员。孙中山严格制定入党程序，起草了中华革命党入党章程和誓约，并决定党员必须在立约宣誓的署名下，盖上右手的中指指印。誓约内容有五条：（一）实行宗旨；（二）服从命令；（三）尽忠职务；（四）严守秘密；（五）誓共死生。除此之外，还有一句：从兹永守此约，至死不渝，如有贰心，甘受极刑。

这份誓词遭到了几位老同盟会中坚人物的反对。黄兴认为“附从孙先生再举革命”一词不妥，不能“附从”；李烈钧说：“牺牲一己之自由，附从党魁为屈辱”，并且反对捺手印。在流亡者中，接受此政治领导定义的人中，有一位是27岁的蒋介石。

1914年6月初，孙中山与黄兴的矛盾日渐暴露，黄兴决定赴美。27日，孙中山赴黄兴寓所送行，并集古诗联句书相赠：“安危他日终须仗，甘苦来时要共尝”，表示一片惜别之情，并希望以后再度合作。黄兴在赴美途中船上赋诗曰：“口吐三峡水，足蹈万里云，茫茫天地间，何处着吾身？”黄兴的矛盾复杂心理可见一斑。

1914年7月8日，中华革命党在东京举行选举大会，孙中山当选为总理。根据中华革命党原始党员名册，从1913年9月至1914年7月，共有692人入党，并规定以青天白日旗为中华民国国旗，旗以红色为地，青天白日为章，章在旗首上隅。

二次讨袁

二次革命失败后，袁世凯因在国内已经没有足够的反对力量，行事嚣张。1913年10月6日，在大批军警包围下，袁世凯“当选”“正式大总统”。10月10日，袁世凯在清宫太和殿上举行盛大的大总统就职典礼，当日下午又在天安门上阅兵，将勋章授给前清内务府总管世续和太保徐世昌，想以此表明民国大总统的地位不是从革命党手中夺来的，而是由清王朝“禅让”而来。

1914年7月，在组成宪法起草委员会后，关于何种国体适用于中国的讨论，突然成为舆论关注的中心和焦点。舆论先行，这是帝制发动的第一步。8月3日，总统府顾问古德诺（Frank Johnson Goodnow）发表了《共和与君主论》，认为中国国情不适用于共和制。14日，杨度、严复、刘师培、孙毓筠等“六君子”发起成立“筹安会”，杨度后来发表《君宪救国论》的长文，全面阐述中国应该实行君主立宪制的理由。

此后，袁的亲信段芝贵等密电各省长官，要求各地以公民名义向参政院上书请愿更改国体。在一系列精心安排下，1914年9月1日，参政院代行立法院开会，一些代表请愿改变国体。对身边亲信炮制出的

▼ 1913年10月10日，袁世凯就任正式大总统后，各国驻华使节觐见袁世凯

“民意”，袁则佯装不知。但暗地里，他已一步一步地按照计划，为称帝做准备。

1914年12月9日，参政院修正通过《修正大总统选举法》，根据这个选举法，袁世凯不但享有终身职务，而且死后传妻传子，悉听尊便。这时距武昌起义仅过3年，可是革命党人流血牺牲换来的“共和”，却已被袁世凯无情抛弃。

此时第一次世界大战刚刚爆发。日本利用各国无暇过问中国之时，于1914年11月出兵占领青岛，取代了德国的殖民统治，控制了胶济铁路。1915年1月，日本向袁世凯提出臭名昭著的“二十一条”，这是它长期以来梦想独霸中国而迟迟未亮出的王牌。

“二十一条”分为五大类，大都涉及经济上的特权。其主要内容是：日本继承德国在山东的一切特权，增加筑路通商的新的权利；日本享有在南满、东蒙一带的特权；将日本租界旅顺、大连港口和南满、安奉两条铁路的期限延至99年；中国沿海港湾、岛屿不能租借或割

让给其他国家；不仅如此，第五款中还有如下要求：日本人要担任中国中央政府的政治顾问、军事顾问和经济顾问，组建一支联合警察部队，以及在开发福建省占有支配地位。不难看出，日本是要使中国沦为保护国。

一周后，条约内容被记者们捅了出来，举国哗然，国内各界纷纷集会、通电、罢工罢课，抵制日货以示反对。孙中山虽居海外，亦及时揭露日本“二十一条交涉的真相”，他说：“此次交涉之由来，实由夫己氏（指袁世凯）欲称帝，要求日本承认，日本政府欲先得到相当之报酬，……夫己氏隐诺之，故有条件之提出。”

袁世凯企图称帝的野心还没被国民看透，多数人并不赞同孙中山进行反袁斗争，但孙中山还是坚定自己的立场。1915年10月，陈其美在孙中山的指派下到上海策划讨袁，策动了肇和兵舰起义，青年军官蒋介石还在其中担任军事一职，起草《淞沪起义军事计划书》，但起义很快招致失败。

▲ 护国战争时期的蔡锷

另一方面，袁世凯已经按照“民意”要求，为登基做最后的准备。参政院在第一次送“推戴书”，“推戴”袁为“中华帝国皇帝”而被其故作姿态地退还后，1915年12月11日晚，参政院再次递交“推戴书”。这一次，袁世凯不再推辞，12月13日正式宣布改国号为“中华帝国”。

此时，袁世凯的用心已完全大白于天下。如果说孙中山此前的反袁宣传和行动还不被理解的话，那么在此关头，“倒袁”已成为共识。而在这一轮新的倒袁活动中，曾经被袁世凯极力拉拢的力量，则成了倒袁中坚。其中起主导作用的，就是袁世凯原来的盟友——进步党人，其主脑一文一武，文为梁启超，武为蔡锷。12月23日，蔡锷、唐继尧与李烈钧等在云南起义，宣告云南独立，并通电各省要求取消帝制，联合讨袁；唐继尧留守云南，蔡锷、李烈钧二军分别出师四川、广西，护国战争爆发。

云南已经举起讨袁大旗，而袁世凯已止不住自己在称帝之路上的脚步。1916年1月1日，他在北京黄袍加身，举行登基大典，改国号为“中华帝国”，年号为洪宪元年。

这使得已经点起的护国运动之火，很快蔓延到了全国，就连袁世

▲ 去世前一年的袁世凯（摄于1915年）

▲ 位于河南安阳袁林里的袁世凯墓

凯的心腹——四川督军陈宧、湖南的汤芗铭也站到了他的反对面。3月22日，众叛亲离的袁世凯不得不宣布取消帝制；1916年6月6日，只做了83天皇帝美梦的袁世凯，在举国一片讨伐声中黯然死去。

新旧约法之争与南下护法

孙中山在日本得知国内反袁消息后，甚为振奋。因为担心中华革命党仍不够强大，所以他决意回到国内，亲临指挥这场保卫共和国体的斗争。

1916年4月27日，孙中山偕廖仲恺、戴季陶、张继等由日本启程返沪，同时还向在美国的黄兴也发出了邀请。为了保护共和，孙中山尽可能地团结各派。他同意仍然使用民国建立时决定的五色旗国旗，而不是他在组建中华革命党时规定的青天白日旗。他不为个人地位作任何考虑，只要求坚持民国元年的约法。一直反对革命党的梁启超对孙中山的这个主张也表示赞同。

1912年3月12日，孙中山公布了经参议院通过的《中华民国临时约法》，这是中国宪政史上的首部宪法，它是用法律的形式确定在中国实行民主共和制度，规定了："中华民国人民一律平等，无种族、阶级、宗教之区别"，"人民有人身、居住、财产、言论、出版、集会、结社、通信、信仰等的自由，有请愿、选举和被选举的权利"。但是袁世凯掌权后，便开始破坏临时约法，1914年5月，他颁布《中华民国约法》代替临时约法。

1916年6月6日袁世凯死后，作为袁内阁总理兼陆军总长的段祺瑞发布通告，根据袁氏《中华民国约法》，由黎元洪继任总统，恢复国会。孙中山和黄兴在上海通电反对；国会议员也发表宣言，不承认根据袁世凯的约法继任；南北军界各派人也表示反对。在各界的压力下，国务院内阁总理兼陆军总长段祺瑞不得不放弃袁世凯的约法，黎元洪也宣布恢复民国元年的约法，重开国会。新旧约法之争随之结束。

但北京政府并未就此安定下来。自黎元洪继任大总统、段祺瑞当了国务总理后，两人矛盾不断，被称为“府院之争”。到1917年，“府院之争”的焦点集中到对德问题上。

1917年春，第一次世界大战的战火已燃烧了3年之久。段祺瑞主张对德国宣战想借机扩大势力，其真实目的在于以此和日本挂钩，借机取得日本的贷款和军火，并接收德国在中国的利益。

而孙中山认为“参战”一事关系到整个国家生死存亡的前途大事，因而主张“除严守中立外，不能望有他种行动”。孙中山又致电北京的参、众两院，希望不要加入协约国。但赞成他主张的只有一部分中华革命党党员。这一年春夏间，孙中山与朱执信、胡汉民等人经多次讨论后，决定由孙中山口授内容与观点，由朱执信执笔撰写《中国存亡问题》一书。此书从世界形势、各国间利害冲突以及中国政局，反复说明了中国参战有百害而无一利。意义远远超出了有关参战问题的争论，实际上全面表达了孙中山对于当时国际政治、军事、外交等诸方面的理论和思想。

▲ 1916年孙中山在上海

到了1917年5月间，黎元洪与段祺瑞的“府院之争”日益激化，各种反段力量呈结合之势，他们要在众议院开会时，否决对德宣战议案。闻听此讯的段祺瑞在5月10日策动了一个3000人的“公民请愿团”，包围众议院，强迫议员通过政府宣战案，反对宣战的十几位议员被暴徒殴伤，议员被围困达10小时之久。如此恶劣的行径激怒了议员们，会议中止，各部总长也先后辞职，内阁只剩下了段祺瑞一个人。

5月11日，孙中山与唐绍仪、章太炎、唐继尧等人联名致电黎元洪，要求惩办滋扰国会的伪公民团，段祺瑞又唆使督军团逼迫黎元洪解散国会，黎元洪因此免除段祺瑞职务，让伍廷芳代理国务总理。在段祺瑞的指使下，安徽、河南、山东、奉天、陕西、浙江、直隶等省的督军相继宣布独立。

无力对付督军团的黎元洪求助于有重兵驻扎在徐州的安徽督军张勋，请他到北京保护自己。张勋6月7日率“辫子军”5000人自徐州动身，到天津后却逼迫黎元洪3天内解散国会。9日，“辫子军”开始入驻北京。引狼入室的黎元洪无奈宣布解散国会。翌日，张勋又把康有为叫到北京，住在张勋的私邸，共策复辟清室。

7月1日，张勋、康有为等人在清宫拥立清废帝溥仪再次登基，并将国号改称为宣统九年。消息传出，各省的督军及各界

▲ 张勋

▲ 溥仪

人士一致声讨。段祺瑞自任“讨逆军总司令”打败张勋，这出复辟丑剧仅“上演”了十几天便匆匆落幕。

张勋复辟时，孙中山于7月4日召集在上海的唐绍仪、程璧光、章太炎等人商讨讨伐叛逆、维护辛亥革命的成果，孙中山主张成立临时政府，决定邀请黎元洪南下继续行使总统职权，并致电国会议员，请他们南下护法。7月8日，孙中山乘“海琛”舰由上海赴广州，着手组建军政府，准备在广州建立护法根据地。

7月19日，孙中山电请国会议员南下开会，并致电段祺瑞，揭穿他非法复任国务总理的阴谋，但段祺瑞对孙中山的警告置若罔闻，他自认是“再造共和”，不再召集国会，反而修改了国会组织法，重组国会。于是国会议员纷纷南下，25日，国会议员在广州召开了国会非常会议，会议通过了《中华民国军政府组织大纲》。

9月1日，国会“非常会议”选举孙中山为中华民国军政府大元帅，唐继尧、陆荣廷为元帅。于是，中国分裂为南、北两个政府。同一天，非常国会还选举了各部总长。孙中山任命章太炎为秘书长。章太炎以往反对孙中山最为激烈，但经历这么多年的风雨和波折，他终于被孙中山宽容的气度所感动，最终成为孙中山领导的护法斗争中的积极一员。

当时的军政府最需要的是能够控制掌握的军队，所以孙中山在组织军政府期间，曾多次致电留居在上海的岑春煊、广西的陆荣廷和云南的唐继尧，请他们到广州来“公商要政”，但都被对方称病拒绝，这样一来，孙中山只对国会和一支小小的海军有一些影响，陆军则完全不听调遣。

此时，国内各省护法运动已渐成声势，北方的段祺瑞政府也准备动用武力进行镇压。9月下旬，北洋军在湖南与桂军相持。10月，被孙中山派往湖南的程潜率军进入长沙，推举陆荣廷为“湘粤桂巡阅使”，谭浩明为湖南督军。但陆荣廷对程潜出任省长十分不满，于12月18日唆使谭浩明以武力迫使程潜辞职，自此牢牢地把湖南纳入桂系的势力范围之内。

北洋军在前线的失败使段祺瑞陷入困境。1917年11月15日，他向冯国璋提出辞呈。由于段的下台，日本当局期望促成“南北议和”。而力图扩充自己势力的陆荣廷，在控制了湖南后，希望通过“南北议和”捞到更多好处，并饬令前线“响应”冯国璋的停战令。北方段祺瑞的皖系势力乘机反攻，卷土重来。吴佩孚率军南下，连续攻陷岳阳、平江等地，粤桂联军迅速溃退。1918年3月长沙失守，联军退守湘南。

皖系的胜利，使段祺瑞有了复出的资本。以曹锟为首的15省3特区的督军联名要求段出山组阁，日本方面暗中支持奉系张作霖表态支持。3月23日，段祺瑞终于再次复出掌权。陆荣廷为了保住他在两广的统治权，背着孙中山与吴佩孚签订了停战协定。

陆荣廷一直视孙中山在广州建立军政府之举为抢夺其地盘，想方设法削弱军政府的权力。军政府与广东督军府的矛盾越来越大，怕广东人反桂情绪高涨，陆荣廷又任亲信莫荣新担任广东督军。

▲ 曹锟

莫荣新当了广东督军后，进一步从事反孙中山、反军政府的活动，接连以“匪徒”名义捕杀大元帅府卫队数十名官兵。为了护法目的对军阀忍让再三的孙中山终于忍无可忍，他令陈炯明、程璧光等讨伐莫荣新，但没有得到回应。气愤已极的孙中山于是率领卫士及部分将领登上“同安”“豫章”两舰，亲自指挥向督军署开炮，炮手连续向观音山督军府发射70余发炮弹，广州全城为之震动。迫于压力的莫荣新最后只好亲自到大元帅府“道歉”。

早在1917年10月，陆荣廷就与唐继尧暗中策划成立另一个机构，以代替军政府。次年1月5日，他们在广州成立各省联合会议，像伍廷芳、唐绍仪、唐继尧、程璧光、陆荣廷等都在其中任外交、财政、军事要职，这已经在事实上形成了和军政府对峙的局面，孙中山虽然一再通电表示反对，但军政府被阉割局势已难以挽回。

1918年2月26日，海军总长程璧光被刺杀，海军内部开始分化。一些官兵不安于护法，企图脱离军政府回上海，孙中山又失去了一支有力的依赖力量。

▲ 1917年9月任海陆军大元帅的孙中山

5月20日，非常国会在广州再次开会，孙中山失去了原有的“大元帅”职务，转而成为七人组成的政务总裁，孙中山成为无关紧要的总裁之一；陆荣廷与唐继尧推举岑春煊担任“主席总裁”，西南政局已完全被桂滇军阀把持，军政府名存实亡。选举次日，孙中山愤然离开广州。5月26日，由胡汉民陪同从汕头到了三河坝，当时任粤军司令部作战科主任的蒋介石前来迎接。见到孙中山疲惫、衰老的模样，蒋介石流下了眼泪，两人一直交谈到深夜。

北方军阀的派系斗争已达白热化，徐世昌就任北京政府总统，国内的和平气氛又高涨起来，徐世昌于11月16日发布了停战命令；西南军政府也在23日下令停战。双方准备派代表在上海开始谈判。1919年5月13日，双方宣告谈判破裂。

这个时期也是自辛亥革命以来最艰苦的时期。孙中山处于这种有名无实、身为“元帅”却调动不了军队的无奈处境，听凭军阀们左右局势。合法的西南非常国会又不接纳孙中山的主张，革命事业举步维艰。

痛失革命同志

就在讨袁浪潮高涨之际，许多不幸的事情却一一向孙中山袭来。

1915年2月21日，孙眉在澳门病逝。孙眉的一生也是协助孙中山革命的一生。年轻时，孙眉曾因政见不合，与弟弟形同水火；当他理解了孙中山从事的革命事业的意义时，便义无反顾地伸出援助之手，不惜倾家荡产，共捐出70万美元巨资，从富有的“茂宜王”破落成普通农民。

1907年，孙眉被迫放弃了自己经营30年的产业，离开夏威夷前往香港，租房居住，并担当起赡养母亲杨太夫人和照料孙中山夫人卢氏及子女的责任。讨袁军失败后，孙眉从翠亨村避居澳门，忧愤成疾，抑郁而死。

1916年5月18日，孙中山最得力的革命助手陈其美在上海被袁世凯派人暗杀。陈其美于辛亥、讨袁诸多战斗中，屡次在上海策划举兵，虽败不馁，对革命忠诚不渝。袁世凯对此深为忌恨，密令张宗昌伺机暗害。当天，张指使密探程子安、宋志明利用叛徒李海秋暗杀陈其美于上海萨坡赛路14号机关总部。

10月31日，与孙中山并肩战斗多年的黄兴在上海病逝，年仅42岁。黄兴自1914年与孙中山分手后，远赴美国。此后，原同盟会和国民党中的一些军界人士如李烈钧、柏文蔚和陈炯明等相继离孙中山而去他国。尚有李根源、林虎等人留在东京，适逢第一次世界大战爆发，遂发起成立“欧事研究会”，其宗旨是“力图人才集中，不分党界”；“对国内主张浸润渐进主义”；“对于中山先生取尊敬主义”。成立后联名去信美国征求黄兴意见，黄兴表示参加。欧事研究会成立后，黄兴在美国的檀香山、旧金山、洛杉矶、纽约等地积极从事反袁宣传。1915年袁世凯接受日本“二十一条”，进行称帝活动时，黄兴与李烈钧等人联名通电斥责，并改变了方针，认为“反袁斗争主要是武装对抗，但也不排斥其他方法”，和中华革命党的斗争方针渐趋一致。

黄兴托其子黄一欧去东京致函孙中山说：袁世凯必将称帝，三次革命的发难时机已届成熟，如有所命，极愿效力。孙中山也希望黄兴早去日本，共商讨袁大计。

1916年5月1日孙中山回到上海，回国前曾电邀黄兴回国共同讨袁。黄兴于4月22日从美国启程，经日本，于7月6日回到上海。这时袁世凯已暴死，革命形势大好，孙、黄再次联手，对革命非常有利。不幸黄兴突患胃出血重病，于10月中旬住院治疗，但病情很快恶化，于10月31日晨逝世。黄兴病逝，孙中山十分悲伤。

11月8日，被孙中山誉为“再造民国”的蔡锷将军也在日本病逝。

第十三章

孙中山的情感世界

一段美丽的婚姻

1915年10月25日，49岁的孙中山偕22岁的宋庆龄，去东京市政府办理了结婚手续，日本著名律师和田瑞为他们主持签订了《婚姻誓约书》。

此次孙文与宋庆龄之间缔结婚约，亲证立以下誓约：

一、尽速办理符合中国法律的正式婚姻手续。

二、将来永远保持夫妇关系，共同努力增进相互间之幸福。

三、万一发生违犯本誓约之行为，即使受到法律上的任何制裁，亦不得有任何异议；而且为了保持各自的名声，即使任何一方之亲属采取任何措施，亦不得有任何怨言。

以上诸条约，均系在见证人和田瑞面前各自的誓言，誓约之履行亦系和田瑞从中之协助督促。

本誓约书制成三份，誓约者各持一份，另一份存于见证人手中。

誓约人　孙文（章）

立约人　宋庆琳

见证人　和田瑞（章）

一千九百十五年十月二十六日

▲ 1915年10月25日，孙中山与宋庆龄在日本东京结婚

为了书写方便，宋庆龄把名字的最后一字写成了更简单的“琳”字。为求双日吉利，也将签约日期改为10月26日。

1894年，孙中山在宋家第一次见到了1岁多的宋庆龄，那时他怎么也没料到，21年后，这个可爱的女孩竟会不顾父母亲的强烈反对，奔赴日本成为他的新娘。

1908年，15岁的宋庆龄带着妹妹宋美龄一起到美国留学，考入了佐治亚州的威斯里安女子学院文学系学习，1913年获得学士学位。她在离美回国时，在致其老师的信中写道：“我也很自豪地带了一封致他（指孙中山）的私信。”看得出，那时候的孙中山，已是宋庆龄心目中非同一般的人物。

当宋庆龄乘坐的远洋轮船刚刚驶到加利福尼亚时，她收到了父亲发来的电报，要她“暂缓行程”。原来，宋耀如追随因“二次革命”失败的孙中山流亡日本，希望与女儿在日本会合。20岁的宋庆龄也许不知道，生命里最重要的一件大事就要发生。

▲ 年轻时的宋庆龄

1913年8月29日，宋庆龄抵达横滨，见到了久别的父亲与姐姐宋霭龄。第二天晚上，她就由父亲和姐姐陪着去拜访孙中山，这是宋庆龄成年后首次会晤孙中山。宋庆龄对孙中山的仰慕，很大程度来自父亲宋耀如的影响。在孙中山的革命事业里，宋耀如是他最坚定的支持者，数十年未变。宋庆龄带着崇敬与兴奋的心情，见到了孙中山。

以后的一段日子里，宋耀如带着两姐妹，频繁出入孙中山的寓所。那时宋耀如已有肝病，不能长时期坐在日本矮桌边从事书写，而宋霭龄马上要回国结婚，被紧急召唤过去的宋庆龄由父亲陪同，每天到东京赤坂区灵南坂26号孙中山住处工作。

1914年9月宋霭龄回上海与孔祥熙结婚，宋庆龄接替姐姐，做了孙中山的秘书。爱情的火苗不知何时在两人之间悄悄燃烧起来，并且越烧越旺，年岁的差距显然已经不是阻碍，即使孙中山已有妻室和三个子女。

以《西行漫记》闻名的美国记者斯诺曾在20世纪30年代问宋庆龄是如何爱上孙先生的。答道：

> 我当时并不是爱上他，而是出于敬仰。我偷跑出去协助他工作，是发自少女浪漫的念头——但这是一个好念头。我想为拯救中国出力，而孙博士是一位能够拯救中国的人，所以，我想帮助他。

宋庆龄一连写了好几封信给仍在美国求学的妹妹宋美龄，信中热情地述说她为孙中山工作的愉快与期待：“我从来没有这样快活过，我想，这类事是我从小姑娘的时候就想做的。我真的接近了革命运动的中心。”“我能帮助中国，我也能帮助孙博士，他需要我。”

两人究竟是如何捅破了这层窗户纸呢？宋庆龄在1921年的《自述》中写道：

> 孙博士得悉我正在学习中文，他赠我一些中国文学方面的书籍和有关当代政治方面的英文书。他非常关心我的学习和生活，对我的工作鼓励甚多，使我不知不觉渐渐地被他吸引，所以当他要求和我结婚时，我就同意了。

晚年宋庆龄回忆起那段日子，似乎仍沉浸在甜蜜的回忆中。

1915年夏天，宋庆龄陪母亲看病回国后，留在日本的孙中山完

▲ 影响中国近代史的宋氏三姐妹：宋庆龄（左）、宋蔼龄（中）、宋美龄（右）

全变了样，经常陷入深思状态。书本打开着，眼睛却凝视着别处，甚至不思饮食。房东梅屋夫人很担心，直率地问：“您是不是患了相思病？”孙中山沉默了一会儿回答说：“我忘不了庆龄。遇到她以后，我感到有生以来第一次遇到了爱，知道了恋爱的苦乐。”

当梅屋夫人提醒他们之间的年龄差异过大，结婚会“折寿”时，孙中山却坚定地说：“如果能与她结婚，即使第二天死去也不后悔。”梅屋夫人也深深地被这一片深情所打动。

起初宋耀如并不相信女儿会嫁给一个有妻室的人。孙中山写信试探他态度时，宋耀如回信说：“她耻于和妾谈话，怎么会想让自己成为这样的人。您知道，在热海的时候，她甚至从未和张静江的二房说过话，此外，不论是谁，我们不允许女儿和一个已有家室的人结婚。对于我们来说，好的名声远比荣誉和面子重要。”

听说女儿要和孙中山结婚，宋家上下像遭遇了大地震。宋母反对尤甚，但意志坚定的庆龄始终不为所动，父亲只好将她软禁在家。

另一边，孙中山的友人亦纷纷表示异议。与他患难与共的亲密战友胡汉民、朱执信、汪精卫、廖仲恺等都曾试图劝阻，但孙中山心意已决，只回答说：“展堂（胡汉民字），执信！我是同你们商量国家大事的，不是请你们来商量我家庭的私事。”“我不是神，我是人。”这种坚定和磊落也体现了孙中山对宋庆龄感情的珍视与尊重。

10月的一个夜晚，宋庆龄在女佣的帮助下，爬窗逃走，来到日本。她在给在美国上大学的弟弟宋子文的信中说：“自己仅有的欢乐，只有和孙博士在一起时，才能获得。”给同样在美国读大学的三妹宋美龄的信里写道：“我一生最大的快乐，是和孙先生一起为中国而奋斗中获得的，我情愿为他做一切需要我去做的事情，付出一切代价和牺牲！”可以说，孙中山与宋庆龄的个人情感，自一开始就超越了单纯的男女之情，而与那个大时代下国家、民族的命运联系在一起。

宋耀如在女儿离家出走后，立即与妻子搭船追至日本拦阻。宋庆龄晚年向斯诺回忆说：“我父亲到了日本，对孙博士大骂一顿，我父亲

▲ 1917年，宋氏家族的全家福。前排为宋子安，第二排左起为宋霭龄、宋子文、宋庆龄，后排左起为宋子良、宋耀如、倪桂珍、宋美龄

想要解除婚约，理由是我尚未成年，又未征得双亲同意，但他未能如愿，于是就和孙博士绝交，并与我脱离父女关系。”庄吉女儿的回忆是，宋耀如站在大门口，气势汹汹地吼道：“我要见抢走我女儿的总理！”庄吉夫妇很担心出事，打算出去劝宋耀如。孙中山向他们说，这是他的事情，不让他们出去。孙走到门口台阶上对宋耀如说道：“请问，找我有什么事？”暴怒的宋耀如突然叭的一声跪在地上说：“我的不懂规矩的女儿，就托付给你了，请千万多关照。”然后磕了三个头就走了。

宋庆龄极为伤心，65年之后的1980年9月17日，在致老友爱泼斯坦的信中说：“我的父母看了我留下的告别信后，就乘一班轮船赶到日本，想劝我离开丈夫，跟他们回去。”“我母亲哭着，正患肝病的父亲劝着……他甚至跑去向日本政府请求，说我尚未成年，是被迫成亲的！当然，日本政府不能干预。”“尽管我非常可怜我的父母——我也伤心地哭了，但我拒绝离开我的丈夫。”宋庆龄这段发自肺腑的话也令爱泼斯坦感慨良多。他后来说：“她（宋庆龄）写这些话的时候已年过八十，可以看出这事给她内心的伤痕有多深。”

宋庆龄违抗父母之命与孙中山结婚，起初对父母打击非常大。宋耀如为此病情加重，回国后便病倒在青岛别墅。当时宋霭龄在山西生孩子，长子宋子文与三女儿宋美龄都在国外求学，他只好由大女婿孔祥熙来陪同照料。宋庆龄对此也非常内疚。晚年时她对人提起此事时还说：“我爱父亲，也爱孙文，今天想起来还难过，心中十分沉痛。”

宋氏夫妇阻婚未成后，仍送了一套古家具和百子绸缎，给宋庆龄做嫁妆。这也许是天下父母心的投射。而见多识广、通情达理的宋耀如很快就与女儿、女婿和解了。尤其难得的是，他仍一如既往地支持孙中山的革命事业，并未因女儿的行为而动摇自己的信念。

孙、宋的结合尽管在当时遭到了各种各样的阻力甚至非议，但过了近百年后再回头来看，它是一段堪称“伟大”的婚姻。宋庆龄在给她的美国同学的一封信中，表达了她步入婚姻殿堂时的快乐心情：婚礼是“尽可能地简单，因为我俩都不喜欢繁文缛节。我是幸福的。我想尽量帮助我的丈夫处理英文信件。我的法文已大有进步，现在能够阅读法文报纸，并直接加以翻译。对我来说，结婚就好像进了学校一样，不过没有烦人的考试罢了”。

孙中山也同样感受着妻子带给他的那种新鲜而温暖的感觉。在给恩师康德黎的信中，他说：

▲ 1920年，孙中山与宋庆龄在上海

从您最近的来信，我发觉您还没有获悉我三年前在东京第二次结婚的消息。我的妻子在一所美国大学受过教育，是我最早的一位同事和朋友的女儿。我现在过着一种前所未有的新的生活，一种真正的家庭生活。能与自己的知心朋友和助手生活在一起，我是多么幸福。

在两人身边工作的卫士也说："在孙的工作人员中，最得力的就是孙夫人。在孙办公的时候，孙夫人从不打扰他。唯有她才能使孙在动乱生活中心情舒畅。"

学着过公众生活，是宋庆龄婚后生活的又一转变。她从来不喜欢抛头露面，生性腼腆而羞涩。但作为一位政府领袖夫人，她每天要陪同孙中山会见不少人，学着和各种人打交道。她给美国一位朋友的信中说："你知道，我是多么害怕抛头露面！但是自从结婚以后，我不得不参与许多事务……我每天要会见许多人，实际上是环境迫使我打破沉默而与人交谈。"

1921年，孙中山在广州就任国民政府非常大总统，宋庆龄随丈夫住进了广州的大总统府，开始了她短暂的"第一夫人"生活。

有一位美国的国际新闻社记者在那段时间前去拜访孙氏夫妇。这位记者这样描写了宋庆龄：

当她与他（孙中山）交谈时，闪亮的眼睛中充满仰慕之情，神态羞怯、温柔而又崇敬。人们告诉我，孙夫人是可爱的，但是我未想到她是那样容光焕发，那样高雅优美，她的理想又是那么炽热！这位像花一样的妇人，穿着精致的蓝色长袍，是那么文雅、富有魅力、仪态端庄，很难想象是一位革命领导者。然而，她已献身于自己的丈夫……献身于他为之奋斗的革命事业。如果说早期的宋庆龄，更多的是因为容

▲ 结婚四周年的孙中山与宋庆龄

貌与气质而受到赞美，那么到了后来，特别在伴着孙中山经历了许多磨难之后，她显现出来内心的坚强和果敢品质，则使她受到更多的尊重与景仰。

1923年8月的一天，宋庆龄陪同孙中山来到广州郊区的大沙头飞机场，参加和主持“洛士文”号飞机的试飞典礼。这架飞机是辛亥革命后，在孙中山、宋庆龄亲自关怀和赞助下，中国制造出的第一架飞机，特别以宋庆龄的英文名“洛士文”命名。

此时的中国航空事业刚蹒跚起步，新制造的飞机是否能顺利升空，安全落地？人们自然会有疑虑。但在众人的目光中，宋庆龄从人群中走了出来，泰然自若地与驾驶员黄光锐登上“洛士文”号。不少官员劝孙中山：“这毕竟是试飞，万一飞机失事……”孙中山很镇定地说：“夫人已做好了准备，她说，‘万一失事，也是值得的，因为这是我们自己制造的飞机。’”

“洛士文”号螺旋桨很快转动起来，马达轰鸣，飞机加速，腾空而起。在空中盘旋了两圈，平稳地完成一些动作后，飞机稳稳地降落在地面。

试飞成功了。宋庆龄微笑着走出飞机舱门，孙中山和众文武官员一起拥上前去，祝贺她试飞成功，众人纷纷向她投去敬佩的目光。

孙中山曾赠与宋庆龄这样一对条幅：

精诚无间同忧乐　笃爱有缘共生死

庆龄贤妻鉴

孙文

尽管宋庆龄与孙中山的婚姻只有短短的十个年头，但在这十年里，她陪着孙中山经历了刀光剑影，也经历了甜蜜温馨。可以说，这对条幅是对两人十年婚姻的最高褒奖。

悄然隐退的卢慕贞

在孙中山与宋庆龄结婚的一个月前，原配夫人卢慕贞悄然抵日，与孙中山商谈离婚之事。也许是出于愧疚，在卢慕贞9月1日到达后，孙中山不但陪她游览了公园，还陪她出去购物，9月23日，孙中山送卢慕贞回到澳门。

1884年，18岁的孙中山先生奉父命与比他小1岁的卢慕贞结婚。卢慕贞是一个典型的南方女子，身材矮小，肤色较黑，自幼缠足，是一个相貌很普通，个性内向的旧式女子。而孙中山温文儒雅，相貌秀美，身材适中，堪称美男子。孙中山前后所受的中西式教育，多达20年之久，长久留学于海外，学贯中西，见多识广。因此，从传统观念看，夫妻二人不管从哪方面来衡量，条件都不相当，相似之处也很少。

为了孙中山的革命事业，卢慕贞也付出了巨大的牺牲，过了很长一段艰险而又漂泊不定的生活。武昌首义革命功成，孙中山就任临时大总统，民国肇建百废待举，每天从早到晚因公而忙，实在抽不出很多的时间陪伴家人。而卢夫人生性好静，且较孤独，她是一个旧式妇女，是典型的贤妻良母，对政治性应酬毫无兴趣。在南京面对中外来宾甚多的各种政治场合，对她来说，与其说是一种尊荣，倒不如说是一种精神上的负担，日久而生知难而退的念头，这也就是她后来同意跟孙中山离婚的重要原因之一。

孙中山和宋庆龄结婚，需要征求孙中山原配夫人卢慕贞的意见。

▲ 1935年，陈粹芬、卢慕贞（三排左一、左二）与孙氏家族的成员合影于广州

有材料记载，1915年3月，孙中山给卢慕贞写信说明了理由，让侍卫官郑卓和儿子孙科把信送到澳门。卢慕贞见信后十分平静，问了宋庆龄的一些情况后，立即表示同意离婚，她让孙科取过笔，在信上写了一个“可”字。

当时部分革命党人反对中山先生与卢夫人离婚，而卢夫人当着大家的面慨然表示：“孙先生为革命奔走海外，到处流浪，身心为之交瘁，既然现有人照料他身边的生活，且有助于其政治活动，我愿意成全其事，与先生离婚。”大家听罢自然也无话可说。

孙中山在1918年10月17日致康德黎的信里也曾提及卢慕贞：

我的前妻不喜欢外出，因而在我流亡的日子里，她从未有在国外陪伴过我。她需要和她的老母亲定居在一起，并

老是劝说我按照旧风俗再娶一个妻子。但我所爱的女子是一位现代女性，她不能容忍这样的地位，而我自己又离不开她。这样一来，除了同我的前妻协议离婚之外，再没有别的办法了。

孙中山与宋庆龄结婚的第二天，就给在澳门的卢慕贞汇款。此后，一直到去世的十年时间里，孙中山也一直关心着卢慕贞的生活和健康，他还与卢慕贞保持着书信往来。如今，翠亨村孙中山故居纪念馆里还保存着6封孙中山写给卢慕贞的信。

第 頁

科母收看 昨日已再將前
數由電滙與孫光明兄收
轉交與你想已收去前日
之滙單如尚未寄回望即
寄回乃可追回原數也
德明字 十月廿七日

中華革命黨本部用箋

▲ 1915年10月27日，孙中山致卢慕贞的信

▼ 1950年，卢慕贞（二排右三）与亲友在香港九龙百花林拜谒孙中山母亲杨氏墓合影

与孙中山离婚后，卢慕贞一直蛰居澳门，她还听从孙中山的劝告，皈依基督教。1949年，大陆解放，孙科蛰居香港，特接母亲来港同住。每晚临睡以前，必至母亲寝室，看看被子盖好了没有。每天清晨6时祷告完毕，即侍奉母亲到花园去散步。后来时局逆转，孙科夫妇不得不先去法国，后往美国定居，卢慕贞则重返澳门，过着孤独的生活。1952年9月7日，卢慕贞在澳门文第士街寓所病逝，享年86岁。

孙中山与卢氏夫人生有一男两女：长子孙科、长女孙娫与次女孙婉。其中孙科比较为人所熟知，而孙娫在美国柏克莱大学读书期间突染重疾后转为糖尿病，1913年3月回澳门养病，6月病逝于澳门；次女孙婉的第一任丈夫是孙中山的朋友王伯秋，1921年又嫁给哥伦比亚大学哲学博士戴恩赛。1979年，孙婉在澳门去世。

陈粹芬：被遮蔽的“红颜知己”

宫崎寅藏在《孙逸仙其仁如天》（陈鹏仁译著《宫崎寅藏论孙中山与黄兴》）里曾记录一个故事：

> 有一天犬养毅问孙先生说：“您最喜欢的是什么？”孙先生毫不犹豫地答说“revolution（革命）”。“您喜欢革命，这是谁都知道的，除此而外，您最喜欢什么？”孙先生边看犬养毅夫人，边笑而不答。犬养毅再催问说：“答答看吧。”孙先生答说：“woman（女人）”。犬养拍着手说：“很好！”并问，“再其次呢？”“book（书）”。“这是很老实的说法，我以为您最喜欢的是看书，结果您却把女人排在看书前面。这是很有意思的。不过喜欢女人的并不只是您！”犬养毅哈哈大笑，并佩服孙先生说道，“您这样忍耐对于女人的爱好而拼命看书，实在了不起。”

从以上一番对话可以看出，孙中山是位性情中人。孙中山一生中与之有关的女人，在很多历史传记中，只出现了两位，一位是卢夫人（卢慕贞），一位是宋夫人（宋庆龄）。其实在他生命里，还有一位很重要的女人，也是长期以来被遮蔽的革命伴侣兼红颜知己——陈粹芬。

陈粹芬，原籍福建厦门同安，1873年出生于香港新界的屯门，因排行老四，故人称陈四姑，她原名香菱，又名瑞芬。

1891年，正在香港西医书院读书的孙中山，经陈少白介绍，认识了年方18岁的陈粹芬。他俩初次相见，即畅谈推翻大清，效法洪秀全、石达开，陈粹芬万分钦佩孙中山，认为他是一个杰出的领袖人物，于是立志追随孙中山革命。不久，两人便在香港屯门附近的红楼租屋而居，策划反清工作。当时革命党人来面见孙中山，多是夜里秘密乘舟前往红楼。

在孙中山革命初期，陈粹芬贡献颇多。在镇南关之役中，陈粹芬也跟着孙中山、黄兴、胡汉民等一道上了前线。陈粹芬一直随军作战、送饭，终日忙碌，从不言苦。随后，孙中山到南洋各地奔走革命，陈粹芬也一直跟随服侍，还经常亲自印刷宣传品。

曾追随孙中山到南洋参加革命、担任英文秘书的池亨吉是最早见到并记述陈粹芬的日本友人，他在1908年所写的《支那革命实见记》中说“陈粹芬工作非常忙碌，性格刚强”，颇有“女中豪杰”的气概。在日本，她经常为往来的同志洗衣、做饭。革命党人在香港和横滨之间，密运枪械，她上下船只，传递消息。孙中山及其革命同志都十分钦佩这位革命女性，当年胡汉民、朱执信等人反对孙中山与宋庆龄的婚姻，其部分原因也在于陈粹芬的存在。

当年“伦敦蒙难”之后的孙中山告别英国时，其恩师康德黎特意送给自己的得意门生一只像小螃蟹一样大的金质怀表，金壳面上刻有英文名字——Y.S.Sun，并配有一条金链。孙中山将此中国革命史上的传世之宝赠予陈粹芬珍藏，从此等贵重信物可以看出当年两人之情深义重。

关于陈粹芬与孙中山分手的时间，说法不一。1912年4、5月间，孙中山在广州及香山故居门前全家合影照片中没有陈粹芬，有人推测陈粹芬已和孙中山分手。黄三德所写的《洪门革命史》也说两人分手于1912年春夏之间。一种说法是在5月下旬，英文秘书宋霭龄出现为止。

1912年秋后，陈粹芬到澳门风顺堂4号孙眉家中居住，而这时，她一直风风雨雨追随的革命伴侣孙中山已做了民国大总统。不少人认为陈粹芬对孙中山的革命事业作出巨大贡献，付出良多，但最终一无所获，有欠公允。

▲ 孙中山与陈粹芬

1914年，陈粹芬去南洋庇能与商人陆文辉合股开设橡胶园。因为早年曾随孙中山多次到南洋从事反清革命活动，结识众多的庇能华侨，因此陈粹芬也得到那里华侨的尊重。在那里，她一直被尊称为“孙夫人”或“孙太太”。但陈粹芬淡泊名利，从不提自己的身世，生活也很俭朴，留的是民国初期女学生的发式，不了解她的人，很难想象她曾经有过那么一段惊心动魄的经历。

1942年，一位国民党将领专访陈粹芬，已69岁的陈粹芬说了如下一段话：

> 我跟孙中山反清建立了中华民国，我救国救民的志愿已达，我视富贵如浮云；中山自伦敦蒙难后，全世界的华侨视他为人民救星；当了总统之后，贵为元首，崇拜者众；自古共患难易，共富贵难。我自知出身贫苦，知识有限，自愿分离，并不是中山弃我，中山待我不薄，也不负我。外界人言，是不解我。……中山娶了宋夫人之后，有了贤内助，诸事尚顺利，应为他们祝福。中山一生博爱为怀，以华侨作为革命之母。著了《三民主义》《建国方略》《建国大纲》《五权宪法》，立志把中国变为民主国家，使人民有自由平

等的幸福。他一生师基督，一无所私，二无所畏，可惜壮志未酬而逝，实为中国人之不幸！

虽然陈粹芬与孙中山分开了，但孙家人对陈粹芬一直保持相当的尊重，也一直把她当作家族中的一员。陈粹芬秉性朴实厚道，与卢慕贞相处融洽。晚年时，卢慕贞住澳门，陈粹芬住石岐，二人常相聚，互相慰问、谈心，情同姐妹。1960年秋，87岁的陈粹芬因病去世。

自从广州首役失败，清政府追缉孙中山到清政府覆灭之前，陈粹芬一直跟随在孙中山身边，陪伴孙中山从30岁到46岁；但这位堪称伟大的女性，很长一段时间却被历史的尘烟所遮蔽，成了被遗忘的一角，这是不公平的。

天下為公

孙中山传

sunzhongshanzhuan

第十四章

《建国方略》与“三民主义”

《建国方略》之一：《心理建设》

1918年，有名无实的“元帅”孙中山愤然离开广州，6月底到达上海，居住在法租界内。孙中山是位勇于不断思考的革命者，辛亥革命虽然成功，但这几年内遇到的无穷无尽的新矛盾，使他陷入了对中国前途命运的新的思考、探索中国革命的症结之所在，也“时时研究建

▼ 1917年孙中山、宋庆龄在大元帅府前留影

设”，积极构思关于国家现代化的总体设想。孙中山后来说：“民国成立之后，则建设之责任当为国民所共负矣，然七年以来，犹未睹建设事业之进行，而国事则日形纠纷，人民则日增痛苦。午夜思维，不胜痛心疾首！夫民国建设之事业，实不容一刻视为缓图者也。”

孙中山致力于相关社会建设的理论撰述，构成《建国方略》的几篇主要文献——《孙文学说》《实业计划》和《民权初步》就是在这一背景下完成的。

《孙文学说》原拟包括卷一“行易知难”、卷二“三民主义”和卷三“五权宪法”，但后两卷未能完成，仅卷一部分于1919年春夏间出版，后编为《建国方略之一：心理建设》。

▲ 孙中山手迹

知行学说是中国古老的哲学命题之一，对“知”与“行”的关系，也各有各的看法。这次蛰居上海期间，孙中山从总结经验的需要出发，再次关注这一古老的哲学命题。他发现反“知易行难”之道可以用来鼓动革命，于是产生他的学说《孙文学说——行易知难（心理建设）》。孙中山从哲学的高度来认识民国以来，“人心涣散”“不图进取”“国事日非”的根源，就是国人存在着传统的“知之非艰，行之惟艰”的心理障碍。

关于现代化事业的《建国方略》，为何要从“心理建设”、论证“知难行易”的哲学认识论讲起呢？原因在于孙中山相信，振兴一个国家，首先要解决的是国人的心理认识问题。在这一点上，孙中山不赞成简单理解和实行王阳明“知行合一”的格言，也明确反对“知之非艰，行之惟艰”的古训。为了使自己的学说通俗易懂，他援引生活中饮食、用钱、作文、建屋、造船、筑城、开河的实例和《孟子·尽心》的说法，论证了“行易知难”“实为宇宙间之真理，施之于事功，施之于人心，莫不皆然也”。

与古代流传下来的“知易行难”之说相对，“知难行易”是孙中山提出的一种“心理建设”的号召，其目的是批判当时革命党人在革命前惧怕困难的退缩思想。需要特别指出的是，孙中山积极主张“知难行易”说，本意并非要在知行关系的哲理探讨方面有所作为。实际上，他的相关论述并不严密周全，从学术意义上分析，也并无特别之处。重要的是孙中山想通过鼓吹“知难行易”说，从解放思想入手，动员广大民众，积极行动起来。孙中山强调，勇于探索、敢于冒险，是推进国家现代化所必需的心理准备。为此，他特别批评国人的保守心理：“盖中国之孤立自大，由来已久，而向未知国际互助之益，故不能取人之长，以补己之短。中国所不知所不能者，则以为必无由以致之也。虽闭关自守之局为外力所打破者已六七十年，而思想则犹是闭关时代荒岛孤人之思想，故尚不能利用外资、利用外才以图中国之富强也。”这些批评，不仅在当时切中时弊，在今天看来，仍不失为思想解放的先声。

《建国方略》之二：《实业计划》

孙中山当年辞去大总统后，曾信心十足地表示要专心致志“办理实业”，迎接“产业勃兴”的到来，但一系列复杂的政治斗争中断了他的梦想。1918年11月，孙中山开始着手撰写《实业计划》一书。

《实业计划》原是用英文为西方人写的，名为“*The International Development of China*”，发表于1919年6月号《远东时报》，后编为《建国方略之二（物质建设）》。这部洋洋十万余言的著作，集中体现了他对中国工农业、交通等实现现代化的宏大设想，无疑是一份全面发展中国经济的宏伟纲领。

《实业计划》由六大计划共33个部分组成，重点是规划中国的铁路、港口建设，发展衣食住行、工业及开发各种矿产，通过发展特色经济，实现手工业向机器工业转型，用机器经营农业、矿业，增加农产品产量，以及“以出其丰富之矿产，以建其无数之工厂，以扩张其运输，以发展其公用事业”。在这个庞大的总体构思中，发展交通通信是孙中山关注的重点。他提出：修建10万英里的铁路，以五大铁路系统把中国的沿海、内地和边疆连接起来；修建遍布全国的公路网，修建100万英里的公路；开凿、整修全国的水道和运河，大力发展内河交通和水力、电力事业；移民于满洲、蒙古、新疆和西藏。孙中山设想的汽车制造业，能生产数量足够且价格便宜的汽车，“欲用者皆可得之”。他预言：燃料没什么问题，因为“中国亦以富于煤油生产国见称”。

▲ 1923年摄于广州。这年1月，陈炯明被逐出广州，盘踞乐江地区。2月，孙中山、宋庆龄由沪抵穗。21日，孙中山在广州就任大元帅

而在中国北部、中部及南部沿海各修建一个“如纽约港”那样的世界水平的大海港，即是孙中山一生孜孜以求的一个大目标。为此，连战先生2006年 4 月在参观上海洋山深水港时曾激动地说：“没想到中山先生90年前写的这个实业计划中的理想，今天由各位变为现实。对此我非常钦佩！”

这是一个迅速地再现工业革命、赶超西方和日本的纲领。他寄希望于西方人为之提供管理和训练，中国大众提供劳动力，例如修建公路，孙中山设想的百万英里除以四万万，得出每四百人才造一英里，“以四百人造一英里之公路，决非难事”。

关于发展经济和实业的所有制问题，孙中山主张个人经营与国家经营并行不悖，相辅相成。他主张鼓励发展个体经济，并为之提供各种便利条件，例如要改革税制，统一货币，排除各级官吏的种种压制，等等。这些设想，对于地域广大、人口众多，资金短缺且现代产业基础十分薄弱、各地经济发展水平又极不平衡的中国，显然是非常适宜的。

《实业计划》虽宏大精细，但有的计划比较粗糙，有些设想也缺乏科学性。但它无疑是近代中国唯一就中国经济、社会发展所做的具有前瞻性、导向性、指导性的原则规划，它内容丰富，所提到的发展中国实业的原则、方针、政策和方案对今日中国的现代化建设仍有借鉴和指导性的意义。但是，《实业计划》也有一个重大的根本性失误，就是将中国的发展完全寄希望于国际共同发展中国实业。他甚至一厢情愿地设想了实行这一计划的三个步骤：一是准备投资于中国的各国政府，共同行动，统一政策，组成一国际团，以便开展工作；二是设法取得中国人民的信任，使其热心配合；三是与中国政府正式谈判，签订协议，实施计划。此时的孙中山，尚未认清西方列强不会真心诚意来帮助中国实现现代化这一事实。像中国这样一个数亿人口的大国，不立足于自力更生的基点，而主要依赖国际援助，要想实现现代化的经济腾飞，是不可能的。由此而论，孙中山的《实业计划》虽然气魄宏伟，但其可行性基础却异常薄弱，无法付诸实施。

另外，孙中山在此也显示出他不顾客观、不从实际出发的主观主义。孙中山计划建设三大港，10万英里铁路，20万英里公路，大江大河整治，工业全面启动，遍地开花，并认定：十年内即可实现。但以中国当时的国情，这根本不可能。

当时的澳大利亚记者端纳，在事后记述他曾亲见孙中山首次披露全国铁路计划时的状态时写道：

> 孙中山带了一幅约六英尺见方的大地图，当他把它摊在地板上时，我看到了一个最令人信服的证据：他不仅是个狂人，而且简直是个疯子。他不因地图上的种种阻隔而气馁，只是握着画笔，在地图上尽可能地用铁路线填满各个省区和属地（包括蒙古）。说他疯了，不是因他在地图上画线，……而是因为他竟天真地认为，画了这些铁路线，外国资本家就会给他足够的钱，在五至十年内把这些铁路全部建成！

▲ 建国方略图

端纳记述的这一情况非常形象地反映了孙中山一贯的思想作风。说他是“狂人”“疯子”太过刻薄，但也反映出孙中山有时作风简单、粗率、盲目自信的一面。尽管如此，《实业计划》作为中国近代史上最早的一份完整、系统的经济现代化规划，它仍为人们所重视和怀念，不在于它的每一个具体内容的参考价值，而在于它的原则精神给人的启示和激励。

《建国方略》之三：《民权初步》

《会议通则》（《民权初步》）的撰写开始着手于1916年，1917年2月21日完成，孙中山“为普及起见，不取版权，交中华书局印行”，同年4月出版单行本。后改名《民权初步》，编为《建国方略之三（社会建设）》。书成后，1917年5月，孙中山特地将100本寄给时任云南都督府参谋处处长的李宗黄，“请代为分致当道及各同志”。又寄数十本给保定军校学生，“请分送同志研习”。

《民权初步》有序言，分5卷。该书没有多少高深的理论和学术思想，主要是一些具体、烦琐的规则和程序设计。孙中山为该书撰写的序言中，阐明此书教人集会则是教人行民权。民权不等于集会，但行民权必须要集会。集会是人民自由、民主的一种表现。孙中山称：“民权何由而发达？则从团结人心、纠合群力始。而欲团结人心、纠合群力，又非从集会不为功。是集会者，实为民权发达之第一步。”“此书即教吾国人行民权第一步之方法也。”

孙中山书中“社会”一词指的是什么？孙中山说：“社会者，即分工之最大场所也。今农、工、商等之种组织，而始成一大社会。”

孙中山在《民权初步》的序言里，引用中国古语：“行远自迩，登高自卑。”社会建设是政治的基层建设。国民党后来曾有人解释说：“社会建设就是具体而微的政治建设。”孙中山的民权主义立意宏远，同时又能立足现实，看到政治构想实际操作的重要性，从实际出发，从社情、民情出发，为现代民主政治构筑社会基础。

在孙中山看来，中国社会存在“人心涣散、民力不凝结”的弊病，这也正是“至大至优”的中华民族至能“先我东邻而改造一富强国家”的根本原因。为此，孙中山不遗余力地倡导民权，以期激发国民的主人翁精神，最终实现“民之所有，民之所治，民之所享”的民主政治。

中国拥有近千万平方公里的土地和数亿人口，又有长达两千年的君主专制历史。推行民主政治，困难重重。孙中山认为，所谓民权就是“民有选举官吏之权，民有罢免官吏之权，民有创制法案之权，民有复决法案之权，此之谓四大民权也”。他认为，从中国的实际出发，四大民权的实现，必须从最基本的技术操作层面入手，将民主政治具体化为集会、结社、议事方式的训练，即“民权初步”。在这部著作里，孙中山不厌其烦地详论集会、结社、议事、动议、讨论、选举、表决、计票、维持会议秩序、制定社团章程、明确个人权利义务等琐碎的操作细则，绝非将民主问题简单化、庸俗化，而是依据“知难行易”的认识论原则，将民主政治理论，落实为一般民众人人都能掌握的普通常识与行为规范。他认为，民主政治体制的“议事之学”，好比“兵家之操典，化学之公式，非流览诵读之书，乃习练演试之书也”。孙中山希望家族、学校、农团、工党、商会、公司、国会、省会、县会“皆当以此为法则”，由此养成国民的民权意识，“倘此第一步能行，行之能稳，则逐步前进，民权之发达必有登峰造极之一日”。

《民权初步》的历史意义，还在于它是改造国民性的初步尝试。显然，孙中山所论“民权初步”，只是涉及民主社会建设的纯粹技术性环节，看起来似乎意旨平淡，未及“大道”。但是，程序民主是实体民主的前提与基础。特别是在人口众多且平均文化程度不高、民主意识淡漠的中国，对民众进行这方面的启蒙教育，正是建设民主社会必需的基础性工作，意义不可小觑。联系目前中国基层政治民主建设中的艰难与困惑，我们更能体会到当年孙中山的苦心和先见之明。简言之，将国民民主政治意识的养成与社会进步、国家富强问题紧密联系起来，是孙中山现代化思想的精华之一。虽然他在有生之年未能在这些方面取得显著成功，但他在《建国方略之三（社会建设）》中提出的思路，却不愧为先行者的光辉思想，给后人以深刻的启迪。

在《建国方略》中，孙中山回忆：“伦敦脱险后，则暂留欧洲，以实行考察其政治风俗，并结交其朝野豪贤。两年之中，所见所闻，殊多心得。始知徒致国家富强、民权发达如欧洲列强者，犹未能登斯民于极乐之乡也；是以欧洲志士，犹有社会革命之运动也。予欲为一劳永逸之计，乃采取民生主义，以与民族、民权问题同时解决。此三民主义之主张所由完成也。”

《建国方略》不是一部一气呵成的理论著述，它是由各篇不同时期、以不同方式撰写和发布的多篇文献汇集而成，撰写的时间大致在1916 —1919年。在此期间，孙中山经历了护法运动的兴起和失败，这几部著作的撰写，主要是在上海完成的。虽然这一时期，仍然是以政治斗争为主，但孙中山在总结此前经验教训和制订后来的革命计划时，已经充分注意到建设问题。辛亥革命、二次革命、护国运动，虽然建立了民国、维持了共和的政治架构，但孙中山领导革命的理想远未实现，更无法开展国家的建设。

完善“三民主义”

▲ 辛亥革命期间，南京街头的警察给路人剪掉辫子

孙中山的思想体系博大精深，内容丰硕，从政治哲学到经济建设，从内政外交到文化教育，从伦理道德到济世救人，都有系统和较为完整的观点和主张。在整个革命民主派中，没有任何一个人能有孙中山这样比较完整的民主主义革命的思想体系。孙中山的三民主义，即民族主义、民权主义和民生主义，既是孙中山针对当时中国的社会矛盾提出的革命纲领，又是他解决中国独立统一与民主富强问题的理论基础，是整个孙中山学说里最精华、最辉煌的部分。自1906年12月2日在东京演讲《三民主义与中国民族之前途》中正式提出三民主义和五权宪法的主张，此后，孙中山的一切演讲，都以三民主义为中心思想。

孙中山从1918年5月至1920年11月期间，寓居沪上，除完成出版著名的《建国方略》外，他还拟订了一个庞大的写作计划，其中三民主义中的《民族主义》已经脱稿，《民权主义》《民生主义》初稿也已完成，但书稿不幸毁于陈炯明叛变时的炮火中。然而1919年春孙中山所亲撰的《三民主义》概要的原稿本尚在，现藏于台湾“党史委员会”。被毁的《三民主义》三书当以此“概要”为提纲。“概要”的特点是第一次对三民主义作了相较从前更深入系统的理论说明和界定。

对于民族主义，在辛亥革命前，其主要内容即是反满，因此有的学者称之为“反满民族主义”。经过民国建立后的无数坎坷和挫折，孙中山对民族主义有了新的理解和认识。

孙中山的民族主义有两层基本而核心的意义，一是对外民族自求解放，摆脱列强的瓜分和统治；二是对中国境内各民族则一律平等。此时的孙中山已朦胧地意识到种族与世界近代民族国家的民族之间的区别，他提倡种族融合以形成近代国家的大民族的问题，并以美国为例，说明由多民族融合而成一国家之民族。孙中山总结革命党人过去对民族主义认识的错误，认为中国也应实行民族大融合，形成“中华民族之新主义”。

他的民族主义有新的内容：民族主义以反满作为反封建的手段，结束封建帝制实现其民族独立，又通过反对清廷的民族压迫，实现“五族共和”，建立民族平等合作、共同参政的共和政体，使其既反映了近代中国社会的民族矛盾，又集中了人民群众要求摆脱民族压迫的意愿。

在辛亥革命前，孙中山有关民权主义的核心，就是推翻封建专制统治，创立民主共和国。经过十多年周游世界各国的丰富阅历，孙中山在总结革命经验时对民权主义理论的阐述也进一步深入。

孙中山给民权下的定义是：“大凡有团体有组织的众人，就叫作民。什么是权呢？权就是力量，就是威势；有行使命令的力量，有制服群众的力量，就叫作权。把民同权合拢起来说，民权就是人民的政治力量。”

在孙中山看来，“天下者，天下人之天下，非一两人所可独占，民权即民治也，从前之天下，在专制时代，则以官僚武人治之，本总理则谓人人皆应有治之之责，而负治之之责，故余极主张以民治天下”。孙中山十分欣赏美国的三权分立立宪政体，但他自创了“五权宪法”（行政权、立法权、司法权、考试权、监察权），认为用“五权宪法”组织而成的政府，才是“完全的机关，才会去替人民很好的做事”。而人民则享有选举权、罢免权，有创制、复决法律的权力，“用人民的四个政权，来管理政府的五个治权，那才算是一个完全的民权政治机关，有了这样的民治机关，人民和政府的力量，才可以彼此平衡。”“有了这九个权，彼此保持平衡，民权问题才算是真正解决，政治才算是有轨道。”

孙中山的三民主义以民生主义为最后目的，实行民生主义的手段，则是和平的。孙中山理解的民生问题，“就是人民的生活，社会的生存，国民的生计”，因此孙中山说民生的问题是社会问题，“故民生主义就是社会主义，又名共产主义，即是大同主义”。

这一时期的孙中山，对“富者日富、贫者日贫”的根源认识更为深刻，并且提出中国革命防止出现欧美社会种种流弊的办法：“即防止少数人之垄断土地、资本二者而已”。民生问题是社会的原动力，是一切历史活动的重心，民生主义能够实行，社会问题才可以解决。建设一个强盛的发达的中国，人人都有生活保障，没有贫富悬殊，人人安居乐业，成为一个大同社会，这是孙中山的主义和理想。

民生主义是孙中山的“社会革命”纲领。它的主要内容是“平均地权”，其具体措施是采取“核定地价”“照价纳税”“照价收买”和“涨价归公”的手段和步骤，实施“土地国有”——“平均地权”的方案，从而达到预防资本主义的“祸患”，“解放农民自身问题”和造福社会的目的。

在孙中山看来，三民主义“实在是集合古今中外的学说，顺应世界的潮流，在政治上所得的一个结晶品，这个结晶品的意思，和美国大总统林肯所说的：‘of the people, by the people, for the people’的话是相通的。这句话的中文意思，没有适当的译文，兄弟把它译作：民有，民治，民享。……林肯所主张的这民有、民治、民享主义，就是兄弟所主张的民族、民权和民生主义。”

这一时期的孙中山对三民主义的阐释，是对以往三民主义理论的系统总结和进一步的论证说明。它简明扼要，很自然地成为以后撰述和讲演三民主义的母本和大纲，是孙中山三民主义理论发展过程中，承前启后的重要阶段，具有里程碑式的意义。

三民主义的核心是民权主义，它无疑是近代中国民主主义革命思潮的高峰。作为带有共和制度要求的民主革命政纲——民权主义的出现，显然是社会政治、思想领域中划时代的变革。在这个思想指导下，孙中山领导的辛亥革命达到的成果，不仅是清朝政府的覆灭，也是中国封建帝制的终结。孙中山思想引导了20世纪的中国，以民族主义追求中华民族的自我解放，以民权主义追求现代中国的“个体自由”与“政治民主”，以民生主义追求现代中国社会的小康境地，最终进入大同世界。

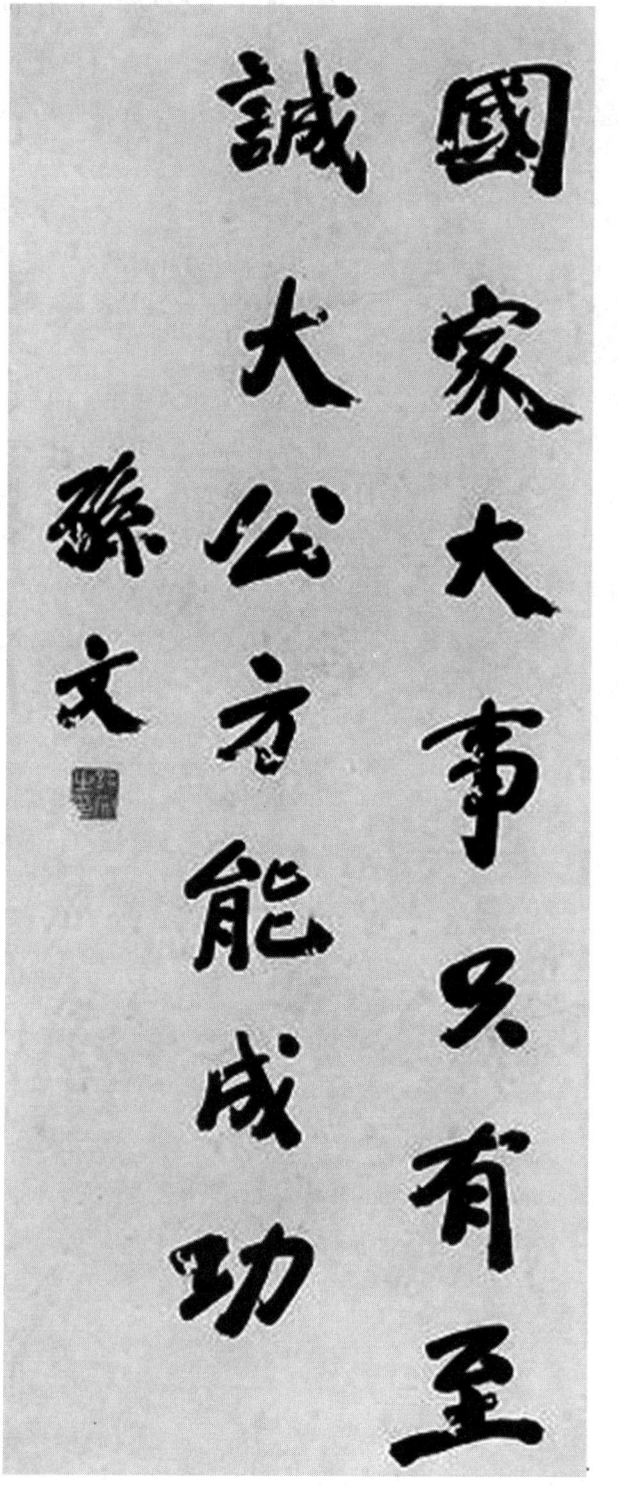
國家大事只有至誠大公方能成功
孫文

第十五章

祸生肘腋：陈炯明叛变

就任非常大总统

孙中山在1914年组建中华革命党时，并没有宣布如何处理由五党联合组成的国民党。而曾遭袁世凯强行解散的国民党，虽在袁死后又恢复了名誉，但并未恢复组织活动。1916年10月13日，孙中山致函国民党党员，表示要恢复国民党。

1919年10月10日，即武昌起义8周年纪念日，正式以中国国民党名义发表《通告》及《中国国民党规约》，宣告中华革命党改建为中国国民党，党名前加“中国”二字，以示别于1912年的国民党，并公布了《中国国民党规约》。孙中山也自然被推举为总理。国民党国外各支分部的英文名称一直不统一，孙中山后来还亲自规定了统一的英文译名“The Kuo Min Tang（Chinese Nationalist Party）”。

此后不久，国内形势就发生了变化，被岑春煊、陆荣廷等人窃据的广州军政府，发生了桂系和滇系间的矛盾与斗争。1920年2月10日，驻粤桂滇两军发生武装冲突，唐继尧、伍廷芳、林森等宣布脱离军政府，经香港转赴上海。国会中很多议员也因不满桂系而离粤赴沪，一时到达上海的国会议员多达300余人，发表共同宣言，否认广州军政府。

6月3日，孙中山与唐绍仪、伍廷芳、唐继尧以“四总裁”名义，共同发表宣言，指责广州军政府私自与北京议和，牺牲护法主张，并声明将军政府及国会移往云南。不久，孙中山又派徐绍桢为两广讨贼军总司令，命朱执信、廖仲恺、蒋介石去福建漳州，敦促陈炯明誓师回粤，讨伐桂系。但陈炯明以“饷械不足”为由延缓出兵日期。

这时中国北方的情形是：直系首领冯国璋病死，皖系段祺瑞借机复出，直系头子曹锟又联合吴佩孚发动第一次直皖战争。北方皖系急盼闽粤军尽快回师广东驱逐桂系，于是派人与孙中山密谈，愿以接济50万元军费、600万发子弹为条件，助粤军回师。

1920年8月12日，陈炯明在漳州公园举行誓师大会后，兵分三路向粤东进军。10月29日攻占广州，桂系势力退守粤西一线，广东重回孙

▲ 1918年5月4日，滇、桂军阀操纵非常国会，决定修改军政府组织法，改元帅制为总裁制。同日，孙中山通电辞职。孙中山回到上海后，开始撰写《孙文学说》

中山领导的革命党人手中。

11月10日，孙中山任命陈炯明为广东省省长兼粤军总司令，不久，他与伍廷芳、唐继尧、宋庆龄等由上海回到广州，恢复了军政府，重开政务会议。流亡到各地的国会议员也纷纷回到广州。

此时，在北方打败了皖系段祺瑞的曹锟与吴佩孚，抬出徐世昌出任大总统，而徐世昌也以正式大总统自居，处理内政外交。孙中山认为，此时非常有必要建立一个强有力的新政府。

1921年4月2日，国会参、众两院在广州联席召开非常会议，由居正等人联名提案，将总裁合议制改为总统制，取消军政府，组织正式政府。提案获得通过。依照参、众两院新通过的中华民国政府组织大纲，选举孙中山为新的正式政府的总统。

1921年5月5日，孙中山在广州就职非常大总统，在通电全国的《就任大总统宣言》中，他说：

> 文既为致力于创造民国之人，国会代表民意，复责文以戡乱图治，大义所在，其何敢辞？……际兹拨乱返治之始，事业万端。所望全国人才，各尽所能，协力合作，共谋国家文化之进步。

当日，20万广州居民举行了空前热烈的庆祝盛会，晚间举行提灯大会，以示祝贺。正式政府的总统府设在观音山（今越秀山）山腰的粤秀楼。孙中山其后又公布了政府人选，但被任命为财政总长的唐绍仪因不同意孙中山主张，并未就职。

此时的孙中山仍想得到国际社会的支持，但是他们反应冷淡。西方列强仍在寻找一位既能统一中国又能满足其所谓在华利益的“强人”。美国国内一些人士发出建议：不要排斥孙中山的广州政府；6月，美国哲学家杜威访华，他也劝美国当局对孙中山的“全国性”的政府奉行“善意中立”的政策。此时也来中国访问的英国著名学者罗素称，他赞成孙中山的广州政府是中国最好的政府的说法。

建立正式政府之后，孙中山决意出兵北伐，他任命陈炯明为援桂军总司令，陈炯明的军队与陆荣廷的属下在灵山决战，打了个大胜仗。粤军势如破竹，桂军溃不成军、一败涂地；以陆荣廷为首的旧桂系军阀覆灭。

与陈炯明的分歧

平息了桂系军阀后，孙中山开始积极整军北伐。作为孙中山倚重的一股重要军事力量，陈炯明却对“北伐”持强烈的反对意见。

在中国近现代史上，陈炯明算得上是一位叱咤风云的人物，也是一位充满争议的人物。孙中山与陈炯明之间的恩恩怨怨，也是各种正史与野史热衷于讨论的一个话题。在沉淀80多年后，我们再重新审视这段历史，得出的结论也许会更客观些。

▲ 陈炯明

陈炯明是前清举人，于清末广东法政学堂第一届毕业后，当选为广东咨议局议员，是维新运动所培养出来实行立宪的人才。他早年参加同盟会，参与策划过黄花岗起义、发动惠州起义，率部进入广州。辛亥革命后，他主政广东，致力于把广东建设成为全国模范省，禁烟禁赌，改革教育，发展经济，提倡新文化运动，栽培了彭湃等有作为的青年，还曾邀请陈独秀担任广东教育委员会秘书长，支持共产党领导的工会组织和报纸，推行地方自治，民选县长、县议员。

二次革命失败后，陈炯明对孙中山改组的中华革命党明确表示不满，赌气带了一批人去南洋开办橡胶公司。从1914年到1917年，他与孙中山断了音信。1916年袁世凯暴亡，陈回国充任国会议员，但是张勋复辟的时候，又悄然消失。后来，他从南洋到上海，专门拜见孙中山并且表示自己的悔过之心，孙中山也就宽容待之。孙中山南下护法的时候，想建立一支由党人领导的军队，因为陈炯明有军事才能，他亲自与省长朱庆澜交涉，把20营警卫军交给了陈炯明统率援闽。当时众人对如何打仗一筹莫展，陈炯明表现得非常卖力，他到泉州、漳州集训军队。在漳州两年多，陈炯明政绩颇著，被称为漳州新政。他热情地接待了苏俄代表，对列宁表示景仰。1920年，他领导的粤军驱逐了盘踞在广东的桂军，而他的力量也逐渐加强，军权逐步集中到自己手中。

当年的孙中山对陈炯明的品德一直很欣赏，他曾感慨地说："陈炯明不好女色，不要舒服，吃苦俭朴，我也不如。"孙中山还曾以"狼、大、快"三字喻陈炯明的革命作风，粤语"狼"字比喻勇猛进取。

秀才出身、个性温和的陈炯明虽加入信奉革命、激进的同盟会，然而与众多革命党人不同的是，他的政治抱负是把革命当作一种手段，最终的目的仍然是"建设"，这与以孙中山为代表的大部分同盟会员"革命至上""革命流血至死"的心态和主张完全是两条路。

孙中山是"武力统一派"中彻底的中央集权主义者，他的理想是以领袖权力为核心的大一统。当时孙中山的政治主张是"中央集权"，要以"北伐"这种暴力武力方式来颠覆北洋政府统一中国，成立中央政府。

陈炯明和一般军阀不同的地方，在于他具有民主思想，反对军治、党制，提倡民治。他所倾心的，是“联省自治”——先在广东搞好民主宪政，仿照美国，建立与其相仿的联邦政制，以“南北妥协”的和平手段来谋求中国永久的统一。这与当时部分学者的观点是一致的。“五四”运动后，一些文人学者认为，美国的崛起正是因为独立战争后，北美13州脱离英国，经过11年高度地方自治的“邦联”，进而建立“联邦”的这段历史。这些学者认为，美国的这段历史为久经战祸、渴望和平统一的中国人提供了一种可行选择。既然南北政府都无力统一全国，与其南北内战，不如各省先行自治，之后，再实行联省自治。如此，便可以不诉诸武力、民众免于生灵涂炭而最终实现全国和平统一。 因此，联省自治的主张一经提出，不仅风靡南方各省，而且迅速波及北洋政府治下的北方省份。

陈炯明一直对联省自治非常推崇。1921年2月，他在《建设方略》一文中，详细阐述了自己的政治见解：

> 近世以来，国家与人民之关系越密，则政事越繁，非如古之循吏可以宽简为治，一切政事皆与人民有直接之利害，不可不使人民自为谋之。若事事受成于中央，与中央越近，则与人民越远，不但使人民永处于被动之地位，民治未由养成，中央即有为人民谋幸福之诚意，亦未由实现也。

而孙中山认为，中国刚从清朝封建社会的皇权主义走出来，需要的是区别于皇权主义的“一党专政”及以“军政”“训政”的思想来统一中国。他要求所有党员要在“绝对服从党魁”的党章下签字，发誓效忠领袖，他甚至认为人民是“无知可怜”的幼儿，革命党则是保姆。陈炯明认为所有党员要在“绝对服从党魁”的党章下签字效忠，本质上与封建社会的君臣关系没有不同，只是君主换成了党魁而已。孙中山的民众保姆说，也遭到陈炯明的批评，他认为：“政府把国民当成‘无知可怜’的幼儿，那人民就永远会是长不大的‘无知可怜’的幼儿，永远不可能实现民主政治。”

然而孙中山成立正式政府和选举总统的主意已定。1921年1月12日，非常国会在广州复会。孙中山号召国民党人，像推翻清政府、袁世凯那样，再发动一次全国性的革命，来推翻北洋政府，他宣称："北京政府实在不是民国政府。我等要造成真正民国。”陈炯明则反对孙中山的意见，在他看来，一旦广东成立正式政府，结局只有一个：南北之间将再次陷入战争之中。在一次谈话中，他说，“因现下时机未熟，如广东选出总统，北方必借口来打，是自树目标，使人攻击”。陈炯明认为广东基础尚未巩固，一有战事，实在危险；届时他期望的“地方自治”和建设“模范省”，统统都会变成镜花水月。

但赞成孙中山意见、主张成立广东政府的还是主流。1921年4月召开的非常国会上，表决通过了《中华民国政府组织大纲》，在这个大纲中，只规定了大总统的产生和权限，却没有任期，也没有规定政府的组织架构。一切政务、军务、内阁任免，均由大总统“乾纲独断”。会议采用记名投票，“以示负责”。结果孙中山得218票，陈炯明得3票，废票一张。孙中山当选为“中华民国非常大总统”。整个过程仅用了不到两个小时。

此举遭到了陈炯明的反对。他认为，依总统选举法，总统应由两院联席选出，出席议员至少达到全部的三分之二即580人，才能举行总统选举，此时广州旧国会议员只有200多人，还不够原众议院人数的一半，而且实行记名投票，简直是在自毁法律。

陈炯明质疑道："这和之前北方毁法，又有什么本质不同？”在北方出现“伪政府”的情况下，在南方“建立”“伪政府”，用一个不符合法理的“伪政府”去反对另一个同样不符合法理的“伪政府”，这是非常行不通的，结局只有南北之间将再次陷入战争之中。陈炯明反对孙中山任职，拒绝参加就职典礼。

1921年6月，坚持武力统一中国的孙中山任命陈炯明为援桂军总司令，叶举为前敌总指挥，开始第二次粤桂战争。陈炯明认为此刻中国民众甚苦，不能再轻易发动战争，且将士疲惫，军费不足，根本不可能完成北伐，仍然主张先定省宪，再议国宪，先确立民治的基础，再循序渐进地推进统一。

在遭到陈炯明的消极抵制后，两人摩擦不断升级。有传言说孙中山曾把手枪交给黄大伟，令其刺杀陈炯明。没有不透风的墙，消息传到陈炯明那里，两人嫌隙于是无法弥补。

10月，国会非常会议通过了孙中山提出的北伐议案，在做北伐准备的巡视中孙中山到了南宁，多次召见陈炯明，商谈北伐事宜，反复向其说明北伐的重要意义，希望不要错过时机。但陈炯明仍然主张先定省宪，以确立民治的基础；再议国宪，循序渐进地推进统一。他说自己并不反对北伐，只是现在兵疲将惫，囊空如洗，根本不可能远征北方。

10月12日，孙中山致电陈炯明催付北伐费400万元，陈炯明电复只允付200万元，而且还要等到北伐军出发后再交。孙中山得电后极为愤怒，想罢了陈炯明的职。胡汉民唯恐事情闹大、造成分裂，因此竭力调停。孙中山后来又多次电召陈炯明回广东，但陈一拖再拖，拒不回粤。

10月29日，孙中山在梧州设大本营，一面派汪精卫回广州筹饷；一面躬亲督师，溯江北上，向桂林前进。他愤然表明：“我已立誓不与竞存（陈炯明字）共事。我不杀竞存，竞存必杀我。”看得出，两人关系此时已几近崩溃。

▲ 1922年，孙中山赴广东韶关督师

炮轰总统府

1922年2月3日，孙中山以大元帅名义发布动员令，10余万大军分路出师北伐。但由于连年战乱，湖南方面宣布保境息民，公开拒绝北伐假道。入湘计划于是告吹。3月26日，孙中山在桂林召开会议，决定班师回粤，改道江西北伐。

在孙、陈两人关系的微妙时刻，又发生了一件事：3月21日，陈炯明的亲信、粤军参谋长邓铿从香港公干回省，在广九车站突然遇刺，两天后身亡。国民党官史一向说邓铿是被陈炯明暗杀的，但实际上在这关键时刻行刺的刺杀者究竟是谁呢？密切关注局势发展的美国副领事在当年4月4日有一份报告说："关于谋杀邓铿的动机，我从外国情报探得两报告，一说是广西系所为，另一说是国民党，以警告陈炯明而下毒手。"英国总领事在4月22日也有一份报告说："国民党谋杀陈炯明的参谋长邓铿，现已为众所周知的事实。"

4月9日，孙中山决意变更计划，令在桂各军一律返粤，潜师而行，到了梧州，陈炯明才知道。16日，孙中山在梧州召开军事会议，陈炯明仍避而不见。孙中山再一次愤怒，想将陈炯明的总司令、陆军总长、内务总长、省长等职一概免去，但胡汉民以操之过急恐生变为由，极力劝阻；另一面，胡汉民又劝陈炯明去孙中山面前认错，"照总理素来待人宽大的胸襟，定可以不咎既往的"。但等了三天，陈炯明还是没有出现，孙、陈二人的矛盾再次激化。陈炯明随后被孙中山免去粤军总司令、广东省长、内务总长职务，仅保留陆军总长职务，令其所属部队直属于大元帅。

随后陈炯明因表示无法接受孙中山令其参加北伐，以及不能筹措到400万元军费，而被解职。1922年5月9日，孙中山在韶关大誓三军，北伐行动如箭在弦。他委任陈炯明的部下叶举为粤桂边督办，试图以高官诱惑分化陈家军。叶举并不领情，却在10天后突然率领60多营粤军开入省城，成为广州城的实际控制者。

4月23日下午，孙中山在越秀山总统府召开全体幕僚会议。大本营内有两种意见，一是主张暂缓北伐，先清内患，解决“陈家军”；二是立即转道北伐，避免与陈炯明直接冲突，双方仍留转圜余地。

孙中山赞成第二种意见，“竞存叛迹未彰，在桂粤军数年奋斗，犹欲保存”，因此，他决定亲自督师北伐，“两广仍交竞存办理，给以殊恩，当能感奋”。

孙中山急图北伐，与北方形势的发展不无关系。1921年底，奉系军阀张作霖与直系军阀吴佩孚关系恶化；1922年4月下旬，第一次直奉大战爆发。孙中山与奉、皖军阀一直有秘密接洽，结成三角同盟。依协议规定，如果直系集团被逐出，孙中山便是北京政府的总统，段祺瑞为副总统；孙中山深感这是联合奉、皖军阀，夹击直系的千载良机，必须立即出兵策应，他已无暇顾及解决陈炯明问题了。

但出乎意料的是，直奉开战，仅及一周，奉军便被吴佩孚击败，狼狈退回关外，吴佩孚战胜张作霖并牢固地掌握北京。南北夹击直系的计划，化为泡影。但南方的北伐，却如弦上之箭，不得不发了。

1922年5月4日，孙中山以陆海军大元帅名义下令从韶关北伐，李烈钧为北伐军总司令，许崇智为三路总指挥。北伐军在前进途中秋毫无犯，纪律严明，声势大振，势如破竹。

当时中国的政治格局是南北两个政权对峙，孙中山为表明自己“天下为公”的心迹，多次对外界放出话来，只要“独裁”的北洋政府徐世昌下台，他也将同时下野。6月2日，北洋总统徐世昌在巨大的压力之

下，宣布辞职。因此，舆论普遍认为，徐世昌下台后，停止内战，和平统一，终现一线曙光。6月3日，蔡元培、胡适、高一涵等200多位各界名流，联名致电孙中山和广州非常国会，呼吁孙中山实践与徐世昌同时下野的宣言，可见这个要求在当时是颇得人心的。但徐世昌下台后，皖系又借机抬出黎元洪复任大总统，遭到孙中山的通电反对。

陈炯明对此也非常反感，他认为“我们之所以一直闹革命、试图武力颠覆北洋政府，无非是因为北洋军阀废掉了《临时约法》、蹂躏了民主宪政，现在既然《临时约法》已经恢复了，我们自然也就不必造反了”。尽管北洋政府几乎同时宣布实施孙中山坚持恢复的《临时约法》，孙中山的护法运动应该宣告成功了，但孙中山仍然不顾陈炯明的反对，坚持要通过军事北伐，暴力推翻北洋政府。

对于孙中山与陈炯明的矛盾，从当时的社会舆论来看，陈炯明也得到了一些人的支持，其中就包括著名学者胡适。1922年6月中旬，胡适在《努力》上发表评论，开始他只是批评孙中山的策略，没有明确支持陈炯明，不过维护后者的倾向已然十分明显。他说：“孙文与陈炯明的冲突是一种主张上的冲突。陈氏主张广东自治，造成一个模范的新广东。孙氏主张用广东作根据，做到统一的中华民国。这两个主张都是可以成立的。但孙氏使他的主张，迷了他的眼光，不惜倒行逆施以求达到他的目的。于是有八年联安福部的政策，有十一年联张作霖的政策。远处失了全国的人心，近处失了广东的人心。孙氏还要依靠海军，用炮击广州城的话来威吓广州的人民，遂不能免这一次的失败。”胡适后来又连续在《努力》周报发表评论，严厉批评国民党的文化观念和政治哲学，维护陈炯明的立场和行为。

另一边，当陈炯明被孙中山罢黜的消息传出，驻守在广西的粤军顿时沸反盈天。1922年 5 月 8 日，孙中山委任陈炯明的部下叶举为粤桂边督办，以示对粤军的信任。然而叶举并不领情，5月20日，叶举率驻桂之粤军第一军所部60余营突然入驻广州。同时，发电要求孙中山恢复陈炯明粤军总司令和广东省省长职。

汪精卫和马君武等到惠州征求陈炯明的意见，陈炯明表态说：他从党谊和人格起见，必无反对先生之理，对于部下各将领，也一定完全负责；倘有不听命令，而反对先生者，他唯有自杀以谢国人。

此时的陈炯明似乎并未最终下定反叛的决心，但矛盾的不断激化、升级，终于使他做出“天下大不韪之举”。

1922年6月1日，孙中山自韶关到达广州，一是想震慑陈炯明部队的滋闹，二来想让前方将士得知后方并无变故，可以安心前进。到广州后，孙中山想马上召见叶举等当面谈话，解决军饷和移防问题，但叶举却借故在一天前离开了广州。孙中山非常愤怒，曾密令海防司令陈策开炮轰击“陈家军”，但被劝阻。

陈炯明则在惠州隐居。各界吁请陈炯明回省的函电，铺天盖地，见诸报端；前往劝驾的使者，车水马龙，络绎不绝。甚至连陈独秀也到了惠州，劝陈炯明不如加入共产党，领导华南地区的革命。

6月2日，孙中山在总统府设宴招待粤军将领，竟没有一个高级军官应邀前来，只来了几个中下级军官。

孙中山一连拍了三封电报，要求陈炯明立即到广州面商一切，又派人到惠州催驾。但陈炯明拒绝在这个时候到广州。他说，在省城军队撤出之前，他都不打算到广州。陈炯明曾经说过，一旦粤军叛孙，则“天下之恶皆归焉”，他不在这个时候去广州似乎是为了避嫌。

然而，局势在继续恶化，6月3日，叶举宣布广州戒严，大街通衢，遍布岗哨。6月12日，孙中山邀请广州报界出席茶会，决心通过报纸，向陈炯明摊牌。孙中山不仅将他与陈炯明的矛盾公之于众，而且语气颇为严厉地说：“现在我得向你们全体提出请求：请你们在10天内，以同一口径对他们发出警告。告诫其撤到距离广州30里以外地区。若他们置之不理，时间一到，我将用3寸直径的大炮发射有毒炮弹轰击他们。我会提前9小时发出通知让市民躲避，接着的3小时内，达姆弹将落到他们头上。那样的话，他们60余营的兵力会全部完蛋。”

据记载，说这番话的时候，孙中山的表情十分愤怒，显然有些话已有情绪成分，但孙中山显然忽略了这个事实：此时陈的部队有5万余人在广东，孙中山只有500名的卫队，双方实力相差实在太悬殊了。

双方的火药味越来越浓。6月15日深夜，粤军高级将领召开紧急会议，决定武力驱逐孙中山下台。陈炯明在惠州听闻后，立即派秘书陈猛荪带着他的亲笔信劝叶举他们千万别轻举妄动。叶举当着陈炯明秘书的面将信掷落地上，说陈炯明书生之见不知军事，并让转告陈炯明，事情已箭在弦上不容不发。据说陈炯明收到回复后，一怒之下打碎了茶杯。

叛乱终于发生了。6月15日，叶举先是通电要“孙中山与徐世昌同时下野”；当晚又在白云山下司令部召集旅以上军官会议，会上有人主张立即冲进总统府活捉孙中山，有人主张先炮击总统府，将孙中山赶出广州。最后决定实行炮击方案，并确定熊略为行动指挥官。熊略受命后，认为孙中山待人不薄，遂派亲信到总统府向孙中山秘书林直勉暗中通报。

其实早在当晚10时，总统府已接到一军官电话：“今夜粤军或有不轨行动，将不利于总统，务请总统离府。”但孙中山认为是谣言，不肯信。当林直勉12时又得到类似消息时，孙中山仍不肯相信，他说，当年陈炳焜、莫荣新在广州如此作恶多端，尚不敢公开叛乱，何况陈炯明、叶举等人跟随自己多年，粤军第一军是一手培植起来的，不会敢于公然发难。当时，观音山总统府只有50多名卫士，所有的武器，就是34支手提机关枪、一万多发子弹。队长姚观顺直接负责保卫孙中山与宋庆龄所住的越秀楼。

16日凌晨1时，已经能听见总统府外的部队的集结声和嘈杂声音了，林直勉等三人再来劝孙中山离开，可是孙中山说：陈炯明“胆敢作乱，我便要负平乱之责，如力不如，唯有一死，以谢我四万万同胞”。已是凌晨三时，林直勉仍无法劝说孙中山离开总统府，见情势越来越危急，林直勉只好强挽着孙中山离开了总统府。

这是宋庆龄后来对当天所发生之事的回忆：

6月15日之夜2时，我正在酣梦中，忽被先生叫醒，并催速起整装同他逃出，他刚得一电话，谓陈军将来攻本宅，须即刻逃入战舰，由舰上可以指挥剿平叛乱；我求他先走，因为同行，反使他行动不便，而且我觉得个人不致有何危险，再三婉求他，始允先行，但先令50名卫队全数留守府中，然后只身逃出。

孙中山从总统府右侧的粤秀街走出，他身穿白夏布长衫，戴墨晶眼镜，很像个医生。在街上碰到叛军，林直勉说："我的父亲患了重病，所以不得不深夜请医生到家里诊治。"泰然自若的孙中山并没有引起叛军怀疑。一路上，他们又数次与叛军遭遇，但是孙中山的态度一直很从容，他们沿着长堤一直走到海珠公园附近，公园是江中心一个不满1000平方米的小岛，当时海军的总司令部就设立在这里。

他们雇了小船渡河前往海珠军部。行至河中时，有哨兵喝止，喊口令，而他们又答不上来。紧急之下，林直勉大声喊："我是总司令的朋友，来自总统府，有要事报告。"海军总司令温树德亲自出来，林直勉说："大总统在此。"这才登岸。

叶举部署了第二师4000多名叛军围攻总统府，但他们的数次冲锋均被总统府卫队击退。下午4时，总统府终被占领，财物被抢劫一空，大批文件被烧毁。

叛军从后门冲进来时，卫士马湘和黄惠龙护着宋庆龄从前门逃出来，埋伏在附近的叛军冲过来的时候，马湘把自己手中的50多枚银元撒在地上，趁叛军抢钱之时，匆忙躲进了对面小巷的一家开着门的民宅中。

宋庆龄后来写下了《广州脱险》一文，详细记述了她在叛军枪林弹雨中脱险的经过，被她称为"将来自传中最动人之一章"：

他走了半小时以后……忽有枪声四起，向本宅射击……叛军喊着："打死孙文！打死孙文！"

到了8时，卫队的枪弹几乎用完，队长劝我下山……我们

4人，在地上循着那桥梁式的过道爬行……我们四面只听见流弹在空中飞鸣。有一两回正由我鬓边经过。后来，我再也走不动了，凭两位卫兵一个抓住一边肩膀扶着走。我心想再也熬不过去了，请他们把我枪毙了。四周横七竖八躺的都是死尸……

我们跑过一家矮小的农舍去躲避，我昏倒在地……枪声沉寂之后，我化装成村妇，不知走了多少路，最后来到了一位同志的家中……那夜通宵闻见炮声……最后听见战舰开火的炮声，才使我如释重负，知道中山先生已安全无恙了。

那天晚上，我终于在舰上见到了中山先生，真是死别重逢。

一路艰辛的宋庆龄终于住进了中山大学的校长钟荣光家，由于过度紧张和劳累，她在钟家流产了，这也是她一生中的唯一一次妊娠。这一路的磨难对于她而言是九死一生，而她在此事上表现的临危不惧和几年来辅助孙中山先生的功绩，使国民党中原来一些对他们婚姻不满的党员也开始对她刮目相看。

“永丰”舰上的55日

从1922年6月16日到8月9日的55天，孙中山一直住在永丰舰上。这艘舰是1910年向日本订购的，1917年，北洋舰队第一舰队司令林葆铎拥护护法运动，脱离北京政府，率领舰队开赴广州，自陈叛乱后，孙中山一直以此舰为座舰指挥舰队和陈的叛军作战，他逝世后，此舰改称为“中山”舰，装有8门大炮，1938年在对日作战中，中山舰被日军击沉，沉没在武汉附近的长江金口，全体官兵壮烈殉国。

孙中山移驻“永丰”舰后，外交总长伍廷芳即来谒见。孙中山嘱伍廷芳尽快把广州叛乱的情形设法转告北伐诸军，速回师广州，平息叛乱；再将陈炯明等叛乱内情转告外国驻穗使节，以争取国际上的声援。年逾八十高龄的伍廷芳因此悲愤交加，旧病复发，几天后便溘然长逝。孙中山闻讯后悲痛不已。

6月17日，孙中山在“永丰”舰上召集海军诸将商讨平叛办法，决定将泊在珠江江面各舰集中到二沙头江面，炮击叛军；同时派人和广州市卫戍司令魏邦平联系，着其率陆上部队配合平叛行动。下午，孙中山亲率“永丰”“永翔”“楚豫”“豫章”“同安”“广玉”“宝璧”等舰驶入珠江，向大沙头、白云山、沙河、观音山等处叛军据点发炮轰击。

6月18日，“陈炯明以巨款派人运动海军内变，幸海军上下，一心一德，服从总统命令，始终如下，不为利诱”。6月21日，陈炯明控制下的广东省议会发生通电，宣布“推举”陈炯明为“临时省长”，同时敦劝孙中山“下野”。在“倒孙”逆流中，护法海军发生分化，在此关键时刻，坚持护法的“海军官长士兵各举代表，前来永丰座舰，声明一致服从大总统，至死不渝”。23日，海军各舰以全体官兵名义发出通告称：

> 我海军各舰人员，只服从护法之孙大总统。所云服从陈逆炯明，即谓我海军人员弃顺投逆，断无是理。

25日，海军全体官兵宣布加入中国国民党，表示效忠孙中山。而这一天，宋庆龄化装离开广州，经香港乘船到达上海，住在父母家里。6月29日，在宁波老家接到孙中山电报的蒋介石登上“永丰”舰，与孙中山会面。孙中山非常高兴懂军事的蒋介石来到身边，说：“蒋君一人来此，不啻增加了二万援军。”孙中山将海上的指挥权交给了他。后来，孙中山回忆这段情况时说：蒋“日侍予侧，而筹测多中，

▲ 1922年6月，孙中山、蒋介石在“永丰”舰上

乐与予与海军将士共生死”。而陈炯明知道蒋来的消息，惊惶失措：“他在先生身边，必定出许多鬼主意。”

7月1日，中山大学校长钟荣光带来陈炯明的亲笔信，来“永丰”舰上请求和解。陈炯明信中声称自己悔过，希望孙中山“保全人道、以召天和”。孙中山置之不理。不久魏邦平又来舰上，表示愿意为双方和解效力，孙中山则义正词严地否定：

> 宋代之亡，尚有文、陆；明代之亡，亦有史可法等。而民国之亡，如无文天祥其人，则何以对民国已死无数之同志，垂范于未来之国民，以自污其民国十一年来庄严璀璨之历史，而自负其30年来效死民国之初心乎？

7月8日夜里11时，被陈炯明部收买的“海圻”“海琛”“肇和”三大舰升火起锚，离黄埔港外驶。当时岸边的鱼珠炮台已经落在叛军手中，一直向长洲要塞的司令部炮轰，9日下午，长洲炮台也宣告失守，孙中山领导的舰队就在两岸的炮轰之下，于是他命令各舰驶入黄埔背后的一条小河转移。当时各舰官兵都觉得孙中山命令失误，因为此河平时连大轮船都没有走过，但是又不能违抗命令；幸运的是，各舰都从小河驶过——孙中山至此才说，当年广州雨水较大，加之孙中山前段时间制定《实业计划》时，跑遍了广州郊区，掌握了很多的河流水利方面的知识，他当时是知道这小河也能行走军舰的。

7月9日，孙中山决定将舰队停泊在白鹅潭，因为此处靠近外国人停泊之所，叛军不敢进犯。可是从新村驶往白鹅潭有段必经之路河面狭窄，河中心和两岸还有敌军的野战炮队，舰队很难穿过，10日7时，舰队靠近车歪炮台，叛军野炮由四面八方向“永丰”舰发射。“永丰”舰中弹，船身震动，其余各舰也受微伤。

在双方激战时，孙中山一直站在甲板上指挥，还频频叮嘱：“子弹要爱惜，瞄准了才好放。”蒋介石等随侍在他身边。有人劝孙中山入舱暂避，可是孙中山还是说：“你以为舱下就安全吗？其实是一样的。”

1922年，孙中山在“永丰”舰上指挥反攻陈炯明叛乱武装

孙中山一面为受伤的官兵包扎伤口，一面对大家说：“作为革命党人，就有万死一生的危险，但是不要灰心。”炮火暂稀，孙中山才下舱看书。这时蒋介石仍守在舵楼，注视着时针，约20分钟后，“永丰”舰终于通过炮台，化险为夷。各舰也相继通过炮台，直入白鹅潭集中。

刚下锚，广东海关的英国税务司的夏利士就登舰求见孙中山，劈头就问：“你到这里来，是不是避难？”孙中山很不客气地回答他：“白鹅潭是中国领土，我是中华民国大总统，凡我国的领土，无论在什么地方，都是我的权力范围。我都可以往来自由，岂可说是避难？你的话用意何在？”

夏利士换了口吻，说这里是通商口岸，接近沙面，万一战争发生，恐怕引起外国干涉，“不如请总统离粤，使通商自由无碍。”

孙中山厉声斥责他："这不是你应该说的话，我生平不服暴力，不畏强权，只知道正义与公理，绝不受无理的干涉。"夏利士非常尴尬地退下。在座的一位西方记者日后写道："我今天才见到孙总统的真面目。他确实是中国真正的爱国者，谁说中国无人才？"

陈炯明的叛军虽然不敢直接炮轰，但是还是想方设法进行攻击。叶举用重金从香港雇佣了两个水雷工程师，7月18日驾小艇前来轰炸，说来巧合，就在水雷即将袭向"永丰"舰的时候，"永丰"舰正在退潮掉头，正好是一个90度的转弯，水雷在几丈远的地方爆炸了。

处于责难声中的陈炯明陆续派人来说和，都被孙中山凛然拒之。但实际上，孙中山内心也一直处于焦虑中，首先是四艘军舰的供给日益困难，使得孙中山不得不亲自管理具体事务，他曾经下达这样的手令："无论何人，非经大元帅签字，不准支款。"可是军舰的煤炭和粮食供应还是日益紧张，而北伐军队时好时坏的消息，更让他紧张不安。北伐军方面，6月17日，胡汉民在韶关大本营与广州方面的电信忽然全部中断，火车亦中断，他由此判断广州方面已发生了叛乱。当时韶关仅有200名士兵，而北伐军已攻克赣州，胡汉民决定北进赴赣州班师回粤救难。但回师途中，又发生了粤军第一师叛逃事件。7月9日，北伐诸军已从赣南回到广东南雄，遭到叛军的阻击，部分部队不得不回撤。一直到8月初，军队还是不见踪影。虽然有人劝孙中山离开，他却觉得在没有接到前方败退的切实消息时，不能抛下患难相随的海军官兵自己离开广州。

8月9日，孙中山得到确切消息：陈炯明有袭击"永丰"舰的计划。孙中山觉得在前方北伐军不利的情况下，自己"株守省河"，有损无益，遂于8月9日乘英国兵舰次日至香港，然后转乘商轮到达上海。

孙中山转赴上海的8月14日，正赶上有暴风雨来袭击，但还是有2000多名群众冒着风雨去迎接他。15日，他在上海发布了粤变始末及统一主张宣言，向全国说明陈的罪行。陈炯明的叛乱，是孙中山一生中遭遇的最惨痛的失败，他深自痛恨："文率同志为民国而奋斗垂30年，中间出生入死，失败之数不可屡指，顾失败之惨酷，未有甚于此役者。"

蒋介石通过此次与孙中山并肩作战，从此成为孙中山最信任的助手之一。事后，孙中山在给蒋介石的书籍《孙大总统广州蒙难记》里写的序言中，对蒋介石的表现予以高度评价。蒋介石后来担任东路讨贼军参谋长，因军事进展缓慢而萌生退志时，孙中山还用白鹅潭共患难的事情来挽留他。

陈炯明与孙中山决裂后，他宣言反对“赤化”，自然也反对中共。不过，他毕竟是血性男儿，“九一八”事变后，他明确反抗日寇侵华，坚决不与日本人合作。1925年，在他所派代表参与下，美洲致公党改组为中国致公党，陈炯明被选为总理。陈炯明革命大半生，不敛财，不二色。失败后流寓香港，依靠昔日旧属接济过活。1933年，因染疾入医院，旋告不治。陈氏家无长物，穷极，借用其母预备的寿材，始得以入殓。一位曾煊赫一时的地方军政长官，结局如此穷困者，也是比较罕见。

联手苏俄

孙中山一生中一直在领导革命，所以对别的国家的革命也非常关注。1917年，俄国十月革命爆发，推翻了克伦斯基的临时政府。

“十月革命”的胜利及它建立的新政权也吸引了孙中山的注意。1918年夏，孙中山以南方中国国会和中华革命党的名义致电列宁，对俄国革命党人进行的“艰苦斗争表示十分钦佩”，希望中俄两国革命党人“团结共同斗争”。他认为，俄国社会主义共和国存在八个月来，给了东方人民以希望，他们也可建立同样的新的社会制度。“其时各国皆仇

视苏俄，列宁得到中山的电报，因之大为感动，视为东方的光明来了，自此积极的想与中国的民党联络”。鲍罗廷后来说：“当此危急存亡之秋，收到孙中山先生一电，嘱其奋斗，列宁等十分感激”。

当时的广州是全国工人运动的中心，香港海员罢工以后，支持工人运动的孙中山越来越得到共产国际的重视。在以阶级划分敌友阵营的莫斯科看来，“中国唯一重大的民族革命团体是国民党，它既依靠自由资产阶级民主派和小资产阶级，又依靠知识分子和工人”。苏俄认为，国民党是中国唯一重大的民族革命集团，孙中山是中国革命的象征，国民党将成为一个群众性的政党。8月，苏俄外交人民委员会委员契切林表示同意“俄中伟大的无产阶级”有着共同的利益。

“十月革命”以后，苏维埃政权在西方波兰、土耳其以及匈牙利、德国行动连连失败，为摆脱孤立状态，决定采用“西守东进”方针，输出革命，在东方寻求新盟友，以防御宿敌日本，解除其在亚洲边界所受到的日本甚至英国的压力。而欲“在东方进行国际范围内的反帝民族革命运动，就必须抓住中国这一环节”。于是，避免与日冲突，争取与中国关系正常化，确保中国不被拉进日对俄行列，就成为苏俄政府的外交大事。

孙中山虽然与列宁从未见面，但他的名字对于俄国革命者来说并不陌生。1916年列宁在流亡伯尔尼时期，就有意从“经过十月革命有了觉悟的华工当中找一些勇敢的人，由他们去同孙中山建立联系”。1919年3月，共产国际在莫斯科成立，它为苏俄同孙中山的联系开拓了官方渠道。列宁亲自指定刘泽荣（绍周）和张永奎作为中国代表与会，刘的发言使孙中山的业绩在共产国际成立伊始就为人所知。

1919年7月25日，苏俄以代理人民外交委员加拉罕的名义，发表致中国南北政府的声明，即著名的《加拉罕宣言》，声明放弃沙俄时代自华掠夺土地及各种特权，愿援助中国人民脱离外族压迫。次年，苏俄再次发表《加拉罕宣言》，重申第一次对华宣言原则，但已非无条件放弃对华特权，并要求另立使用中东铁路办法的专门条约。俄国是自鸦片战争以来，攫取中国领土最多的一个国家，如今新政权发表了这样一个声明，虽然明显是一种策略性的考虑，目的是争取中国北京政府的承认，以对付日本，并有利于在西伯利亚地区镇压白卫军；但这种外交姿态在当时也实属不易，因而得到了孙中山的热烈欢迎。

苏俄前后两次的对华宣言，都引起国人的极大反应，苏俄以捍卫中国民族主义的“国际大侠”姿态出现，一时间博得国人欢呼。据当年北京大学的一项民意测验显示，59%的人认为苏俄是中国之友，只有13%的人认为美国是中国之友。更有知识分子热切地认为，俄国的“十月革命”代表着新世界的曙光，“足为世界革命史开一新纪元”。一时间，“五四运动期间人人谈论社会主义”。

苏俄乘着《加拉罕宣言》在中国引发的声势，加速推进“西守东进”的方针，不仅积极谋求与北京政府关系正常化，同时还将偏安南方的广州国民党视为主要争取对象。苏俄和共产国际选择国民党的战略意图，主要用意是在“广州人和广州政府中寻找一些有能力在中国制造全民性起义，以反对日本、美国资本对整个远东统治的力量”。俄国人“联孙”从一开始即有此远谋，这也是“西守东进”的一项重要步骤。该政策的立足点均为苏俄之国家利益最大化。故此，苏俄与孙中山接近，“乃俄国自动也”。

1920年，苏俄外交人民委员会委员契切林写信给孙中山，要求与中国争取解放的力量建立联系，而孙中山直到1921年6月14日才收到这封信，这也是孙中山首次正式接获苏俄官方的来函。8月28日，孙中山写了一封回信，除了介绍中国目前的形势外，孙中山在信末很直接地表达了自己的愿望：“在这个期间，我希望与您及莫斯科的其他友人获得私人的接触。我非常注意你们的事业，特别是你们苏维埃的组织、你们军队和教育的组织。”

1921年12月初，孙中山谈到俄国革命时，怀疑和同情兼有。他说，俄国虽然消灭了资本主义，但其人民受损失巨大，而且前景还不能确知。1921年12月底，共产国际代表马林（化名“马丁”）由张太雷陪同，在桂林访问孙中山，期间逗留9天，与孙中山进行了三次长谈。这是孙中山首次接待共产国际的使者。虽然马林介绍的苏俄革命和红军建设经验引起孙的兴趣，但孙中山坚持要以三民主义和五权宪法统率军事行动。孙中山反对在中国推行共产主义和试行苏维埃制度，也不赞成马克思主义的阶级斗争理论。孙中山甚至直截了当地表示不赞成从西方引进马克思主义，他直率地告诉为马林做翻译的中共党员张太雷说："为什么青年要从马克思那里寻求灵丹妙药，从中国的古典著作中不是也能找到马克思主义的基本思想吗？"孙中山批评苏俄道路和共产国际理论，使得马林大为恼火，认为国民党人受美国的影响太深，"应该揭穿那些自称中国之友的国家（美国）的虚伪友谊"。马林的桂林之行几乎空手而归。

1922年1月，孙中山在一次演讲中宣称，法国和美国提供的是共和政体的旧的模式，俄国则产生了新的模式，而中国将有以其三民主义为基础的最新的模式。他认为，民族主义就是世界的种族平等；民权主义是国内的政治平等；民生主义则是经济平等。他说，民生主义在洪秀全领导的太平天国就已实行，现在苏俄实行的也是民生主义。

不过，此时的苏俄方面并不急于援助孙中山。这一方面是因为苏俄担心援助孙中山会加剧俄国同西方大国、特别是和日本的紧张关系，也会使北京政府在谈判承认苏俄时采取更为强硬的立场。另一方面，苏俄此时的外交主要还是面向吴佩孚。他们把吴佩孚看作中国最强大和比较进步的军事政治领导人。对孙中山，则"以不致影响我们对北京的政策"为前提。因此，苏俄建议孙中山与吴佩孚合作，组成一个亲俄的联合政府，俄国方面以此向孙中山保证，"这样的政府不仅可以指望得到俄国的支持，而且还可以指望得到整个共产国际的支持"。但是这一提议遭到了吴佩孚与孙中山的共同拒绝。其时孙中山正准备与张作霖联合，共同对付吴佩孚，其办法是：孙中山自西南先发，"与敌相持"，张作霖则"迅速取北京津保，使敌失所凭依，然后出重兵以蹑其后"。孙、张联合以及张胜吴败的可能令俄国十分不安，他们担心这一结局会导致苏俄在蒙古问题和中东铁路问题上陷入被动。因此，在援助孙中山的问题上显得特别谨慎。共产国际甚至认为，“支持孙逸仙同吴佩孚作斗争，不仅仅是支持一个反动派张作霖，而且还是支持日本帝国主义”。

随着苏俄与北京政府交涉受挫，苏俄继续伺机“联孙”。1922年4月，共产国际远东处书记、青年共产国际代表达林（A.S.Darlin）抵穗。被任命为与孙中山联络全权代表的达林，其使命是与孙中山建立直接关系，以了解孙的国内外政策以及对苏态度。达林面晤孙中山，递交苏俄外交人民委员契切林给孙中山的信，建议成立国共民主联合战线。孙中山回答说：“请不要忘记，香港就在旁边，如果我现在承认苏俄，英国人将采取行动反对我。” 此时的孙中山仍显得犹豫不定，他一方面希望在将来的革命事业中能够得到苏俄的帮助，但眼下的国际形势及国民党内部亲英美、反苏俄的力量又让他一时难以下定决心。对列强仍寄希望的孙中山，认为同德国的合作和获得美国财政及顾问等方面的援助有可能实现。

但是陈炯明的叛变，使得孙中山之前对苏俄若即若离的态度发生了很大改变。1922年6月16日，陈炯明部下叛变，炮轰总统府。孙中山狼狈出逃白鹅潭。陈炯明的粤军是孙中山北伐的唯一革命武装。这一事件对追求统一的孙中山是一次沉重打击。屡战屡败且又孤立无援的孙中山，绝望中不得不重新审时度势寻求新盟友。6月30日，孙中山委托陈友仁转告达林：“在这些日子里，我对中国革命的命运想了很多，我对从前所信仰的一切几乎都失望了。而现在我深信，中国革命的唯一实际的真诚的朋友是苏俄。”他还向达林表示，希望有机会能去苏俄，并写了一封信请达林转交给苏俄外交人民委员契切林，说他正经受着陈炯明所造成的“最严重的危机”，并请契切林代他向列宁致敬。

8月14日，败走穗赴沪的孙中山，确认得不到美、英支持，再次通过达林向苏俄释放信息，承认国民党现在“绝对需要”与克里姆林宫建立密切关系。会面中，孙中山还要马林向越飞转达他的意见，如果能实现同苏俄的联盟，他将在取得全国政权之后，允许苏俄参加中东铁路的管理。

苏俄反应迅速。8月22日，苏俄全权外交代表越飞去信孙中山，表示支持，并希望与孙建立密切联系。失去广州的孙中山，终于考虑与苏俄合作之事。孙中山说："我们已失去美国、英国、法国及其他大国帮助的希望，唯一有些援助我们迹象的——是苏俄政府。"为获得苏援，孙中山表示愿意接受共产国际的建议，容纳陈独秀、李大钊、张太雷等共产党人以个人身份加入国民党。在孙中山委托张继等与在沪各负责人商议，并通电国民党相关支部后，国共两党终于就中共党员加入国民党问题达成了协议。9月初，经张继介绍和孙中山"亲自主盟"，陈独秀、李大钊等先后正式加入了国民党。

9月26日，莫斯科驻华武官格克尔在马林陪同下，在上海会见孙中山，传递莫斯科承认孙在中国的领导地位、支持孙统一中国的信息。

此时，跌入低谷的孙中山希望借助"民主友邦"的力量以图东山再起。孙认为俄国以平等待中国，"所望为同情，只有俄国"。孙中山说，"我对从前所信仰的一切几乎都失望了，而现在我深信中国革命的唯一实际的真诚朋友是苏俄"，"现在感到与苏俄建立一个更紧密的联系是绝对必要的"。孙中山终于意识到，要振兴国民党就要借助苏俄的力量。同时，从地缘"亲密的关系"来说，没有比苏俄更重要的友邦了。孙中山的对外政策重新作了调整。备尝艰辛的孙中山，终于抓住俄国人伸出的橄榄枝。

孙中山后来这样描述他当时的心态：

> 中华民国就像是我的孩子，他现在有淹死的危险，我要设法使他不沉下去，而我们在河中被急流冲走。我们向英国和美国求救，他们站在河岸上嘲笑我。这时候漂来苏俄这根稻草，因为要淹死了，我只好抓住它。英国和美国在岸上大声喊，千万不要抓那根稻草，但是他们不帮助

▲ 李大钊

我，他们自己只顾着嘲笑，却又叫我不要抓苏俄这根稻草，我知道那是一根稻草，但总比什么也没有强。

中国共产党早期领导人张国焘对当时孙中山所处的环境及合作的过程也有很详细的记载：

陈炯明的叛变使孙中山先生一时似乎失掉了一切。当时孙先生的处境十分恶劣，陈炯明不仅是军事上的胜利者，而且获得一部分舆论的同情。北京在高唱孙中山与徐世昌同时下野的调子，北方的实力派吴佩孚和西南各省的联省自治派，都在或明或暗地支持陈炯明。国民党分子背离他的也不少，尤其是李石曾、蔡元培、吴稚晖、王宠惠等49人联名通电请他下野，这件事给他的打击更是不小。

▲ 张国焘

到了9月底，孙中山公开承认他愿与德、俄这样“平等待我的国家”合作，同时又说，只要列强也能以平等的态度对待中国，他与苏俄合作的政策绝不会妨害列强的利益。在这种思想指导下，孙中山一方面积极发展同苏俄、共产国际的关系，另一方面继续同列强联络，以求得他们的支持和理解。

1922年夏，苏俄政府副外长越飞偕夫人自北京来到上海。自18日开始，越飞在孙中山寓所和孙中山就苏俄与中国国民党的关系问题进行谈判。当时，孙中山和越飞的频繁会面引起了租界里巡捕的怀疑和监视，孙中山只能派廖仲恺为代表和越飞在日本会谈。廖仲恺的哥哥廖凤书是当时北洋政府驻日公使，他们利用公使馆这一条件进行会谈。之后被特高课注意，大家又转到热海温泉会谈。在这样困难的条件下，双方商定了中国共产党加入国民党的问题，还探讨了中苏联合反对帝国主义，苏联帮助中国建立军校、打倒军阀等问题。

但此时孙中山没有基地立足，仅是一介平民身份，这显然对与俄谈判不利。同年11月，孙向蒋介石提及，“然根本之办法，必在吾人稍有凭藉，乃能有所措施”。12月，在孙中山策动下，滇、桂军长驱东下，次年初占领广州，孙中山重新有了自己的地盘，也就有了谈判的筹码。果然苏俄更看好孙中山这支“民党”力量，1923年1月4日，俄共中央政治局确立“全力支持国民党”的政策，认为“国民党为现时中国唯一强大的民族革命组织”，应该把国民党和孙中山看作领导中国国民运动的杰出候选人。

苏俄“全力支持国民党”的行动迅速。1923年1月17日，苏俄全权外交代表越飞在上海会见孙中山。1月26日，孙中山与越飞在上海签署了“联合宣言”。宣言在开头说，“共产组织，甚至苏维埃制度，事实上均不能引用于中国”，继而又说：“中国最重要最急迫之问题，乃在民国的统一之成功，与国家的完全独立之获得。关于此项大事业，越飞君并向孙博士保证，中国当得俄国之最挚热之同情，且可以俄国援助为依赖。”“俄国政府准备且愿意根据俄国抛弃帝俄时代中俄条约之基础，另行开始中俄交涉。”这个宣言的发表标志着孙中山联俄政策的正式确立。

在该《宣言》里，越飞果然得到他最想要的许诺——孙中山同意“俄国军队不必立时由外蒙古撤退”、中东铁路暂维持现状。而莫斯科回应孙中山的许诺则是“准备对中国提供必要的援助”，包括金钱、物质、武器和人员的协助，资助国民党200万金卢布组建军队等，前提是“国民党必须开展思想政治工作”，“促使国民党按照俄共（布）模式前进”。这是视输出苏式革命为己任的共产国际对国民党援助的前提。亟待苏援的孙中山复函契切林，表示愿意接受苏俄的建议，承诺“将用大部分精力予以完成”。缺少国际朋友的孙中山，终于和苏俄结盟。

著名历史学家史扶邻后来评论说：“这个宣言，是孙中山事业的一座里程碑。一个外国政府承认他有权代表中国讲话，并且含蓄地答应支持，这还是首次。”不过，史扶邻又说，其付出的代价——承认苏俄在满洲和外蒙古的权益，“和他先前提供给日本的差不多”。

值得注意的是，孙中山所期望的未来中国，仍旧是一个能够与现存国际政治、经济秩序相适应的国家，而不是苏俄式的与国际资本主义体系相对立的国家。也正因为如此，孙中山虽然全力争取苏俄的援助与同情，并且不惜吸纳共产党员，却坚持不同意在中国另搞共产主义和试行苏维埃制度。在《孙文越飞联合宣言》中，孙中山坚持“共产组织，甚至苏维埃制度，事实均不能引用于中国”。

孙中山努力寻求列强的帮助和支持，尤其是英美的援助均遭拒绝，这使孙中山感到十分恼火，从而促使他对帝国主义的态度逐步发生了变化。

1923年1月4日，俄共（布）中央政治局终于决定弃吴援孙，制定了“全力支持国民党”的政策，“并建议外交人员委员部和我们共产国际的代表加强这方面的工作”。导致苏俄对孙政策转变的原因，一方面是由于苏俄在与北京政府的外交谈判中进展缓慢，未能争取到建立正式关系和解决外蒙古地位问题及中东铁路问题；另一方面则是由于苏俄越来越感觉到与吴佩孚的合作是不现实的，因为吴佩孚一直强调苏俄对蒙古的占领只能保持到1923年春为止，因此在蒙古问题上苏俄迟早要与吴佩孚发生冲突；而孙中山则明确宣布承认并维护苏俄在蒙古和中东铁路上的立场。吴佩孚在1923年2月镇压京汉铁路工人罢工后，苏俄更坚定了支持孙中山的决心。

得到苏俄的支持后，孙中山开始致力于收复革命根据地，他在1923年1月4日发表了讨伐陈炯明的电报，号召各路部队一起讨伐陈炯明。在强大的军事压力下，被赶出广州的陈炯明不得不通电下野。2月15日，孙中山与宋庆龄等离沪返粤。为了争取与北方的和平统一，孙中山决定不复任总统，以避免各方面的猜忌。1923年3月2日，一个特殊的党政军指挥机关——大元帅府在广州成立，孙中山就任大元帅。

第十六章

伟人的陨落

▲ 广州各界群众游行，热烈拥护国民党改组和国共合作

改组国民党

为了使国民党认清北伐的形势，提高党员素质，自1923年起，孙中山再次着手整理党务。他先是在10月25日委任了包括孙科在内的9人组成临时中央执行委员会，委员会从成立之后，在近三个月时间里，讨论了400多个议案。当时共产党方面在西湖会议中确定了共产党员以个人身份加入国民党的政策，尽管中共党内关于加入国民党还有不同意见，但是加入并帮助国民党改组的工作仍然在发动和进行中。

国民党内部也在为要不要实行联俄联共的政策而发生了一场斗争。在改组过程中，一些党员极力反对孙中山的政策，给改组制造了种种障碍。

1923年下半年，苏俄及共产国际与孙中山的关系迈出了新的步伐。8月16日，孙中山派遣蒋介石为团长，率领沈定一、张太雷等人组成“孙逸仙博士代表团”，赴苏联考察政治、军事和党务工作，并商谈苏联援助等事项。商人打扮的蒋介石一行于8月16日秘密登上北去的列车，一路颠簸，25日到达满洲里，9月2日到达莫斯科。

蒋介石一行在苏联考察了三个月，他对此次苏联之行有详细的记录，而苏联对当时搞革命的中国人也确实有其吸引力，蒋介石也觉得“苏联各地均由少年共产党支部，集中青年力量，以充实改造基础，是其第一优良政策”。在参加十月革命纪念活动时，也对海军军官的革命经历“心颇感动”，但是他对苏俄外交部关于蒙古问题的会谈很不满，开始怀疑他们的诚意。

在苏联期间，蒋介石起草了一份《西北军事计划意见书》，提出希望苏联考虑以W.库伦（即蒙古首都乌兰巴托）为进攻北洋军阀的首都北京的“临时基地”，同时以迪伦（今乌鲁木齐）为“永久基地”。但他的计划并没有得到对方的积极回应，时任苏联革命军事委员会主席的托洛茨基在接见蒋介石时说：“国民党可以从自己国家的本土而不是从蒙古发起军事行动。”蒋介石的“西北军事计划”也由此流产。回国后，蒋向孙汇报，建军等经验可用，但是两国关系还是有很多问题。孙中山认为他“未免顾虑过甚”，不以为然，蒋介石于是回了奉化溪口老家，迟迟不去广州。

1923年10月6日，39岁的鲍罗廷被苏联政府派遣来常驻广州。鲍罗廷是俄国人，16岁就参加了俄国的社会主义运动，1903年即加入俄国社会民主工党，与列宁及其他领导人有着密切的关系，是一位有着丰富国际经验的老布尔什维克。鲍罗廷之所以被莫斯科看中并派往中国，一个原因是因为他的英语很好，曾在美国从事社会主义运动12年之久；而且自从共产国际于1919年成立以来，他就一直参与共产国际的工作，并负责指导过英国共产党加入英国工党的联合战线的工作。与此同时，他与苏联副外交人民委员加拉罕私交不错。当加拉罕受命前往中国，接替越飞担任驻华全权代表之后，加拉罕立即就想到了鲍罗廷，把他推荐给斯大林，建议由鲍罗廷担任孙中山的首席政治顾问，以便于他能够全面掌握中国南北方的情况，灵活协调对华外交。

鲍罗廷8月由中国东北入境，先后到达北京、上海，并在上海与张继及陈独秀交换看法。10月6日，他持加拉罕的介绍信到达广州。加拉罕在北京曾写信给鲍罗廷，要他转告孙中山于9月17日写给他的信已经收到；对于孙中山在广东进行双边谈判合作的建议，加拉罕要鲍罗廷用一种委婉的方式，向孙中山说明这个问题“为时尚早”。但他又要鲍罗廷“严肃地”同孙中山谈一谈，听取孙中山如何防止出现“资本主义列强将企图通过北京和利用北京使苏维埃俄国遭受新的外交失败”的可能性的意见。

鲍罗廷到达当天，孙中山就接见了他。而这个时候，恰值孙中山因军费窘困，强行截留广州海关的关税余款，正与以英国为首的列强发生冲突之际。几个月来，“广州几乎无日不在叛逆势力的围困之下与骄横军人的蹂躏之中”，“财政困难达于极点”，广东根据地的这种危急形势使孙中山增加了争取苏联援助的紧迫感。

此时的孙中山态度变得异常坚定。一方面，孙中山需要苏联的援助，另一方面，内外交困的局面也促使孙中山再度对俄国人的组织宣传方法发生兴趣。而鲍罗廷既是一位颇具组织才干的政治家，又是一位很有思想活力的鼓动者。他到达广州后，用亲身的经历介绍俄国革命的经验，显然极大地触动了孙中山。仅仅两三天，孙中山就对鲍罗廷有了很好的印象，并对鲍罗廷所介绍的俄国经验深以为然。鲍罗廷到后第四天，适逢双十节，国民党召开党务会议，孙中山首次以俄国革命为鉴，谈论起国民党的问题来。次日，他即下令重启国民党的改组工作。他公开承认：“俄国革命六年，其成绩既如此伟大；吾国革命十二年，成绩无甚可述”，关键就在于国民党缺乏组织，缺少革命精神和巩固基础，“故十年来党务不能尽量发展，观之俄国，吾人殊有愧色！”为此，他明确提出：以后当“效法俄人”，“以党治国”。马林在孙中山身边数月不能实现的目标，鲍罗廷到后几天便顺利推动，其魅力之大，不难想象。

鲍罗廷到达广州后发现，广州国民党分部号称有党员三万，缴纳党费者仅有六千，待重新登记时，来登记者才不过三千。即使这三千名党员，与党也缺少联系。事实上，“国民党作为一支有组织的力量

已经完全不存在”。再加上持续战争，或因军费巨额开支造成滥征捐税，或因战争需要大量强制征兵、征夫、征粮，致使“广东人民对孙中山的政府持强烈反对态度”，广州政权甚至得不到民众的支持。当鲍罗廷把这些问题一一分析给孙中山听之后，孙中山也承认问题之严重，因而更看出加强党的工作，以扩大群众影响的重要性。

必须集合有献身精神的党员个人的力量，革命才有希望，这是孙中山在与鲍罗廷交谈后得到的一个强烈的印象。党员多，则民众多；民众多，则足以制伏军队。这也是孙中山在与鲍罗廷谈话后所得到的一个重要的结论。而要有效地发展党员，聚拢人心，扩大宣传，实现以党治国的目标，也只能借助于俄国革命的经验。孙中山很快就任命鲍罗廷为“国民党组织教练员”，并下令成立包括廖仲恺、汪精卫、张继、戴季陶和共产党员李大钊在内的国民党改组委员会。

鲍罗廷积极推动孙中山加快改组国民党的步伐。但国民党的改组并不顺利，国民党内部成员复杂，一些资深党员对孙中山改组国民党持怀疑甚至反对意见，他们集中攻击鲍罗廷。

11月29日，华侨出身的国民党临时中央执行委员邓泽如领衔，以国民党广州支部名义上书孙中山，要弹劾共产党，反对改组。邓泽如指陈鲍罗廷时常与陈独秀等共产党人集会，讨论国民党的政纲、政策，于此似可见“俄人替我党订定之政纲政策，全为陈独秀之共产党所议定”，“为苏俄政府所给养”之共产党，正在“借国民党之躯壳，注入共产党之灵魂”。

对此，孙中山明确解释说：政纲草案等“为我请鲍罗廷所起，我加审定，原为英文，廖仲恺译为汉文，陈独秀并未与闻其事，切不可疑神疑鬼”。另外，在回答这些质疑时，孙中山还颇费苦心地解释这些合作的背景：“我国革命向为各国所不乐闻，故常反对我者以扑灭吾党。故资本国家断无表同情于我；所望同情只有俄国及受屈之人民耳。”孙中山又曾告诉国民党内一位叫刘成禺的党员说：“予自莅粤设立政府以来，英美日三国无事不与我为难；英尤甚，如沙面事件，派

▲ 1924年，孙中山与何应钦（左）、蒋介石（中）、廖仲恺（右）合影

兵舰抢海关事件，皆汝亲眼目击。我可谓无与国矣。今幸苏俄派人联络，且帮助一切重要物资，彼非厚于我，欲借国民党以实行其在华政策耳。吾则以外交连俄，以威胁英美日；英美日能与我改善外交，何必专在俄国？”

不过，在一份批示中，孙中山还强硬表示，他绝不会听任共产党人在国民党内自行其事，尽管陈独秀等已加入本党，但“陈如不服从吾党，吾亦必弃之”。他也曾经明白告诉共产国际代表说：“共产党既加入国民党，便应服从党纪，不应该公开的批评国民党，共产党若不服从国民党，我便要开除他们；苏俄若袒护中国共产党，我便要反对苏俄。”

孙中山思想的重大变化引起苏俄和共产国际的注意和重视。1924年1月4日，鲍罗廷在给维经斯基的信中指出，目前国民党改组工作“日趋进展，国民党要人的头脑中已经发生了大转折。这一点可以从孙中山的演讲中来解析”。

1924年1月20日上午，中国国民党第一次全国代表大会在广州召开。除了国民党代表外，李大钊、毛泽东、张国焘、李立三、林伯渠等26名共产党员代表也参加了大会。

孙中山在致大会开幕词中说：

我们革命党用了30年工夫，流了许多热烈的心血，牺牲无数的聪明才力，才推翻满清，变更国体。但在这30年中，我们在国内从没有机会开全国国民党大会；所以今天这个盛会，

是本党开大会的第一次，也是中华民国的新纪元。

孙中山为大会的顺利进行倾注了全部心力，大会期间他作过八次重要讲话。大会于30日闭幕，除中央和地方党务报告外，通过了13项议案，其中最重要的议决案共有五项：（一）第一次全国代表大会宣言案；（二）组织国民政府之必要案；（三）中国国民党章程案：（四）选举中央执行委员候补委员案；（五）选举中央监察委员候补监察委员案。

中国国民党“一大”《宣言》被孙中山称为“会中所办重要的事”。国民党“一大”《宣言》，据周恩来的回忆，“是孙中山先生委托鲍罗廷起草，由瞿秋白翻译，汪精卫润色的”。这与张国焘的回忆基本相同。他说：鲍罗廷当时住在广州的东山，忙于起草大会的各种文件。瞿秋白同鲍氏住在一起，任鲍的助手和翻译。大会的《宣言》草案，就是由鲍罗廷与汪精卫、瞿秋白共同草拟的——也就是说，这个《宣言》是由中国国民党、中国共产党与共产国际的代表共同制定的。《宣言》从起草到定稿，都是由孙中山指定胡汉民、廖仲恺、汪精卫和鲍罗廷四人组成的委员会，经过反复的讨论、审议和修改才完成的。

《宣言》的起草也经历了一个激烈的争论过程。汪精卫不满意初稿中突出工农将成为反帝、反军阀的国民革命运动的中坚力量，要求用“群众”“人民”等概念代表；对初稿中强调工农利益的政策，汪精卫也提出异议，认为改革工农生活是革命胜利以后的事。鲍罗廷则认为宣言必须体现国民党对工农利益的关心，改变轻视工农的陈腐观点和政策，并对汪精卫不懂得新生国内民主力量的错误思想进行了批评，将“耕地农有”的口号列入宣言草案。

共产党代表根据中央指示，为保证“一大”朝革命方向发展而每日磋商。海外华侨代表则“每晚聚集在一起”，他们反对在宣言中过分“刺激”帝国主义，也不赞成分给农民土地的“赤化”政策，他们经常见孙中山，要求用“建国大纲”来代替宣言，孙中山一度发生动摇，企图撤回宣言草案，改为“建国大纲”以便大会通过。1月23日午后，他特地约见了鲍罗廷征求意见，经过了鲍罗廷对他的长时间说服后，他放弃了原来的打算。在下午的会议上，当他将宣言付诸表决时，居然整个会场“欢呼若狂”，一个有历史性的政治文件顺利通过了。

“一大”《宣言》通过以后，孙中山在广东高等师范学校礼堂发表关于三民主义的演说，公布《建国大纲》。这说明《三民主义》演讲、《建国大纲》能更准确地代表当时孙中山的思想。孙中山早在1905年10月20日《民报》发刊词中就提出了“三民主义”，其内容包括驱除鞑虏、恢复中华、建立民国、平均地权等目标。“三民主义”经过1917年撰写《建国方略》时的完善，到1924年1月孙中山作三民主义演讲时最后确立。

1924年1月到8月，孙中山以三民主义为题作了16次演讲，用民生、民主和民族等概念对这些理念进行修订和重构。他提出改良中国的农业、工业、道路、运河，以为民众提供更好的衣食住行和就业机会，主张由政府来训练和指导民众，使他们能够懂得如何行使自己的选举、罢免、创制、复决等权利。希望政府首先能够帮助和保护国内的少数民族，然后是抵制外国的压迫和侵略，同时修改与外国签订的不平等条约，以确保民族独立和国际平等。“三民主义”表达了孙中山关于现代中国的革命理想，包括其物质文明、政治体制和民族独立。

“一大”《宣言》是在鲍罗廷的主导下，按照共产国际的意见而制定的，是国共两党以及各派政治家争论及妥协的产物。这个宣言虽然获得勉强通过并经过补充修改最后向社会公开，但由于国共双方，尤其是国民党内部、共产党内部对当时中国政局的看法和政治理念不同，随着宣言的公布，各种意见和矛盾也在加剧。把“一大”《宣言》视为百分之百地反映孙中山思想的看法显然是不妥的。

这次大会重新提出新的建国方针。孙中山在开会词中说：“用政党的力量去改造国家”，即是采用新的革命方法，重新塑造一个强有力的党，进而重建共和。对此，孙中山概括为八个字：“以党建国”“以党治国”。孙中山认为俄国成功的经验，就是“将党放在国上”，这是世界上最新式的制度，中国必须仿效。孙中山认为，要把中国建设成为一个独立富强的民主共和国，“非有很大力量的政党，是做不成功的”。而以党治国的模式，可使国民党控制中枢，强化社会秩序。1924年1月，国民党“以党治国”理论正式确立，并开始付诸实践。

苏俄的“联孙”，是希望通过与国民党的合作来推行苏俄革命经验和模式。鲍罗廷来广州的主要任务，就是按照共产国际的意图，“从组织上扶植国民党，帮助它制定党的纪律，以便使它真正成为一个有组织的党”。鲍果然不辱使命，大会期间，孙中山一度想以《建国方略》替代《大会宣言》作为大会提案，但鲍罗廷成功地动员孙中山搁置《建国方略》议案，使得《大会宣言》在大会顺利通过。

对此，加拉罕极为满意：“不管是印度、土耳其还是波斯，都没有这样一个政党，像现在（我强调的是现在）国民党举足轻重；像国民党这样，尊敬和崇拜我们的权威；像国民党这样，如此顺从地接受我们的指示和共产国际的决议。”加拉罕所谓的“顺从”，是指国民党《大会宣言》几乎完全接受了共产国际的意识形态，国民党被纳入共产国际革命理论与实践的框架内，如此一来，可将国民党“牢牢抓在手里”。对此，两岸的史学家观点基本一致，其中郭廷以认为《大会宣言》“与共产国际的主张大致吻合”。

孙中山本人是如何看待这次改组的呢？孙中山自认为，“不是国民党变成了共产党，而是共产党接受了国民党的纲领”。孙中山认为他的主义不变，只是手段改变。在大会闭幕词中，孙中山就反复强调：“主义是永远不能更改的。”《中国国民党总章》似乎也对孙中山这一定论作了注脚：“中国国民党第一次全国代表大会为促进三民主义之实现，五权宪法之创立，特制定中国国民党总章。”三民主义和五权宪法依然是国民党的大法和指导思想。毋庸置疑，在组织和方法上，甚至在一些原则问题上，孙中山的美式三民主义，尤其是“民权主义”和“民族主义”嫁接了苏式的“革命民权”和“反对帝国主义”等理论。

1月28日的会议上，国民党人方佑麟提出，要在党章中更改，规定“本党党员不得加入他党”，就是针对加入了国民党的共产党员。张继也在会上大闹，结果被孙中山软禁了一个晚上，并且要开除他的党籍。孙中山最后在闭幕词里说：以前奋斗不充分，才把全党拿来改组，而奋斗不充分的原因，是因为没有办法，“而从此以后，拿了好办法去革命，便可以勇往直前，有胜无败”。

国民党“一大”以后，孙中山对民生主义中“平均地权”进行了深入分析，他认为苏俄政府“把全国的田地都分到一般农民，让耕者有其田。耕者有了田，只对国家纳税，另外便没有地主来收租钱，这是一种最公平的办法。我们现在革命，要仿效俄国这种公平法，也要耕者有其田，才算是彻底的革命；如果耕者没有田地，每年还要纳田税，那还是不彻底的革命”。“我们解决农民的痛苦，归根结底是要耕者有其田”。

实行“耕者有其田”，反映了孙中山晚年对民生主义的思考。但孙中山生前并没有尝试，仍将“耕者有其田”的规划看成是将来努力的方向。但是值得肯定的是，孙中山扶助农工，支持工农运动的思想主张，对国共合作初期的反列强反军阀亦即反帝反封建运动起了积极的作用。

“联俄、联共、扶助农工”的三大政策，后来被定义为孙中山的“新三民主义”，但这并不是这一时期孙中山自己的说法，他生前也没有讲过“三大政策”的话。这一概念是他去世后人们根据他为了实现新三民主义而确定的革命方略而概括出来的。

台湾地区学者蒋永敬说，1927年1月3日，上海《区秘通信7号》只说“三个政策”或“三个革命政策”；同时，俄共鲍罗廷在武

汉正式用了“三大政策”的名词。其内容初为反帝、联俄、农工。稍后则变为联俄、联共、扶助农工。而韦慕庭教授则认为：“1922年夏初，孙中山确曾决定联俄、容共（不是与中共联盟），并且支持工人和农民的利益。但是没有证据显示曾称它们为‘三大政策’，或者把它们与当时采取的其他政策分开处理。”

在第一届国民党中央委员名单中，孙中山拿掉了不赞成改组的孙科，决定将委员的职位让给一些“老同志”。当时冯自由不支持改组，还到北京告密，说孙中山拿了苏联的25万卢布。脱离革命党已经16年的章太炎在上海组织了一批老国民党员，讨论“挽救之策”，专门针对孙中山。可是孙中山没有让步，在国民党左派和共产党人的努力下，广东的工人、农民、妇女等方面的工作都发展起来，广州当时被称为“东方莫斯科”。

创办黄埔军校

孙中山几度出任“大元帅”，却始终没有自己的军队，而依靠军阀势力则处处碰壁。1921年12月，共产国际代表马林在广西桂林会见孙中山时提出“创办军官学校，建立革命军”的建议。孙中山欣然接受。中国共产党派李大钊、林伯渠等人与孙中山进行多次会谈，讨论了两党合作共同革命的问题和如何建立革命军队的问题。

1923年10月15日，国民党召开党务讨论会，讨论建立陆军讲武堂于广州，“训练海外本党回国之青年子弟，俾成军事人才”，这可视为国民党建立军校的开始。1924年1月，国民党中央执行委员会开会，决定组织军官学校，命名为"国民军军官学校"，以测量局及西路讨贼军后方病院为校址，由孙中山担任校长。这项决议虽前进了一步，但尚未进入正式筹备阶段。

1924年1月28日，孙中山指定以黄埔长洲岛的原清代水师学堂和陆军小学为军校校址。2月6日，正式成立由王柏龄、李济深、沈应时、林振雄、俞飞鹏、宋荣昌、张家瑞组成的筹备委员会。黄埔军校的筹备工作正式启动。5月5日，黄埔军校正式成立，因校址设在广州黄埔长洲岛上，人们才习惯称之为"黄埔军校"。时间一久，它的正式校名——中国国民党陆军军官学校反而鲜为人知了。

孙中山将黄埔军校校长人选锁定为蒋介石。蒋介石与孙中山在"永丰"舰上共患难的经历，使孙中山说出这样的话："新办的军校，如果不让介石来当校长，宁可不办。"但蒋介石虽然有孙中山的支持，还是觉得困难重重。在筹办工作展开的时候，2月21日，他就以"环境恶劣、办事多所掣肘"为由，提出辞职，孙中山未予批准，但蒋还是回了上海。

开学选在6月16日，正是两年前陈炯明叛变的日子，显然别有意义。孙中山亲自为黄埔军校拟定的办学宗旨是"创造革命军，挽救中

▼ 黄埔陆军军官学校大门今况

国的危亡”。这所军校完全是仿效苏联的军校建立的，苏联还派来许多教官，介绍红军的体制和训练方法，对国民党的军队影响深远。例如，效仿苏俄在全军建立党代表——政治委员制度。军校直隶国民党中央执行委员会，廖仲恺任党代表，其权限与校长并行。

黄埔军校创办之初一穷二白，为了筹措办校经费，学生张治中回忆当时廖仲恺经常“跑到他厌恶的军阀家，和在大烟榻上抽大烟的军阀谈笑”，借此筹款。

张治中在《黄埔精神与国民革命》的文章中有令人心酸的回忆：

> 廖先生在当时是担任本校第一任的党代表，他肩负了筹措经费的责任。那时候广东的财政和一切税收机关统统把持在军阀手里；而且这班军阀根本是反对黄埔，根本就不愿意我们黄埔成立与存在的。我们常常听到廖先生同我们讲起筹款时，种种困难的时候，他几乎落下泪来。他觉得本校明天的伙食没有了，他在今天就四处奔跑设法，一直到了晚上八九点钟，还没有筹着一个钱的时候，他只好跑到一批军阀的公馆里面去。这一些军阀正靠在烟榻上抽大烟，我们廖先生本来是一个革命党员，对于这一班军阀的情形怎么能看得惯，但是为了要养活500个革命青年，他不得不为了我们牺牲身份，而且也靠在大烟床上陪着军阀谈笑，等到军阀高兴了，他才提出某一个地方有一笔款子让他去收一收，只说有一个紧急用途，始终不敢提到是为了黄埔军校学生的伙食，然后这班军阀才答应了廖先生，然后我们这500个热血的革命青年才不至于断炊。

当时苏联政府援助了8000支枪，大家兴奋地去码头上当小工，把这些枪械搬回学校。苏联的军事理论和技术也在军校创办时起了重要作用。蒋介石为了不负孙中山的托付，也励精图治，他无论大小事均亲自过问，经常和学生共同进餐，还题了“亲爱精诚”的校训。孙中山的苦心，苏联的帮助，共产党员的努力，蒋介石的认真工作，使一个完全不同于过去旧军队的新的军事学校生机勃勃地成长起来了。这些军校学员也成为未来许多年内影响中国的巨大力量。

黄埔军校创建时，正逢国共两党第一次合作期间。当时由孙中山任军校总理（一年后孙中山因病逝世）。蒋介石任校长，李济深任副校长，廖仲恺为党代表，奉党内命令从欧洲回国的周恩来担任政治部主任。恽代英、萧楚女、叶剑英、聂荣臻、熊雄等先后任政治教官。

黄埔前四期，堪称国共合作的典范。当时的蒋介石也频频邀请国民党中央委员、各部部长及来穗的各省省党部书记到黄埔参观讲演。因正处于第一次国共合作期间，身为共产党人的毛泽东此时代理国民党中央宣传部部长，也受邀到黄埔军校演讲。除此之外，据史料记载，1924年3月，以个人身份加入国民党的毛泽东来到上海，主持黄埔军校第一期上海考区的招生。当时的“招生总部”就设在今天南昌路的一处新式里弄公寓内。由于当时军阀割据，控制严密，上海考区是考生比较集中的一个秘密考点，负责招收、接送北方和长江流域的各省考生。当时湖南也秘密选送了18名考生进沪赶考，毛泽东得知后嘱咐他们“以温习功课为重”。后来，这批湖南考生中有8人通过初试。

▲ 孙中山的重要助手廖仲恺

黄埔军校自1924年成立后，在广州共办了四期，学生总计近5000人。他们大都成了创建和壮大国民革命军的中坚力量，有的后来成为中国共产党的革命军队的领导人。在1955年被授予军衔的解放军将帅中，有不少出身于黄埔军校，其中元帅2人，大将3人，上将7人，中将9人，他们是：徐向前、林彪、陈赓、徐光达、罗瑞卿、陈明仁、陈奇涵、杨至成等。

黄埔军校从第五期随北伐军迁至武汉。1927年蒋介石发动“四一二”政变后，黄埔军校开始大肆清党，许多共产党人被驱赶、逮捕、屠杀。国共合作的黄埔军校到此终结。1928年3月黄埔军校迁至南京，改名为“中央陆军军官学校”。

曲折的北上之路

1924年9月，第二次直奉大战爆发，正当双方在榆林一带激战时，早就受孙中山“攻心战”影响的直系中冯玉祥部队突然从前线日夜兼程回京。1924年10月22日晚上9时，冯玉祥率领的部队已经从古北口驻地来到了北京城外围，把守了各个城门，占领了车站、电报局等交通电信机构，更是包围了总统府，把刚刚靠贿选当上总统的曹锟囚禁在了北海的团城。发起政变的几个将领当晚就联名通电全国：主张和平停战，表示同“弄兵好战”者周旋，24日，曹锟被迫免去吴佩孚的各种职位，改任青海屯垦督办。

10月25日，冯玉祥和发动政变的将领王承斌、胡景翼、孙岳，还有秘密参加政变的北京政府教育总长、老同盟会会员黄郛在北苑商议，决定把部队改编为中华民国国民军。胡、孙二人都是国民党党员，支持冯玉祥任总司令兼第一军军长，而更重要的决定是电请孙中山北上主持政局。

随着冯玉祥领导的政变，直系军阀一蹶不振，曾经喧嚣一时的吴佩孚一直幻想着杀回北京讨伐冯玉祥，但是此时即使是与其关系良好的日本人也放弃了对他的支持。11月3日，奉军又进占天津，吴佩孚不得不率领残部从天津大沽入海南下，加上各路军阀纷纷趁机强占直系的地盘，11月初，孙中山北伐的目标对象——曹锟和吴佩孚事实上都已经不存在了。

接到电报的孙中山当即回电表示即日北上。对冯玉祥，孙中山事实上并不陌生，按照冯玉祥的回忆，他与国民党人早有来往，孙中山曾经托人将自己写的《建国大纲》赠予冯玉祥。早在政变前孙中山就对冯玉祥做过堪称细致的工作，冯玉祥曾经派人去广东，拜见孙中山。他早就将希望寄托于孙中山“北上主持一切”，他和苏联顾问谈话时也说，他十分景仰孙中山，是孙中山“朴实的追求者”。

1924年10月30日，孙中山自韶关回到广州。11月1日，孙中山主持国民党中央政治会议，决议“离粤北上宣言为统一中国，先在上海发表主张，如北方能同意，然后与之合作”。此时广州内部对于孙中山应否北上问题，有正反不同意见。胡汉民认为北京诸将与孙中山关系疏离，入京后无所作为。俄国顾问鲍罗廷和俄驻北京大使加拉罕认为，孙中山之北上正是提供国民党登上斗争舞台并成为大党的极好机会。鲍罗廷的观点，在国民党中央政治会议上占了上风。孙中山于是准备北上。

但是北京的时局瞬息万变。当孙中山还在路上的时候，11月15日，为了阻止长江地区的直系势力北上，冯玉祥不得不与张作霖、卢永祥和胡景翼、孙岳五人联名把段祺瑞推上了临时总执政的位置。本来由冯玉祥打开的新局面，变成了驱虎换狼的和局——冯本人也被排斥，他的国民军名义被陆军部撤销，不久，他又被调离北京，派到张家口当西北边防督办。孙中山到北京的时候，见到的将是段祺瑞而不是冯玉祥了。

12月4日中午，孙中山一行乘船到天津。虽然法租界已经戒严，不许船靠岸，但是船还未到，已经有5万名左右的群众在码头等候。

孙中山在没有见到段祺瑞前，不得不先见在天津的张作霖，孙中山事先让汪精卫写了一封信，与之约定往访时间；出发前，随行的李烈钧提醒说，当年刘邦在鸿门宴上会项羽，有张良、樊哙随行，代为出谋划策，得以平安无事，“现在总理访张雨亭，当然也要带一些人员同去，不知道派哪些人随去恰当？”孙中山经过考虑，决定带邵元冲、孙科、李烈钧、汪精卫同行，当时张作霖住在天津海河北岸的曹家花园，他得知孙要拜访，立即传令部署，戒备非常森严。

李烈钧的回忆录中描述：孙中山一行到了张的行辕门口，张作霖没有亲自迎接，而是派遣其子张学良出来引领；到了会客厅，也没有立刻出来相见，而是等候许久才出来，并且坐在上席，显示出盛气凌人之势。孙中山看见他这样子，当然不高兴，宾主之间居然陷于短时间的沉默，一时局面很僵硬。经过一番沉闷和静寂，最后还是孙中山打破僵局，开口说：“昨天到了天津，承派军警前往迎接，对于这种盛意，非常可感，所以今天特来访晤，表示申谢。”接着又说，这次直奉之战，赖贵军的力量，击败了吴佩孚，推翻了曹、吴的统治，实可为奉军贺喜。张作霖听罢，眉宇间流露出不欢喜的样子，说：“自家人打自家人，有什么可大惊小怪的，更谈不上可喜可贺了。”

会谈中，作风粗犷的张作霖很直接地对孙中山说：“我是一个捧人的人，可以捧他人（意指段祺瑞），即可以捧你老（指孙中山）。但我反对共产，如共产实行，我不辞流血。”依张作霖的想法，如果孙中山能断绝与苏俄的关系，那么他最好是利用孙中山，而不是段祺瑞。为此，张作霖利用各种手段来达到此目的。他邀请汪精卫、孙科等商谈未来国家体制问题，如何同孙中山一起为中国兴起而奋斗；但孙科必须放弃共产主义，并与苏俄断绝关系。12月19日，汪精卫、邵元冲、孙科代表国民党发表重要声明，称：先生与越飞于上海签订之联合宣言，主张中俄亲善，同时声明共产主义不适用于中国；国民党“一大”宣言更阐明党之主义；国民党对于共产党之服从党纲与纪律者，一律同等看待。所谓“共产”云云，乃香港政府及市侩劣绅、猪仔议员等造谣、挑拨，望勿为所惑。张作霖对此委婉的声明显然未能同意，从此放弃了与孙中山合作的打算。

由于劳累和受寒，自张作霖处返回，孙中山便感身体不适，发冷发热，肝部隐隐作痛。原打算在天津稍事停留尽早入京的孙中山，不得不在天津休养。此后，孙中山“虽然病卧在床，接见重要同志及宾客，仍是每日不断”。

1924年12月7日，段祺瑞与日本记者谈话中公然宣称：“孙所言之废除不平等条约，余殊不能赞同。”翌日，又发表宣言，表示尊重与列强所缔结的不平等条约。12月18日，段祺瑞派遣代表叶恭绰、许世英来见孙中山，在病榻上的孙中山闻知此事，极为愤怒：“我在外面要废除那些不平等条约，你们在北京，偏要尊重那些不平等条约，这是什么缘故？你们要升官发财，怕外国人，又何必来欢迎我？”也许是怒火攻心，当天孙中山的病情就加重了，经诊断，肝脏上有显著肿痛，体温接近正常，但脉搏跳得很快。

▼ 1925年年初，孙中山、宋庆龄在北京合影

尽管失望日甚一日，但是在孙中山书面回答天津民众的信件中，仍然可以看出他的坚定：“兄弟此来，不是为争地位，也不是为争权力，是为特来与诸君共同救国的。13年前，兄弟与诸君推倒清政府，为的是求中国人自由平等，然而我们中国人的自由平等，已被满洲政府从不平等条约里卖给诸国了，以至于我们仍处于次殖民地社会，所以我们必须要救国。”

生命的最后时刻

1924年12月31日上午11时，病中的孙中山和宋庆龄、汪精卫等人由天津入京。遵冯玉祥之嘱迎接孙中山进京的鹿钟麟回忆，当天天气并不好，“刮起了凛冽的朔风，灰暗的乌云压得低低的”。但前门东车站一带已有数不清的学生和民众在那里聚集，人人手中拿着小旗帜，上面写着“欢迎首倡三民主义、开创民国元勋、中国革命领袖孙中山先生”。

见到孙中山前，鹿钟麟“极度兴奋”，心想总算能见到景仰多年的伟大领袖了，但是他走进车厢的时候，还是大吃一惊。“孙先生不是坐着而是正躺在卧铺上，先生的随行人员环伺在他周围，从孙先生憔悴的面容上看，他的健康情况已很不好。”病中的孙中山枕边都是书，手上也拿着书在看，见到鹿钟麟，很吃力地将书放下，和他握手，并说了些客气话。

孙中山住进北京饭店，就开始请医生诊断。1925年1月5日，经协和医院德、美7位医师会诊，决定以药针治疗。但经过半月诊治，病情仍毫无起色。1月21日，孙中山病情加重，体温升降失常，脉搏加快。23日，德国医生克礼建议外科手术治疗，但念及孙中山体力不支，众人又迟疑不决。后决定由协和医院法国医师注射药针，共注射11次，体温脉搏恢复原状。但自此以后，不能进食，进则呕吐。

在孙中山抵达北京的第二天，正好是1925年元旦，段祺瑞派儿子段宏业和执政府秘书长梁鸿志到北京饭店向孙中山贺年，孙中山表示自己病体未愈，不能多为劳动，要几十天后才能与段会面。事实上段在暗地里已经开始展开了与孙的周旋斗争，一直操纵着善后会议。孙中山虽然明白，但是表面上还要与段应酬。因为各方前来拜访的人极其多，他为了减少精力消耗，把自己的人分成几组，汪精卫和于右任等人接待军政两界，于树德等接待社会人士，黄昌谷、杨杏佛接待中外新闻记者，这样他才能安心静养。

经夫人宋庆龄劝说，1月26日，孙中山同意入协和医院施行外科手术。当天下午，由协和医院外科主任邵乐尔为孙中山主刀。当医生在孙中山右部腰侧割开后，“只见整个肝脏表面、大网膜和大小肠上面长满了大小不等的黄白色的结节，结节发硬，将腹脏之器官连在一起，脓血甚多，所患为肝疾绝症，无法割治”。手术只用了25分钟就进行了缝合。医生们认为，仅凭肉眼便可确定孙中山患了肝癌。活检结果证实了这一结论。

1月30日，手术伤口拆线后，孙中山感觉良好。2月初，医生向孙中山如实汇报了诊断结果，他听后“安静而勇敢，决计与病魔抵抗，继续接受镭治”。当时有种用镭锭治疗癌症的实验，但是疗效甚微，从2月开始，孙中山隔日用其治疗，当时的医学试验证明，用镭锭治疗，50小时没效果，那就是无药可治了。到2月16日，孙中山用镭锭治疗已接近45小时，对于病症只是稍微减轻了痛苦，没有其他功效。

2月17日，协和医院以实情告以家属，称孙中山先生的病已无法治好。

2月18日，孙中山在宋庆龄、孙科、汪精卫、孔祥熙等陪同下，从协和医院移入铁狮子胡同11号行辕，改由中医治疗。为孙中山诊治的是北京著名中医陆仲安。孙中山服用第一、二剂中药后，安睡良好，脚肿尽消，气色转佳，众人皆以为会出现奇迹。岂料第三剂中药服后，孙中山便开始腹泻，陆大夫也表示爱莫能助。每逢友人、同志前来探视，孙中山常老泪纵横，叹息不已。

这段时间，宋庆龄在病榻前日夜服侍，几乎没有正常睡眠，从广州赶来的何香凝说：“（宋庆龄）从没有正常睡过，真使我感动。”然而宋庆龄这样的操劳并没有感动上苍，孙中山的病情还是持续恶化。

孙中山入住协和医院时，为应付时局，汪精卫、陈友仁在北京设立了国民党中央政治委员会，汪精卫、于右任、李大钊、李石曾、吴稚晖、邵元冲、陈友仁为政治委员会委员。政治委员会多次开会研究孙中山遗嘱草稿。2月24日下午，医生提醒家属，孙中山的病情加重，不如趁他还清醒，请示遗言。经宋庆龄同意，汪精卫、孙科、宋子文、孔祥熙四人为代表进入病房。孙中山病情虽很严重，但神志却清醒，见汪精卫诸人欲言又止，就问：“你们有什么话要对我说，不妨说吧！”

汪精卫以委婉的语气对孙中山说：“当先生住进协和医院时，同志们都责备我们，为什么不请先生留下一点教诲，以资遵循。先生如果早日康愈，这些教诲也是我们的典范。先生虽有力量抵抗病魔，我们也愿意替先生分忧，今天先生精神颇好，应该留下一些教诲，让同志们受用。”

孙中山听后，闭上眼睛沉默了一会，然后睁开眼睛郑重地说：“如果我的病痊愈，我要说的话很多，待我先赴温泉休养，静静地想一想，以后再讲给人们，万一我死了，就由你们去做吧。”

汪精卫等人再请示孙中山说：国民党正处关键时机，如果党的领袖没有一个指导方针，大家很难有所抉择。孙中山沉默了很久，才说：“我死之后，这些敌人不会放过你们的，他们或许使用其他方法使你们软化，前途确是危险，我不说也好，因为如此你们较容易应付未来的环境。”孙中山歇了一会儿，又说，“我著的书不是很多吗？各同志可以好好念念。”

汪精卫在旁边小心答道：“我们还是请求先生留几句话下来。”孙说：“你们要我说些什么？有没有替我考虑？”汪说：“我们已经预备

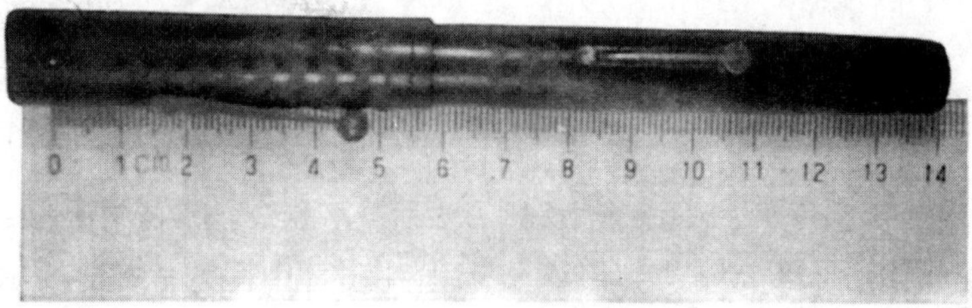

▲ 临终前签遗嘱用的钢笔

了一份稿子，请先生核定，现在我念给先生听。”孙中山睁开眼睛说：“好，就念给我听吧。”

于是，汪精卫就把草拟好的稿子念给孙中山听。第一份是政治遗嘱，后来被精练成著名的一句：“革命尚未成功，同志仍须努力。”全文是：

> 余致力国民革命，凡40年，其目的在求中国之自由平等。积40年之经验，深知欲达到此目的，必须唤起民众及联合世界上以平等待我之民族，共同奋斗。现在革命尚未成功，凡我同志，务须依照余所著《建国方略》《建国大纲》《三民主义》及《第一次全国代表大会宣言》，继续努力，以求贯彻。最近主张开国民会议，乃废除不平等条约，尤须于最短期间促其实现，是所至嘱！

第二份是家事遗嘱，内容是：

> 全因尽瘁国事，不置家产。其所遗之书籍、衣物、住宅等，一切均付吾妻庆龄以为纪念。余之儿女已长成，能自立，望各自爱，以继余志。
>
> 此嘱。

这两份遗嘱，孙中山都感到满意，汪精卫本想开门取笔墨以请孙中山签字。这时，孙中山听见屋外传来宋庆龄悲哀的哭泣声，便对汪精卫说："你且暂时收起来吧！我总还有几天生命的。"

此后，孙中山的病情更加恶化，全身浮肿，德国医生克礼继续为他治疗，又请了留学日本的医生王纶用新发明的药水隔日注射，但是连续注射后，腹水有增无减。至3月10日，孙中山身边的医生已经束手无策。他的脉搏每分钟已经跳到了156次。可是这种时候，他还是很关心东征军的进展，让来京的何香凝告诉廖仲恺不要来京，以免耽误广州的工作，并让汪精卫电报给东征军："不可扰乱百姓。"

3月11日上午，守候在病房的何香凝见孙中山的瞳孔已经开始散光了，就叫汪精卫把遗嘱拿出来签字，大家怕宋庆龄再度悲泣，使孙中山不忍签字，何香凝就把情况对宋庆龄进行了说明，宋庆龄说，已经到了这个时刻，我不但不阻止你们，还要帮助你们。大家走到病榻前请示，宋庆龄含着泪，抬起孙中山颤抖的不能自持的手腕执钢笔在两份遗嘱上签字。此时，孙中山的英文秘书陈友仁，送上一份由陈友仁和鲍罗廷起草的致苏俄遗书英文稿，由宋子文读给孙中山听。遗书表达了对苏联的敬意，希望国民党在民族革命运动中与苏俄"合力共作"。这一体现孙中山"中俄合作"思想的文件，最终也由孙中山签字。

这时候，屋子里的气氛悲痛到了极点，孙中山神情安详，他对移开签字桌的护士说，谢谢你，你的工作快完成了。周围的人再也忍不住了，失声痛哭。孙中山把孙科、女婿戴赛恩叫到床前，告诉他们要"善待夫人"，宋庆龄尤其悲痛到极点。

下午，他的病情持续恶化，他拉着何香凝的手，连说两句"廖夫人"，何表示她知道孙改组国民党的苦心，"孙先生一切主张，我也誓必遵守的，至于孙夫人，我也当尽我力量来爱护"。孙中山很吃力地说："谢谢你。"旁边的宋庆龄"哭声惨切"，何一直不离左右。

11日晚，他处于昏睡状态。深夜4时，他已经到了昏迷状态，猝发妄语，让卫兵一人抱头，一人抱脚，把他放在地上，卫士不敢听命，宋庆龄上前用英语问："亲爱的，你要干什么？"孙中山说："我要在地上一睡。"宋庆龄说："地上冰冷，睡不得的。"孙中山说胡话道：

"我不怕冷，最好有冰更妙。"宋明白他在说胡话，侧面垂泪，悲怆不已，孙中山说："亲爱的，你不要悲哀，我之所有即你之所有。"宋庆龄哭道："我一切都不爱，爱的只有你而已。"众人听罢都忍不住垂泪。

这也是两个人最后的对话。从孙中山发病到去世的3个月，也是宋庆龄一生中最痛苦的3个月，她基本是每夜守在病榻前照顾，害怕别人照顾不周到。两人结婚十多年来，一直朝夕相处，感情非常之深。《家事遗嘱》中，他将所有的书籍、衣物、住宅等全部留给宋庆龄作为纪念，但是，就物质而言，他留给宋的一切，只有2000本书，一些日用品，还有上海香山路由几个爱国侨胞捐赠给他的一幢房子，而且这房子为了给革命筹款，先后典当过3次。

清晨，弥留之际的孙中山还用断断续续的语言说："和平，奋斗，救中国。"1925年3月12日9时30分，中国民主革命的先驱、一代伟人孙中山的心脏停止了跳动，享年59岁。

▼ 1925年3月12日9时30分，孙中山因肝癌病逝于北京

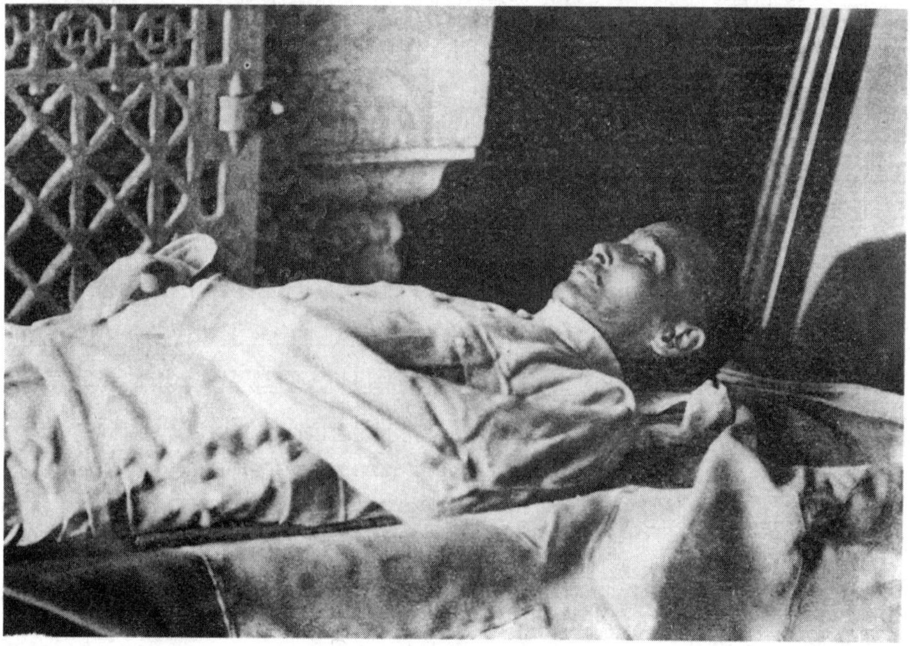

不尽的哀荣

孙中山逝世当天，段祺瑞政府发布下半旗志哀令，并决定拨专款作为孙中山先生的丧葬费。此后数日，驻京苏联大使，以及德、英、比、丹、法、荷、西、瑞典、葡等国公使，都亲临吊唁，不少国家的政府或友好人士发来唁电。1925年3月13日，苏联共产党、第三国际还分别给中国国民党发来唁电，对孙中山先生的病逝表示哀悼，愿先生开创的革命事业不朽。

孙中山逝世后，治丧处经过决议，打算长期保存遗体，首先在北京协和医院做了防腐手术，入殓时，遗体穿西式衬衫，外罩民国大礼服，头戴大礼帽，殓具用的是美国的楠木玻璃盖棺材，以供大家瞻仰。但孙中山遗体入殓后不久，孔祥熙嫌这副楠木棺太小，又换了一副大的楠木棺。这副楠木棺为椭圆形，前端呈方形，棺中用玻璃作隔层，揭开棺盖便可瞻仰孙中山的遗容。

3月19日，当孙中山灵柩从协和医院移至中央公园（今中山公园）时，沿途护灵致哀的民众约12万人。灵柩停在中央公园后，24日开始公祭。灵堂设于中央公园社稷坛正中，上悬孙中山遗像及“有志竟成”横匾，两旁悬挂“革命尚未成功，同志仍须努力”对联。三天中前来致祭签名的就有74万人。各界赠送的挽联、哀词、祭文达6万余件。有一副挽联写道：

五千年帝制流毒，赖先生树起五权宪法，三民主义，缔造新邦，双手转立黄，创此空前事业；

四百兆民众涂炭，看今日仍知强邻群迫，军阀私争，内外交困，哲人顿萎谢，孰擎此后山河。

3月15日，中共中央致唁电给国民党中央，并发布为孙中山先生之死告全国民众书，在悼念孙中山先生病逝的同时，号召国民党革命同志和全国民众，继承孙先生之事业，努力奋斗，以竟其志。21日，中共中央机关刊物《向导》又出版了《孙中山特刊》，以示悼念。此后，无论是在革命战争年代，还是在新中国成立之后，中国共产党人一贯缅怀与纪念孙中山先生的伟大历史功勋，并继续完成了他所未能完成的革命大业。

值得一提的是，曾在北伐时被孙中山委任的原靖国军豫军讨贼总司令和建国军北伐先遣队总指挥樊钟特送巨型素花挽幛，横匾当中大书“国父”二字，其唁电挽幛对孙中山均尊称“国父”，这大概是孙中山逝世之后在公开场合被尊称为“国父”之始。

1925年3月21日，中国国民党中央执行委员会为永久纪念孙中山，决定将“永丰”舰改名“中山”舰，将香山县改名“中山县”（4月16日正式改名）。5月16日，国民党一届三中全会决定接受总理遗嘱，并发表宣言。在中国共产党人和国际无产阶级的帮助下，孙中山先生首创的国民党一度完成先生遗志，完成了统一广东及北伐大业。1940年4月，国民政府通令全国，尊崇孙中山先生为中华民国“国父”。

1925年4月2日上午，灵柩由中央公园出发，送殡的人又达到30万人之众，更有2万多人一直追随灵柩，从西直门步行到碧云寺，其中不少是青年学生和工人。宋庆龄头罩黑纱，身穿黑色夹袍，着黑鞋，乘一辆由两匹马牵引的黑车，跟随在孙中山灵车之后。孙中山的灵柩暂厝于西山碧云寺的金刚宝塔内，直到1929年奉安，孙中山的灵柩一直安放于西山。据说北伐战争期间，奉系军阀张作霖眼见北伐军步步紧逼，疑为孙中山在天之灵庇佑，曾起毁坏孙中山遗体之念，但由于僧人悉心照料，张作霖未能得逞。

1912年4月1日，孙中山在解除第一任临时大总统一职后，曾与随从同游南京东郊明孝陵（明太祖朱元璋陵墓）。在今中山陵所在地休息时，见其地三峰并峙，蜿蜒如龙，山名紫金，又与他先祖居住的广东东江上游紫金县县名相同，因此笑着对随员说：“待我他日辞世后，愿向国民乞一抔土，以安置躯身。”直至弥留之际，孙中山仍叮嘱宋庆龄将他安葬在紫金山。

1925年4月11日，宋庆龄亲赴南京紫金山勘察孙中山墓址，经勘察，择定南京紫金山南麓中茅南坡为墓地。这里前临平川，后拥青峰，西邻明孝陵，东毗灵谷寺，南达钟汤路，面积达六千余亩。20日，宋庆龄为继续勘察孙中山墓址再次赴南京。

1925年5月13日，孙中山先生葬事筹备处在上海张静江宅召开第五次葬事筹备会议。会上通过了两项重要决议：一是分别用“陵”和“祭堂”来指称孙中山的坟墓及核心建筑，二是刊登陵墓图案征求条例，进行国际性的建筑图案招标。

1925年5月中旬起，以杨杏佛任主任干事的总理葬事筹备处登报悬奖征求设计图案。四个月中，共收到各地工程师设计的陵园图案40余份，全部在上海大洲公司三楼公开陈列。9月15—20日，为陵园图案评判日期。经宋庆龄等亲属及有关专家、官员讨论评审，远在美国求学的工程师吕彦直的设计图案以第一名当选。

吕彦直的作品尤其吸引评判顾问注意的，是它那无意而成的钟形平面的象征意义。从图纸上看吕彦直的设计“略呈一大钟形”。这一设计图，在紫金山指定的坡地，以高度线140米处为起点，由此而上达到170米左右，为陵墓之本部，“广500尺，袤800尺”，其范界略呈一钟形，象征警世的木棒。宋庆龄等认为，吕彦直的设计，融会中国古代和西方建筑精神，特创新路，别具一格，庄严俭朴，寓意深远，实为呕心沥血之作。

▲ 中山陵陵墓正面建筑时情景

1926年3月12日，是孙中山逝世一周年纪念日。3月4日，宋庆龄从广州经上海赴南京，参加中山陵奠基典礼。12日，全国各地代表近万人参加中山陵奠基仪式。基石刻有“中华民国十五年三月十二日中国国民党为总理孙先生陵墓奠基礼”29个字，字作颜体，由谭延闿手书，国民政府拨付30余万元开办建筑费。

1929年5月，耗资100多万元的中山陵建成，国民政府决定将孙中山遗体由北平西山碧云寺暂厝地移葬新陵，国民政府特命蔡元培、宋庆龄赴北平接灵。5月22日，国民政府在北平西山碧云寺为孙中山举行了隆重的换棺仪式。孙科请协和医院的医生和护士将孙中山的遗体揩拭干净，加裹白绸，并理发，然后由孙科、郑洪年、马湘为其穿了内外衬衣、白绫内裤、白丝袜、黑缎鞋，外加素蓝纱袍、黑素缎马褂、白丝手套。穿戴整理完毕之后，孙中山遗体被小心翼翼地移入紫铜棺内——这副紫铜棺是从美国订购的，制作考究，外形精美，价值1.5万两白银，于1925年8月运到上海孙中山先生丧事筹备处。宋庆龄看后很满意。1927年4月，上海葬事筹备处迁到南京，紫铜棺也运到南京。1928年12月30日，紫铜棺被运往北京。

易换下来的那副楠木玻璃棺，放入了孙中山的衣服、鞋袜后，被封入北京西山碧云寺石塔内，立法院院长胡汉民为之题写了“孙中山先生衣冠冢”石碑。第一副楠木小棺则存放在北京中法中学。今天在碧云寺中山纪念堂，可以看到一口带玻璃盖的漆成黄色的铜棺，这是当年孙中山去世时去苏联定制的水晶棺，但因为保管不善而破裂；而二次派人入苏购买的玻璃盖钢棺不利于遗体保存，所以这副苏联政府赠送的棺材，后来一直放在碧云寺供人瞻仰。

1929年5月26日，灵柩自北京西山起运南下，28日抵南京，30日举行公祭。

1929年6月1日，奉安大典正式举行，蒋介石主祭。孙中山的8名卫士抬紫铜棺入墓穴安葬。此后多年，虽历经战乱，江山易主，但中山陵始终未受破坏。

孙中山逝世时，“革命尚未成功”。对其政治对手而言，葬礼如何安排，成了一个很大的问题。北洋段祺瑞临时执政府，主张给予孙中山“国葬”待遇。但孙中山生前是广州政府领袖，接受北京政府的“国葬”待遇，无异于自我否定。所以，1925年3—4月份的治丧活动，段祺瑞政府虽然在礼仪上，给予了孙中山“国葬”待遇，但治丧活动完全由国民党人主导，宣传报道上几乎看不到“国葬”字样。

“国葬”规格自然高于“党葬”。但国民党人在1925年不愿接受北京政府的“国葬”待遇，亦可以理解。唯完成国家统一后，南京国民政府在1929年夏，将孙中山的遗体自北京迎至南京正式安葬时，所选择的，却仍然是“党葬”，而非“国葬”——葬事筹备委员会明确指示，各类纪念品不准使用“国葬纪念”字样；中山陵碑文也书作“中国国民党葬总理孙先生于此”，而非“国民政府葬前临时大总统孙先生于此”。

自建成之日起，中山陵作为一种政治符号，即成为各种政治力量表达诉求的舞台。1937年12月7日，国民政府撤离南京前夕，蒋介石率众人至中山陵，在孙中山塑像前“默哀良久，……参与谒陵者，无不黯然失神，还隐闻啜泣之声”。此后，国民政府开始以“遥祭”中山陵的形式，来表达坚持抗战的国家立场。1938年“五七国耻日”，中国空军飞行员汤卜生，冒险驾机飞抵沦陷后的南京中山陵上空，绕牌坊、祭坛、灵堂三圈后，抛下一束鲜花，完成“空中谒陵”仪式。此举极大地振奋了国人的抗日信心。三个月后，汤卜生在衡阳空战中壮烈牺牲，年仅26岁。

鉴于作为民族象征的中山陵远远压过了作为党派象征的中山陵，1939年11月，国民政府终于开始考虑在宣传上将孙中山由“本党总理”升格为“中华民国”国父。1939年11月，时任国民政府主席林森在国民党第五届中央执行委员会第六次全体会议上，联合12人共同提议，将孙中山尊为中华民国国父，理由如下：“（孙中山）领导国民革命，兴中华，建民国，改革五千年专制政体为共和国家，解放全民不自由之束缚，复兴民族，跻中华民国在国际上有自由平等地位。吾人通令各省市，此后应尊称总理为中华民国国父，以表崇敬。”1940年，官方正式发文，要求在各种正式场合、各种文书出版品中，“尊称总理为中华民国国父”。

中山陵纪念馆如今还保存着两张珍贵的老照片，分别是毛泽东和周恩来谒陵时的情形。周恩来那张摄于1946年5月，当时作为参加国共和谈的中共代表团团长的他，在抵达南京后，马上前往中山陵谒陵。毛泽东那张摄于1953年2月23日，照片上的毛泽东正与陪同人员，由中山陵的正门大道上往前走。毛泽东谒陵时，当时有关方面从安全保卫的角度出发，安排毛泽东从一条边侧小道上陵。毛泽东闻知这个安排后觉得不妥，说：我堂堂一个国家主席，从小道走成何体统？不能从小道走。于是便有毛泽东从正门大道谒陵的照片。

1956年，为纪念孙中山先生诞辰90周年，中央组成了谒陵代表团。毛泽东特别请朱德委员长率团前往。而在1966年，孙中山先生百年诞辰时，由于“文革”运动方兴未艾，谒陵的规模和场面小了许多。中山陵也两次留下了邓小平的足迹：1975年4月，他陪朝鲜主席金日成谒陵；1985年2月，他带着小外孙，在江苏省委、省军区领导陪同下谒陵。

“文革”十年，“统战”与“革命”兼顾，中山陵出现了既维修又破坏的奇景。据陵园工作人员回忆：“1966年，正值孙中山先生诞辰100周年、中央拨款100万元全面整修的时候，‘文化大革命’开始了……中山陵碑亭里面的‘中国国民党葬总理孙先生于此’十三个大金字在‘十年动乱’中没被动到，但是碑上国民党党徽被认为是‘四旧’，勒令中山陵园管理处要把它破掉。……南京市市政公司一个很有技术水平的周师傅将其一点一点慢慢錾掉了。修灵堂的时候，灵堂内顶上面有个国民党党旗，叫作‘青天白日’，依然是让周师傅将其凿掉。……不过墓道是修好了，上面的瓦也修好了，其他零星的比如说花岗石的石缝也修好了。……牌坊上有个长方形的匾，‘博爱’两个字是孙中山先生手书，当时‘破四旧’将其破坏了。”

到了20世纪80年代，这些被破坏的部分，又被重新修复。但与原貌相比，已有很大的差距。“博爱”牌坊“现在仔细地去看一下，这两个字是歪的”，重刻时刻歪了，要再凿掉第三次刻，牌坊厚度已经不够，只好让字继续歪着。被凿掉的国民党党徽，以前是阳刻，修复时也只能改成阴刻。

值得一提的是，在中山陵园旁边还有廖仲恺夫妻合葬墓。廖仲恺遇刺中弹身亡于1925年8月20日，47年之后，即1972年9月1日，他的夫人何香凝病逝于北京。依照她“生同寝，死同穴”的遗愿，灵柩运往南京与廖仲恺合葬。何香凝逝世9年后，宋庆龄病逝于北京。她的遗体火化的第二天，骨灰就用专机运往上海，安葬于万国公墓的宋氏墓园。宋庆龄身为孙中山的夫人和战友，却没有与孙中山合葬，成了一个历史之谜。

一位美国学者曾这样评价孙中山：“是他站在人民群众的立场上，要求国家的统一、和平，结束外国人在中国所处的特殊地位。一言以蔽之：‘挽救中国！’——一种很老很老的呼声！对此，爱国的中国人民肯定地会加以支持和响应的。”孙中山的逝世，是中国的巨大损失，国内各报刊和各界人士都给予孙中山极高的评价，就连与孙中山政见不同的人，都不能不承认孙中山精神的伟大、人格的伟大。

美国一家报纸，更是将孙中山与印度的甘地、土耳其的凯末尔、俄国的列宁、美国的威尔逊一道，列为“现代五杰之先知先觉者”。

共产党人陈独秀说：“全国的民众啊！我们没有了为国家为民族刻苦奋斗40年如一日的中山先生了！我们失去了伟大的革命领袖，是我们极大的损失。”李大钊盛赞孙中山：“40余年殚心瘁力，誓以青天白日，红色红旗，唤起自由独立之精神，诚为人间留正气。”

就连总是站在孙中山对立面的梁启超也承认：“孙君是一位历史上大人物，这是无论何人不能不公认的事实。我对于他最钦佩的：第一是意志力坚强，经历多少风波，始终未尝挫折。第二是临事机警，长于应变，尤其对群众心理，最善观察，最善利用。第三是操守廉洁，最少他自己本身不肯胡乱弄钱，便弄钱也绝不为个人目的。”

孙中山逝世以后，全国各大报章发表了众多的评论，其中上海《申报》的评论饱含着对孙中山的深厚感情，对他的一生作出了极高的评价：

> 中国数十年来为主义而奋斗者，中山先生一人而已。中国政界中之人格，不屈不变，始终如一者，中山先生一人而已。中山先生真爱国者也；于为国之外，无其他杂念，可谓纯洁之爱国者。中山先生真实行者也；不顾成败，不问毁誉，可谓勇往之实行者。以中国今日之情形言，人才少，奸佞多；有所措施，每反初愿，不能尽如人意；此乃社会之孽，而非中山之罪也。故以有名于世者，中山先生诚中国一人而已。

诚然，在内忧外患之中探索救国之路的不止孙中山一人，为此献出生命的仁人志士更是前仆后继。但是，孙中山却是一面伟大的旗帜，清王朝正是在这面旗帜下轰然倒塌，中华民国也正是在这面旗帜下迎来曙光。

一代伟人孙中山逝去了。他应该是怀着遗憾逝去的，因为他不

能亲见他梦想中的独立、民主、富强的中国；但他也是怀着自豪逝去的，因为他为中国的历史翻开了新的一页；他更是怀着希望逝去的，因为共和的观念已经开始深入人心，四万万中国人正坚定地沿着共和的道路前行。

孙中山不属于哪一党哪一派人专有，他属于中国，属于中华民族。他的精神和理想，是海峡两岸同胞共同尊崇的。2008年5月，中国国民党主席吴伯雄率领代表团到大陆访问。其间拜谒中山陵。5月26日下午，中共中央台办主任陈云林在南京禄口机场迎接国民党访问团一行时说："南京是代表团访问大陆行程的第一站。这里长眠着伟大的民主革命先行者孙中山先生。中山先生一生致力于民族的独立、国家的富强、人民的幸福，是两岸同胞共同尊崇的历史伟人。在当前两岸关系发生积极的重大变化之时，中山先生提倡的中华民族要大团结、中华民族要实现伟大复兴的精神，对凝聚两岸同胞的共同感情，对于推动两岸关系和平发展，意义深远。"

2016年是孙中山诞辰150周年纪念。凭借着坚定的政治信念，孙中山"一个人的战争"终于唤醒了整个民族整个国家，追随革命的人从无到有，从少到多，将革命推向广泛和深刻。

作为领导辛亥革命，推翻清朝统治，结束封建帝制的领袖人物，世纪伟人孙中山虽然也有思想和历史上的局限，但无疑是中华民族的一种符号，他代表了我们民族的利益和意志、理想，代表我们民族的团结和统一。实现孙中山的强国理想和"天下为公"的理念，是我们全体同胞矢志追求的目标。

参考书目

1. 陈锡祺.孙中山年谱长编（上、下）.北京：中华书局，1991.

2. 孙穗芳.我的祖父孙中山.南京：南京大学出版社，2011.

3. 唐德刚.袁氏当国.桂林：广西师范大学出版社，2015.

4. 桑兵.孙中山的活动与思想.北京：北京师范大学出版社，2015.

5. 茅家琦等.孙中山评传.南京：南京大学出版社，2011.

6. 蒋永敬.孙中山与辛亥革命.台北：台湾商务印书馆，2011.

7. 林家有.孙中山与近代中国的觉醒.广州：中山大学出版社，2014.

8. 杨天石.帝制的终结：简明辛亥革命史.长沙：岳麓书社，2011.

9. 李鸿谷.国家的中国开始：一场革命.北京：生活·读书·新知三联书店，2012.